播音与主持艺术专业艺考全攻略

主　编　孔腾飞　王　林
副主编　张福起　张　静
编　委　马瑜泽　柴　攀　王孙安琪
　　　　莫雅兰　惠妙源　郭　琳
　　　　李世伟　白　楠　沈昭远
　　　　全莉燕　王　辉　马晓波
　　　　尹　璐　许　诺　李志杰
　　　　刘　毅　马　芸

河南大学出版社
·郑州·

图书在版编目(CIP)数据

播音与主持艺术专业艺考全攻略/孔腾飞,王林主编. —郑州:河南大学出版社,2016.7(2018.4重印)

ISBN 978-7-5649-2455-3

Ⅰ.①播… Ⅱ.①孔… ②王… Ⅲ.①播音—语言艺术—高等学校—入学考试—自学参考资料 ②主持人—语言艺术—高等学校—入学考试—自学参考资料 Ⅳ.①G222.2

中国版本图书馆 CIP 数据核字(2016)第 165838 号

责任编辑　巩永波
责任校对　柳　涛
封面设计　王　韧

出版发行　河南大学出版社
　　　　　地址:郑州市郑东新区商务外环中华大厦 2401 号　邮编:450046
　　　　　电话:0371-86059712(高等教育出版分社)
　　　　　　　　0371-86059701(营销部)　网址:www.hupress.com
排　　版　郑州市今日文教印制有限公司
印　　刷　郑州市运通印刷有限公司
版　　次　2016 年 10 月第 1 版　　印　次　2018 年 4 月第 2 次印刷
开　　本　787mm×1092mm　1/16　印　张　11.75
字　　数　279 千字　　定　价　42.00 元

(本书如有印装质量问题,请与河南大学出版社营销部联系调换)

序

  播音主持的核心是语言表达。语言表达能力是现代人才必备的基本素质之一。在现代社会,由于经济的迅猛发展,人们之间的交往日益频繁,语言表达能力的重要性也日益增强,好口才越来越被认为是现代人所应具有的必备能力之一。作为现代人,我们不仅要有新的思想和见解,还要在别人面前很好地表达出来;不仅要用自己的行为对社会做贡献,还要用自己的语言去感染、说服别人。

  语言反映着社会、反映着生活,它所承载的文化内涵、思想倾向影响着人们对社会的看法和行为。有声语言在表达、交际的过程中,反映、传达着表达者的思想感情,也传达着交际各方关系的信息。广播电视语言的特点,既涵盖了广播语言的"以声传情,声情并茂",又涵盖电视语言的"声画和谐,形神兼备"的特点。在我国,广播电视的喉舌功能不能忽视,播音员主持人的首要工作任务是宣传党和国家的大政方针,坚持正确的舆论导向,坚持为人民服务,为社会主义服务的方向,坚持"三贴近"。在今天,广播电视是人们获取消息和知识的重要途径,播音员主持人的有声语言表达也日益引导着社会的舆论,引导着受众的思维方式和思想表达,这是有声语言表达的和谐美。因此,有声语言的训练过程实际上是一个彼此互动、良性循环的过程。掌握规范、运用技巧、体现和谐,这三个方面相互促进、相互依赖、不可分割。只有这三方面都处于和谐状态的时候,才可使得播音员主持人的有声语言表达显出多重和谐,而整体和谐必须进入实践阶段,才能真正体现它的社会价值。

  我们知道,语言是节目内容形式的重要载体,节目的设立更是为了减少大众传播中由于受众只能跟收音机、电视机接触而带来的那种间接化、远距离化的弊病。通过主持人增加人格化传播的亲近感。主持人用自己的学识和感受通过语言来介绍、组织、评说、串联节目,或者直接采访报道新闻事件和人物,还要注意调动受众的注意力和兴趣。

  总之,各类节目所要传播的信息,主持人所要表述的观点见解、主持人与受众思想感情的沟通交流主要是通过语言来进行的。大家知道,语言是人类最重要的交际工具,在广播电视这两种传播媒介里,语言从来都是广播电视节目的重要组成部分。对于主持人来说,主持人作为沟通节目与受众的中介,语言表现怎么样,更成为至关重要的因素。不过我们现在的一些从业人员或者渴望成为主持人的朋友,对主持人的口语表达能力还存在不少模糊认识。这对于成为一个合格的节目主持人、提高主持节目质量是很不利的。因此,我们这一讲,先从主持人口语表达的重要性说起,然后分析主持人在主持节目当中的口语活动方式,最后进一步明确主持人口语表达的特点。这样做,我们希望,同时也相信对提高主持人的口语表达能力提供一定的帮助。

口语表达是实现节目传播目的、提高节目质量的关键因素。主持人语言能力的强弱、水平的高低直接影响节目的质量。这里所说的语言能力和水平,既包括他的谈吐,也包括他的表现力。比如主持音乐节目,有的主持人竟然把属于音乐范畴的快板、慢板说成属于曲艺范畴的"快板儿"和不知所云的"慢板儿",实在是贻笑大方。有的主持人音乐素养不错,是音乐院校毕业生,可是说起话来无精打采,口齿含混不清,把节目弄得十分沉闷,与乐曲的情感衔接不上,破坏听众的收听情绪。也有的主持人接热线电话,或者和嘉宾共同主持节目的时候,不具备应有的对话资格,不善于归纳听众的见解或者提不出有针对性的问题,自己更是说不出个子丑寅卯,结果支支吾吾语无伦次,叫人没法听下去。

相反,如果主持人在节目中语言表达不佳是很令受众扫兴的,以至对节目都失去兴趣。如果主持人只是外形漂亮,语言外壳过得去,但是语言内容缺乏深度,或者谈话内容还可以,但是吐字归音有很强的痞子味,同样会降低主持人在受众心目中文化修养的档次。中央电视台《环球45分钟》节目主持人王雪纯,她不仅谈话内容幽默得体,语言表达也十分生动活泼,她参加主持这个栏目以及主持《正大综艺》显然都为节目增色不少,受到观众的普遍好评。显而易见,主持人的语言能力和水平最终关系着节目的总体质量和效果,影响着收听率和收视率。换句话说,主持人语言的优劣与主持人有声语言的功力有着异乎寻常的联系。

马克思主义认为,语言是思想的直接现实。一位作家说,语言是洞察人类心智的最好窗口。是的,语言不仅仅是主持人节目内容的载体,它同时还是主持人文化底蕴和品位的体现。主持人在节目中的语言实际上从各个角度展示其思想道德、知识功底、能力和个性等。受众正是通过语言来了解主持人的思想、观念、情感、态度、修养以至情趣、人品等深层次的内涵。我们注意到,优秀的节目主持人总是能以他们饱满的热情、平易近人的态度、厚积薄发的功底和深入浅出的技巧,或侃侃而谈,或娓娓道来,或画龙点睛略加评点,或连缀穿插自如得体,或灵敏反映机智贴切,语流畅达颇具风采。这样就使受众在思想文化等方面受益的同时也体味到语言美的魅力。这样的主持人自然能够得到受众的认可、喜爱、敬佩和信赖。

因此,对于每一个播音员、主持人来说,流利、生动、富有情感的口语表达是至关重要的,语言表达是播音主持的核心。所以从现在开始,我们就要抓住机会,提高自己的口语表达能力,将来在自己的岗位上充分展示自己的口才,成为一名受观众喜爱的播音员或主持人。

编 者

2016年8月

目 录

序 ·· (1)

第一章 语音发声 ·· (1)
    第一节 普通话语音概述 ··· (1)
    第二节 普通话声母 ··· (2)
    第三节 普通话韵母 ··· (4)
    第四节 普通话声调 ··· (7)
    第五节 训练 ·· (8)
    第六节 语流音变 ··· (17)

第二章 气息训练 ·· (22)
    第一节 气息与发声 ·· (22)
    第二节 气息方式的养成与训练 ·· (23)
    第三节 用声方式的养成及控制训练 ······································ (31)
    第四节 共鸣的养成及控制训练 ·· (34)

第三章 语言表达 ·· (39)
    第一节 稿件处理:备稿 ··· (39)
    第二节 播音的对象感 ··· (41)
    第三节 情景再现 ··· (42)
    第四节 播音主持语言表达 ··· (43)

第四章 情感表达 ·· (50)
    第一节 声音弹性 ··· (50)
    第二节 长短句训练 ·· (55)
    第三节 形象感训练 ·· (65)
    第四节 播音主持艺术基调的变化训练 ·································· (113)

第五章 模拟主持 ·· (124)
    第一节 基本概念与考核要点 ··· (124)
    第二节 提高节目主持人口才技巧 ·· (125)
    第三节 做一个好主持人 ··· (127)

第六章　即兴评述……………………………………………………………………（133）
第一节　材料分析………………………………………………………………（133）
第二节　评述注意………………………………………………………………（134）

第七章　新闻播报……………………………………………………………………（138）
第一节　理论概要………………………………………………………………（138）
第二节　典型问题训练…………………………………………………………（142）
第三节　新闻文稿分类与播读训练……………………………………………（149）
第四节　副语言及其运用………………………………………………………（150）

第八章　艺考礼仪指导………………………………………………………………（153）
第一节　体态……………………………………………………………………（153）
第二节　体态的训练……………………………………………………………（155）
第三节　艺考化妆造型…………………………………………………………（157）
第四节　主持人服装搭配技巧…………………………………………………（162）

第九章　历届模拟主持即兴评述……………………………………………………（164）
第一节　中学生素质……………………………………………………………（164）
第二节　时事·政治……………………………………………………………（165）
第三节　人生感悟………………………………………………………………（167）
第四节　名言解读………………………………………………………………（169）
第五节　文艺·体育……………………………………………………………（171）
第六节　校园一瞥………………………………………………………………（172）
第七节　我们的地球……………………………………………………………（175）
第八节　影视与广告……………………………………………………………（175）
第九节　播音·主持……………………………………………………………（177）

第十章　优秀艺考生追逐艺术路的赠言……………………………………………（180）
赠言一……………………………………………………………………………（180）
赠言二……………………………………………………………………………（181）
赠言三……………………………………………………………………………（182）
赠言四……………………………………………………………………………（182）

第一章 语音发声

第一节 普通话语音概述

一、普通话定义

普通话是现代汉民族共同语,以北京语音为标准音,以北方话为基础方言,以典范的现代白话文著作为语法规范。

二、普通话的重要性

普通话是我国法定的通用语,推广普通话是我国宪法和通用语言文字法所规定的基本国策。《中华人民共和国教育法》第一章第十二条:"学校及其他教育机构进行教学,应当推广使用全国通用的普通话和规范字。"

三、各类人员应达到的普通话水平等级

国家机关工作人员:三级甲等
对外汉语教学教师:二级甲等以上水平
播音员、节目主持人:一级水平

四、普通话语音的特点

元音占优势；声调是音节结构中不可缺少的部分；显著的音乐性——声音悦耳，音调柔和，节奏明朗，韵律协调。

五、咬字器官图解（如图 1.1 所示）

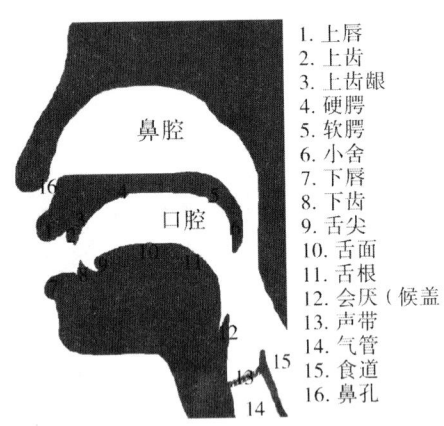

图 1.1 咬字器官图解

第二节 普通话声母

一、什么是声母

一个音节开头的辅音，称为声母。

二、普通话中共有 21 个辅音声母

b p m f
d t n l
g k h
j q x
zh ch sh r
z c s

三、声母的分类

声母的发音是由发音部位和发音方法来决定的,因此,可以根据声母的发音部位和发音方法给声母分类。

(一)按发音部位可分为7类

与唇齿相关 ①双唇音:b p m ②唇齿音:f
与舌尖相关 ①舌尖前音:z c s ②舌尖中音:d t n l ③舌尖后音:zh ch sh r
与舌后部相关 ①舌面音:j q x ②舌根音:g k h

(二)按发音方法可分为5类

①塞音发音原理:发音时,发音部位先紧闭,然后形成对气流的阻塞,最后气流冲破阻碍,爆发成声。代表音:b p d t g k

②擦音发音原理:发音时,两个发音部位靠近,形成缝隙,然后气流从缝隙中挤出,摩擦成声。代表音:f s sh r x h

③塞擦音发音原理:即先塞后擦。发音时,发音部位先闭合,阻塞气流。然后打开一条缝隙,气流从缝隙中挤出,摩擦成声。代表音:z c zh ch j q

④鼻音发音原理:发音时,口腔中阻碍气流的部位完全闭塞,软腭下降,打开鼻腔通道,气流震动声带,从鼻腔通过。代表音:m n

⑤边音发音原理:发音时,舌尖和上齿龈接触,舌头两边留有空隙,气流从舌头两边通过。代表音:l

此外,发音方法还有"送气与否"和"清浊"的区分。(如表1.1所示)

根据发音时气流的强弱,可以把声母中的塞音和塞擦音分为送气音和不送气音两类。

送气音:发音时,口腔呼出的气流较强。如:p t k c ch q

不送气音:发音时,口腔呼出的气流较弱。如:b d g z zh j

清浊的区分:

清音:发音时,声带不颤动。如:b p f d t g k h j q x zh ch sh z c s(共17个)

浊音:发音时,声带颤动。如:m n l r

表1.1 "送气与否"和"清浊"的区分

发音方法	发音部位	双唇音	唇齿音	舌尖前音	舌尖中音	舌尖后音	舌面音	舌根音
塞音	不送气	b			d			g
	送气	p			t			k
塞擦音	不送气			z		zh	j	
	送气			c		ch	q	

续　表

发音方法		发音部位	双唇音	唇齿音	舌尖前音	舌尖中音	舌尖后音	舌面音	舌根音
擦音	清音			f	s		sh	x	h
擦音	浊音						r		
鼻音	浊音		m			n			(ng)
边音	浊音					l			

四、声母练习与辨正

你在声母发音中有何问题存在,准备如何解决?

声母辨正训练:

(一) 区分不同发音部位的发音训练

①f 和 h,我国南方湘、赣、客家、闽、粤等方言,北方方言的江淮官话,西南官话不同程度地存在 f、h 不分的现象。

分辨重点:记忆常用字,弄清哪些字的声母是 f,哪些字的声母是 h。

②j、q、x 和 zh、ch、sh,在武汉话、长沙话中,容易把 zh、ch、sh 念成 j、q、x。

③z、c、s 和 zh、ch、sh,汉语方言中,多数地方只有 z、c、s,没有 zh、ch、sh,比如武汉话、广州话、上海话等。还有少数方言区只有 zh、ch、sh,没有 z、c、s,比如湖北钟祥话。分辨方法:把握发音要领;记住翘舌音字等。

(二) 区分不同发音方法的发音训练

①送气音和不送气音。

②n 和 l,汉语方言中 n、l 混读的现象相当普遍。

分辨方法:把握发音要领;记住一部分鼻音字(因为普通话中鼻音字很少,边音字较多)。

第三节　普通话韵母

一、什么是韵母

汉语音节中声母以后的部分,就叫做韵母。普通话中有 39 个韵母。

二、哪些成分可以构成韵母

韵母的主要构成成分是元音,但元音不等同于韵母。韵母可以由一个、两个或者三个元音构成,也可以由元音加辅音构成。

三、韵母的结构

韵头、韵腹和韵尾:(如表 1.2 所示)韵母由单元音充当时,这个元音就叫韵腹。

韵母由两个或三个元音充当时,其中开口度最大,声音最响亮的那个元音是韵腹。韵腹前面的元音是韵头,后面的元音是韵尾。

韵母由元音和辅音共同充当时,韵母末尾的辅音是韵尾。

表 1.2 韵母的结构

成分＼名称	韵头	韵腹	韵尾
一个元音		a	
二个元音		a	i
	u	o	
三个元音	i	a	o
元音和辅音	u	a	ng

四、韵母的分类

(一) 韵母的结构分类

1. 单韵母:由单元音构成的韵母,普通话中有 10 个。

① 舌面元音韵母:7 个(如表 1.3 所示)

a, o, e, ê, i, u, ü

② 特殊元音韵母:3 个(如表 1.4 所示)

舌尖元音韵母:2 个

-i [ɿ](前),-i [ʅ](后)

卷舌元音韵母:1 个

er

舌面元音在发音时,舌面起主要作用,其发音由三个条件决定:

①舌位的高低

②舌位的前后

③圆唇不圆唇

表 1.3　舌面元音韵母

舌面元音韵母	发音要领	例字
a	央,低,不圆唇	阿　巴　他
o	后,半高,圆唇	博　佛　摩
e	后,半高,不圆唇	歌　德　热
ê	前,半低,不圆唇	欸
i	前,高,不圆唇	比　皮　迷
u	后,高,圆唇	不　木　服
ü	前,高,圆唇	女　去　局

表 1.4　特殊元音韵母

特殊元音韵母	发音要领	例字
-i[ɿ](前)	舌尖前,不圆唇	只与 z,c,s 相拼,如:自　辞　思
-i[ʅ](后)	舌尖后,不圆唇	只与 zh,ch,sh,r 相拼,如:知　吃　师
er	卷舌,央,中,不圆唇	儿　而　耳　尔

2. 复韵母:由两个或三个元音组合而成,普通话中共有 13 个。发音时舌位和唇形有明显变化,以韵腹为中心。(如图 1.2 所示)

①前响二合复韵母(4 个)ai　ei　ao　ou

②后响二合复韵母(5 个)ia　ie　ua　uo　üe

③合复韵母(中响复韵母)(4 个)iao　iou　uai　uei

注意:三合复韵母 iou 和 uei 在拼写时要简化为 iu 和 ui,但是发音时决不能省略其韵腹 o 和 e。

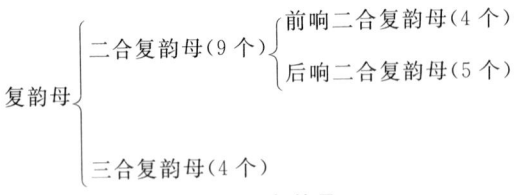

图 1.2　复韵母

(3)鼻韵母:元音音素后面附带一个鼻辅音(—n 或—ng)作为韵尾的韵母。普通话中共有 16 个鼻韵母。

①前鼻音韵母(带 n 的韵母)(8 个)an　en　in　ün　ian　uan　uen　üan

②后鼻音韵母(带 ng 的韵母)(8 个)ang　eng　ing　ong　iong　iang　uang　ueng

(二) 韵母的四呼分类

根据韵母开头元音的发音特点,可以把韵母分为开口呼、齐齿呼、合口呼、撮口呼四类。

1. 开口呼(15个)不是 i、u、ü 和以 i、u、ü 起头的韵母。

a o e ê -i(前) -i(后) ai ei ao ou an en ang eng er

2. 齐齿呼(9个)i 和以 i 起头的韵母。

i ia ie iao iou ian in iang ing

3. 合口呼(10个)u 和以 u 起头的韵母

u ua uo uai uei uan uen uang ueng ong

4. 撮口呼(5个)ü 和以 ü 起头的韵母

ü üe üan ün iong

判定四呼,不是以韵母开头字母的书写形式为依据的,而主要是考虑韵母的实际发音。ong 之所以不归入开口呼,是因为它的实际发音为[uŋ],所以归入合口呼。

第四节　普通话声调

一、声调的定义

声调是汉语音节所固有的,可以区别意义的声音的高低和升降。
① 声调的主要作用在韵腹上。
② 声调＝字调。
③ 声调有区别意义的作用。
例:买 mǎi　卖 mài　刘翔 liúxiáng　流向 liúxiàng

二、声调的性质和特点

① 声调的性质,主要取决于音高。
② 声调的音高是相对的,声调高低并不是要求人人发得同样高。女性和儿童的声调音高比成年男性高一些。情绪紧张、激动时,声调音高要比情绪平和时高一些。

三、普通话的调类和调值

(一) 普通话声调可分为四类
① 阴平　第一声。
② 阳平　第二声。
③ 上声　第三声。

④ 去声　第四声。

(二) 调值

调值就是声调的实际音值或读法。(如图1.3所示)

为了把调值具体地描写出来,一般采用五度标记法。所谓五度标记法,就是用五度竖标来表示调值的相对音高的一种方法。

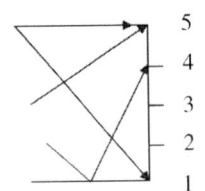

55阴平　35阳平　214上声　51去声

图1.3　五度标记法

四、声调发音要和气息控制相结合

① 阴平:字高而平,可以"铺满地面"的感觉发音。
② 阳平:字取中而升,可以"下一层楼梯"的感觉发音。
③ 上声:字先降而后升,降时要"托"住气,升时"上楼梯"。
④ 去声:字取调高而降到底,要"托住下楼梯"。

第五节　训练

一、夸张练习

1. 唇音

ba 巴 拔 把 罢　po 坡 婆 叵 破　miao 喵 苗 秒 妙　fang 方 房 仿 放

2. 舌尖音

di 低 敌 底 弟　tong 通 同 统 痛　nian 拈 年 捻 念　liu 溜 刘 柳 六

3. 舌根音

gu 姑 骨 古 顾　ke 科 咳 可 课　han 酣 含 喊 汉

4. 舌面音

ju 居 局 举 锯　qing 青 情 请 庆　xiang 香 降 想 象

5. 翘舌音

zhi 知 直 止 至　　cheng 称 成 逞 秤　　shen 申 神 沈 甚　　ru 如 乳 入

6. 平舌音

zuo 作 昨 左 做　　cun 村 存 忖 寸　　sui 虽 随 髓 岁

7. 开口呼

bai 掰 白 摆 拜　　pao 抛 刨 跑 泡　　fei 飞 肥 匪 费　　lou 搂 楼 䁖 漏

8. 齐齿呼

jia 家 夹 甲 架　　qin 亲 勤 寝 沁　　xie 些 鞋 写 谢　　yong 拥 喁 永 用

9. 合口呼

chuang 窗 床 闯 创　　wa 蛙 娃 瓦 袜　　huan 欢 还 缓 幻　　guai 乖 拐 怪

10. 撮口呼

xue 薛 学 雪 血　　yun 晕 云 允 运　　quan 圈 全 犬 劝

二、普通话声母拼合训练

(一) 双唇音 b、p、m

1. 字的练习

b——巴、播、掰、杯、班、奔、帮、崩、编、宾、标、兵、背、憋

p——趴、坡、拍、胚、潘、喷、乒、砰、偏、飘、剖、呸、批

m——妈、摸、埋、眉、满、明、民、免、蒙、梦、末、盲、门

2. 词的练习

b——标兵、本部、白布、辨别、褒贬、帮办、兵变、蚌埠

p——批判、偏僻、乒乓、平盆、爬坡、澎湃、琵琶、皮袍

m——门面、买卖、盲目、妈妈、明媚、牧民、面貌、蒙昧、梦寐

3. 混合练习

b、p、m——奔跑、八面坡、民兵排、评比、闭幕、拼命、面坡

4. 绕口令

八百标兵奔北坡,炮兵并排北边跑。炮兵怕把标兵碰,标兵怕碰炮兵炮。

一平盆面,烙一平盆饼,饼碰盆,盆碰饼。

吃葡萄不吐葡萄皮儿,不吃葡萄倒吐葡萄皮儿。

(二) 唇齿音 f

1. 字的练习

f——发、佛、非、番、分、方、风、法、凡、肺、仿、凤、飞、副

2. 词的练习

f——方法、发放、非凡、仿佛、奋发、反复、肺腑、芬芳、防范

3. 绕口令

粉红墙上画凤凰，凤凰画在粉红墙。红凤凰、粉凤凰、红粉凤凰、花凤凰。

粉红女发奋缝飞凤，女粉红反缝方法繁。飞凤仿佛发放芬芳，方法非凡反复防范。反缝方法仿佛飞凤，反复翻缝飞凤奋飞。

(三) 舌尖音 d、t、n

1. 字的练习

d——搭、得、低、嘟、呆、刀、担、当、灯、东、多

t——它、特、踢、突、胎、掏、摊、淌、疼、通、脱

n——哪、男、南、奴、奶、闹、难、农、挪、囊、倪

l——拉、里、路、唠、零、利、裸、蓝、两、懒、滥

2. 词的练习

d——担当、打倒、打点、打盹、答对、达到、达旦、大地

t——坍塌、贪图、铁塔、淘汰、探讨、团体、涂炭、吐痰

n——男女、能耐、扭捏、恼怒、牛奶、泥泞、难能、奶娘、流利、落泪、留恋、榴莲、绿柳、勒令、沦落、劳力

3. 混合练习

d t l n——打退、坦荡、锻炼、电流、电脑、电钮、努力

4. 绕口令

调到敌岛打特盗，特盗太刁投短刀。

挡推顶打短刀掉，踏盗得刀盗打倒。

谭家谭老汉，挑担到蛋摊，买了半担蛋，挑蛋到炭摊。买了半担炭，满担是蛋炭，老汉忙回赶，回家蛋炒饭。进门跨门槛，脚下绊一绊，跌了谭老汉，破了半担蛋。翻了半担炭，脏了木门槛，老汉看一看，急得满头汗。连说怎么办，蛋炭完了蛋，老汉怎吃蛋炒饭。

(四) 舌根音 g、k、h

1. 字的练习

g——哥、钢、公、耕、干、给、古、更、光、姑、改

k——喀、科、括、空、坑、裤、卡、忾、扣、看、框

h——哈、嘿、喝、函、哄、欢、会、怀、慌、哼、轰

2. 词的练习

g——改观、尴尬、感观、光顾、古怪、规格、骨干、巩固、改革

k——刻苦、困苦、开垦、宽阔、亏空、坎坷、侃侃、空廊、空旷

h——荷花、很好、欢呼、航海、浩瀚、行会、海涵、含混、和缓

3．混合练习

g、k、h——挂面、狂欢、搞好、观看、航空、豪客

4．绕口令

哥挎瓜筐过宽沟,赶快过沟看怪狗。光看怪狗瓜筐扣,瓜滚筐空哥怪狗。
哥哥过河捉个鸽,回家割鸽来请客。客人吃鸽称鸽肉,哥哥请客乐呵呵。

(五) 舌面音 j、q、x

1．字的练习

j——加、急、讲、江、京、津、鸡、居、交、集、解、举、将
q——掐、千、腔、清、亲、妻、敲、缺、秋、全、取、球、屈
x——瞎、歇、香、星、西、修、需、小、笑、消、许、雪、写

2．词的练习

j——焦急、进军、进京、解决、接近、借鉴、艰巨、将军、倔强
q——欠缺、欠钱、取钱、恰巧、亲戚、氢气、崎岖、清泉、跷蹊
x——详细、虚心、相信、形象、学校、休息、星星、喜讯、想象

3．混合练习

j、q、x——坚强、机器、郊区、劝解、清洁、奇迹、稀奇、向前

(六) 翘舌音 zh、ch、sh、r

1．字的练习

zh——知、扎、站、折、钟、朱、捉、庄、追、张、沾、涨
ch——吃、池、尺、叉、车、差、馋、吹、出、窗、成、唱
sh——诗、十、射、筛、山、三、商、省、双、书、生、刷
r——日、人、仍、如、让、软、荣、然、若、汝、冉、润

2．词的练习

zh——政治、战争、庄重、郑重、执政、正直、追逐、蜘蛛
ch——超产、车床、拆除、拆穿、冲出、踌躇、抽搐、乘车
sh——赏识、上山、双手、手术、闪烁、膳食、烧水、绅士
r——柔软、荏苒、软弱、如若、忍让、忍辱、容忍、人人

3．混合练习

zh、ch、sh、r——支持、专长、征程、车站、沉重、纸张、转正

4．绕口令

史老师,讲时事,长学时事长知识。时事学习看报纸,报纸登的是时事。常看报纸要多思,心里能装天下事。

朱家一株竹,竹笋初长出。朱叔处处锄,锄出笋来煮。锄完不在出,朱叔没笋煮。

（七）平舌音 z、c、s

1. 字的练习

z——字、紫、资、怎、责、贼、走、总、宗、邹、租、钻
c——擦、猜、参、仓、藏、操、此、词、匆、粗、凑、参
s——死、思、撒、三、桑、骚、瑟、寺、四、岁、孙、损

2. 词的练习

z——自在、总则、最早、自尊、自足、租子、曾祖、栽赃、造作
c——仓促、草丛、层次、猜测、参差、差错、催促、摧残、璀璨
s——思索、色素、琐碎、松散、送丧、三色、送死、洒扫、岁岁

3. 混合练习

z、c、s——总裁、紫菜、早操、早餐、彩色、蚕丝、草酸、随从、私自

4. 绕口令

四是四，十是十，十四是十四，四十是四十。不要把十四说成"实事"，不要把四十说成"细席"，要想说对四，舌头碰牙齿，要想说对十，舌头别申直。要想说对四和十，多多练习十和四。

三、普通话韵母拼合训练

（一）单韵母 a、o、e、ê、i、u、ü、er、-i(前)、-i(后)

沙漠	拔河	查处	差距	发布	打破
蘑菇	抹杀	摩擦	波折	破除	玻璃
歌曲	彻底	和局	隔壁	合法	科技
机车	立刻	泥土	批发	日语	题目
初步	夫妻	符合	呼吸	拘束	曲折
许可	屡次	旅客	女子	磁石	刺耳
滋事	字纸	自视	自制	私事	指使
赤子	诗词	二十	师资	失职	咫尺
格局	革命	颗粒	渴望	核桃	禾苗
额外	和解	胳膊	课本	遏制	讹诈
可贵	刻骨	贺词	恶心	呵斥	扯皮
赊欠	责备	测验	原则	厄运	涉外
鞠躬	愉快	玉米	娱乐	愚昧	与会
月亮	决定	虚伪	权利	迅速	酝酿
沐浴	贿赂	目标	拂袖	劳碌	瞩目
除夕	书包	绿林	著作	暑假	渡口
剥削	复辟	通缉	供给	沙砾	陌生

迹象	毅力	依然	劳役	奴隶		蜥蜴	
驿站	分析	泣诉	匹夫	博士		力量	
波浪	叵测	僻静	剔除	密集		疾病	

(二) 前响复韵母 ai、ei、ao、ou

百倍	白费	采购	带头	改造	开刀	背包	肥皂	黑白
眉毛	内在	倒霉	搞活	耗费	牢骚	手套	头脑	周到
筹备	构造	后代	佳话	家伙	假若	下列	下落	雅座
接洽	结果	解决	写作	协作	谢绝	花甲	话别	华夏
化学	瓦解	花蕾	国家	活跃	罗列	妥协	卓越	火花
血压	学界	确切	表率	郊游	小鬼	校徽	描绘	幼苗
谬误	流水	羞愧	休会	怀表	乖巧	衰退	摔跤	外表
毁坏	推销	追求	翠鸟	垂柳	回报	戒严	别字	孽障
窃听	洁白	挟持	泄密	邪恶	惬意	结晶	跌宕	啮齿
揭发	懈怠	划船	瓦解	蛙泳	话题	哆嗦	或者	做梦
祸害	左右	绰号	辍学	获取	箩筐	逻辑	琢磨	着重
角色	觉察	虐待	掠夺	岳飞	乐团	倔强	商榷	血本
雀巢	穴道	崛起	阅读	梅花	诽谤	沸腾	飞翔	培训
磊落	傀儡	玫瑰	碑林	赔款	茂密	芍药	奶酪	薄饼
导航	扫除	饶恕	糟粕	捣乱	刀刃	炮弹	陶瓷	哨兵
牟取	陋室	扰乱	悔改	兑换	灰暗	麾下	聪慧	炊烟
棒槌	锤炼	游说	催眠	骨髓	隧道	麦穗	危险	猥琐
委屈	桅杆	针灸	瑞雪	纬度	萎缩	邮电	瀑布	修饰
纠正	忌讳	晦气	伟大	透迤	颓废	诙谐	蟋蟀	揣测

(三) 前鼻韵母 an、en、in、ün、ian、uan、üan、uen

亲身	贫困	询问	循环	云南	训练	匀称	变换
边缘	辩论	面粉	面临	牵引	短暂	观看	观点
冠军	缓慢	软件	权限	圆润	选美	全面	元旦
全名	混乱	困难	论点	尊严	遵循	轮船	班长
颁布	埋怨	判断	帆船	贩卖	翻译	繁华	犯法
范围	篮球	担心	胆怯	蛋糕	单纯	贪污	盼望
懒惰	惭愧	闪电	灿烂	汉语	展出	谗言	珊瑚
赶紧	勘探	瞻仰	赞美	鞭策	肝炎	罕见	残酷
边防	编辑	便利	免费	连忙	艰苦	镰刀	见面
嫌疑	千万	前程	淹没	研究	严格	线索	陷害
颜色	厌恶	偏僻	检查	坚韧	惦记	电灯	年代
田野	建立	谦逊	掀起	限度	沿海	延续	眼镜
端正	短处	锻炼	乱动	管理	环境	患者	幻想

专家	转变	窜逃	惯例	贯彻	缓和	喘气	算术
捐款	眷属	权势	蜷缩	宣讲	全程	犬马	园丁
渊博	缘由	远见	怨言	绚烂	痊愈	渲染	诠释
奔跑	本能	笨拙	喷射	盆地	粉笔	分别	奋斗
滚蛋	昆虫	捆住	困难	荤菜	婚礼	遵循	村庄
军队	裙带	勋章	迅速	逊色	晕厥	韵味	运筹
浑浊	准备	顺便	润滑	紊乱	问题	春风	瞬间

(四) 后鼻韵母 ang、eng、ing、ong、iang、uang、ueng、iong

榜样	常用	党性	方程	纲领	航空	成功	澄清
灯笼	疯狂	恒星	冷静	东方	动静	工程	供应
空想	荣幸	病情	定量	惊慌	玲珑	名胜	柠檬
奖状	良种	强盛	相当	想象	相声	雄壮	胸膛
兄长	凶猛	熊掌	用功	帮忙	绑架	棒球	滂沱
彷徨	芳香	仿古	档案	莽撞	防备	防风	挡驾
荡漾	当真	唐突	糖果	螳螂	狼狈	港口	朗读
亢进	葬送	涨潮	藏书	行家	赃官	猖獗	唱片
晌午	畅快	瓢子	昂首	盎然	凉菜	亮度	将近
江水	奖品	降温	羌族	镶嵌	酱菜	腔调	乡音
降伏	央求	仰望	墙报	强攻	项圈	秧苗	伴攻
广播	旷野	皇宫	装扮	壮举	窗户	创伤	爽口
忘记	往返	旺盛	崩溃	蓬松	蓬勃	烹饪	朋友
蒙蔽	风采	丰收	登记	腾空	缝隙	冷风	峥嵘
层次	曾经	蒸汽	憎恨	成本	声音	惩罚	僧侣
绳子	盛开	兵器	平常	命运	鸣叫	顶点	宁静
零件	应该	迎接	盈利	渔翁	酒瓮	容器	融洽
窘迫	穷困	苍穹	匈奴	虱子	批判	棉絮	纪律
角度	地壳	游泳	榕树	酝酿	顷刻	或者	佛教
续集	广阔	国家	削皮	绿地	勃发	考虑	着急
结婚	结果	解释	勺子	脚印	薄饼	没落	一亩
沿海	症结	拯救	秉性	停泊	婴儿	应付	映照
诚实	盛开	成都	并列	苹果	评论	生命	网络
枉然	惶恐	霜降	膨胀	恍惚	阳台	匠心	养神
仓库	桑蚕	僵持	享用	相持	彷徨	汤匙	庞大

四、韵母综合发音练习

（一）区分 i 与 ü

1. 词语对比练习

里程——旅程　移民——渔民　饥民——居民　拟人——女人
书籍——书局　气味——趣味　戏曲——序曲　容易——荣誉

2. 词语练习

急剧　吸取　机率　拘礼　依据　齐聚　异域　易趣
移居　躯体　履历　举例　聚集　据悉　具体　曲艺
取缔　屈膝　虚拟　积蓄　蓄意　区域　狙击

3. 绕口令

王七上街去买席，骑着毛驴跑得急，捎带卖蛋又贩梨。一跑跑到小桥边，毛驴一下失了蹄，打了蛋、撒了梨、跑了驴，急得王七眼泪滴，又哭鸡蛋又骂驴。

（二）区分 en 和 eng

1. 词语对比训练

枕头——整套　瓜分——刮风　深水——生水　深沉——生成
盼咐——丰富　长针——长征　陈旧——成就　申明——声明
诊治——整治　出身——出生　人身——人生　深圳——生正

2. 词语训练

en——eng

人生　神圣　真诚　真正　纷争　深耕　奔腾　本能

eng——en

城镇　成分　诚恳　烹饪　登门　风尘　缝纫　冷门

（三）an 和 ang

1. 词语对比训练

一般——一帮　产地——场地　开饭——开放　天坛——天堂
担心——当心　烂漫——浪漫　反问——访问　寒露——航路

2. 词语训练

an——ang

反抗　赶上　漫长　南方　擅长　赞赏　战场　站岗
伴唱　禅房　担纲　胆囊

ang——an

当然　档案　方案　航班　上班　荡然　防范　桑蚕
丧胆　商贩　商谈　伤感　伤寒　藏蓝

(四) 区分 in 和 ing

1. 词语对比训练

亲近——清净　红心——红星　人民——人名　信服——幸福
欣欣——星星　金银——经营　聘书——评书　寝室——请示

2. 词语训练

in——ing
进行　民兵　拼命　心灵　品行　聘请　新兴　金星
金兵　尽情　品名　新兵　民警　进京　银杏　引擎

ing——in
灵敏　平民　病因　并进　平信　清贫　倾心　轻信
听信　挺进　定亲　精心　迎亲

四、四字练习

通过四字词练习，可以锻炼灵活四声正音的技巧，读的时候，要结合体会气息的运动状态，放开声一口气很通畅地读出来。

中国伟大　山河美丽　天然宝藏　资源满地
阶级友爱　工农子弟　千锤百炼　中流砥柱
心明眼亮　精神百倍　光明磊落　身强体壮
山明水秀　花红柳绿　开渠引灌　风调雨顺
阴阳上去　非常好记　高阳转降　区别起落
b:百炼成钢　波澜壮阔　暴风骤雨　壁垒森严
p:排山倒海　喷薄欲出　鹏程万里　普天同庆
m:满园春色　名不虚传　满腔热情　目不转睛
f:发奋图强　翻江倒海　丰功伟绩　赴汤蹈火
d:大快人心　当机立断　颠扑不破　斗志昂扬
t:谈笑风生　滔滔不绝　天衣无缝　推陈出新
n:鸟语花香　逆水行舟　能者多劳　宁死不屈
l:老当益壮　雷厉风行　力挽狂澜　龙飞凤舞
g:盖世无双　高瞻远瞩　攻无不克　光彩夺目
k:慷慨激昂　开卷有益　克敌制胜　快马加鞭
h:豪言壮语　和风细雨　横扫千军　呼风唤雨
j:艰苦奋斗　锦绣河山　继往开来　举世无双
q:千军万马　晴天霹雳　气壮山河　群威群胆
x:喜笑颜开　响彻云霄　心潮澎湃　栩栩如生
zh:朝气蓬勃　专心致志　咫尺天涯　辗转反侧
ch:称心如意　超群绝伦　赤子之心　出奇制胜

sh:山水相连　深情厚谊　生龙活虎　舍生忘死
r:日新月异　人才辈出　饶有风趣　如火如荼
z:赞不绝口　再接再厉　责无旁贷　自知之明
c:层出不穷　沧海一粟　灿烂光明　从容就义
s:四海为家　三思而行　肃然起敬　所向披靡

第六节　语流音变

一、什么是语流音变

在语流中,由于受到相邻音节的相邻音素的影响,一些音节中的声母、韵母或声调会发生语音的变化。语音单读时不会发生音变,连读时,为了适应发音器官的运动,相邻的音常常因为相互影响而使某些音发生一定的变化。

(一) 轻声

轻声是较轻较短的调子。

轻声有区别词义的重要作用。

例:今天的考试形式是笔试加口试。

你不服气？那咱俩比试比试！

"吧、吗、呢、啊"等语气词。

例:去吧　走吗　怎么呢　说啊

"的、地、得、着、了、过、们"等助词。

例:我的　慢慢地　好得很　说着　走了　做过　同志们

名词后缀"子、儿、头"。

例:桌子　那儿　石头

某些重叠式名词、动词、形容词的末一个音节。

例:兰花花　看看　客客气气

表示趋向的动词。

例:回来　回去　跑出来　走进去

方位词或语素。

例:家里　桌上　地下　那边

一些口语中常用的双音词的第二个音节要读成轻声。

例:老婆　闺女　窗户　豆腐　意思

(二) 儿化

儿化:一个词的后缀"儿"不自成音节,而同前面的音节合在一起,使前一音节的韵母成为卷舌韵母。

儿化的作用:可以表示亲切、喜爱的情感;可以区分词义。

儿化的规律:各韵母儿化有不同的规律。

(三) 变调

1. 上声变调

(1) 上声＋阴平/阳平/去声/轻声时,其调值由[214]变为[21]。

例如:始终　朗读　奶奶　打算

(2) 上声＋上声时,其调变为接近阳平。

例如:也许　所以　女子

2. 去声变调

(1) 去声＋非去声时,不变。

(2) 去声＋去声时,前一个去声由全降变为半降,调值由[51]变为[53]。

例如:木炭　电话　照相

3. "一"的变调

(1) "一"＋去声,变为阳平(yí)。

例如:一架　一样　一岁

(2) "一"＋非去声,变为去声(yì)。

例如:一生　一年　一碗

(3) 夹在重叠动词中念轻声(yi)

例如:看一看　试一试　走一走

4. "不"的变调

(1) "不"＋去声,变为阳平(bú)。

例如:不要　不对　不是

(2) 夹在词语中间念轻声(bu)

例如:差不多　用不着　去不去

(四) "啊"的音变

a 跟在不同音素结尾的音节后,会变成 ya, wa, na, nga, ra, za 等音。"啊"的变化,都是在前一音节的归音过程中顺势产生的。单独用时读音没有变化,用在句尾时,由于收到前面音节收尾音素的影响而产生几种变化。练习时请注意"啊"的变化的六种情况。

以下六种变化规律是顺势产生的,发音要自然。

1. 前面音节的末尾音素是 a、o、e、i、ü 的,读作"呀"(ya)

快去找他啊(tāya)!

你去说啊(shuōya)!

今天好热啊(rèya)!

你可要拿定主意啊(yìya)!

我来买些鱼啊(yúya)!

赶紧向他道谢啊(xièya)!

2. 前面音节的末尾音素是 u(包括 ao、iao)的,读作"哇"(wa)

你在哪里住啊(zhùwa)?

他人挺好啊(hǎowa)!

口气可真不小啊(xiǎowa)!

3. 前面音节的末尾音素是 n 的,读作"哪"(na)

早晨的空气多清新啊(xinna)!

多好的人啊(rénna)!

你猜得真准啊(zhǔnna)!

4. 前面音节的末尾音素是 ng 的,读作"啊"(nga)

这幅图真漂亮啊(liàngnga)!

注意听啊(tingnga)!

最近太忙啊(mángnga)!

5. 前面音节的末尾音素是的-i(前)的,读作"啊"(za);前面音节的末尾音素是的-i(后)的,读作"啊"(ra)

儿子啊(ziza)!

你有什么事啊(shìra)!

你怎么撕了一地纸啊(zhǐra)!

掌握"啊"的变读规律,并不需要一一硬记,只要将前一个音节顺势连读"a"(像念声母与韵母拼音一样,其间不要停顿)自然就会念出"a"的变音来。

用汉语拼音拼写音节时,"啊"仍写作 a,不必写出音变情况。(如表 1.5 所示)

表 1.5 不必写出音变情况表

1	前面音节的末尾是 a、o、e、i、ü,→"呀"(ya)
2	前面音节的末尾是 u(包括 ao、ou)的,→"哇"(wa)
3	前面音节的末尾是 n 的,→"哪"(na)。
4	前面音节的末尾音素是 ng 的,→"啊"(nga)
5	在整体认读音节 zhi chi shi ri er 后面→(ra)
6	在 zi ci si 后,zi ci s 延长读音→a

二、词语的轻重格式

轻:短而弱的音节

重:长而强的音节

轻与重是相对的,读起来应该自然流畅,轻重差异分为重中轻三个等级。普通话双音节词中,绝大部分都属于中重格式,即前一个音发得不轻不重,后一个发重音。此外,还有重中格式和重轻格式等。

注意:词的轻重格式不是绝对不变的,它受语句交际目的的制约。在语流中,我们常常会遇到原有的轻重格式被改变的现象,这是正常的。

(一) 双音节词的轻重格式以及发声训练

1. 中重格式

日常　打通　交通　领域　当代　小诗　黄金
假如　自然　减色　宝贵　本身　阅读　当时
飞沙　演化　人生　本身　节奏　活动　牲畜

2. 重中格式

经验　视觉　听觉　界限　颜色　温度　气味
性质　美好　情感　观感　父亲　母亲　爱戴

3. 重轻格式

清楚　唠叨　力气　痛快　喉咙　荤腥

在日常经验里,听觉、视觉、触觉、嗅觉往往可以彼此打通或交通,眼、耳、舌、鼻各个器官功能的领域可以不分界限。颜色似乎会有温度,声音似乎会有形象,冷暖似乎会有重量,气味似乎会有体质。诸如此类,在普通语言里经常出现。

(二) 三音节词的轻重格式和发声训练

1. 中中重

播音员　收音机　呼吸道　东方红　天安门
共青团　党支部　科学院　招待会　唯物论
井冈山　护身符　法西斯　回旋曲　救世主
木乃伊　白兰地　流水线　穆斯林　巧克力

2. 中重轻

枪杆子　命根子　过日子　拿架子　吊嗓子
卖关子　打底子　洋鬼子　两口子　刀把子

3. 中轻重

保不齐　对不住　过不去　吃不消　大不了
冷不防　动不动

(三) 四音节词的轻重格式及发声训练

1. 中重中重

大部分具有联合关系的四字格式成语以及少量其他关系的四字格式成语要读作中重中重格式。

丰衣足食　日积月累　轻歌曼舞　心平气和
无独有偶　五光十色　天灾人祸　花好月圆

2. 中轻中重

大部分四音节的专用名词、迭音形容词和象声词读作中轻中重格式。

社会主义　集体经济　奥林匹克　巴黎公社
高高兴兴　大大方方　和和美美　嘻嘻哈哈

3. 重中中重

大部分具有修饰与被修饰、陈述与被陈述、支配与被支配关系的四字格要读作重中中重。

惨不忍睹　义不容辞　敬而远之　面如刀刮

注意:词的轻重格式只是一种约定俗成,不是绝对的、不变的,词的轻重格式要受语句目的的制约。

第二章　气息训练

第一节　气息与发声

一、发音器官

语音是由声音器官发出声音及其活动决定语音的区别。人类的发音,从生理上看,是发音器官活动的结果。若想加强对于发音的控制,就很有必要了解发音器官的构成、功能以及活动规律。发音器官包括所有参与发音动作的人体器官,这些器官受人体头、颈、胸、腹等部位的一百多块肌肉控制,协同合作完成发音动作。

人体的发音器官可以分为三大部分:动力区、声源区、调音区。(如图 2.1 所示)

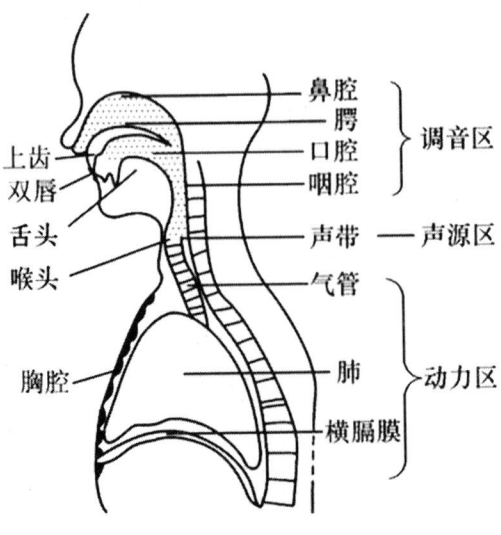

图 2.1　发音器官示意图

（一）动力区——肺、横膈膜、气管

肺是呼吸气流的活动风扇,呼吸的气流是语音的动力。肺部呼出的气流,通过支气管器官到达喉头,作用于声带、咽腔、口腔、鼻腔等发音器官。

（二）声源区——声带

声带位于喉头的中间,是两片富有弹性的带状薄膜。两片声带之间的空隙叫声门,肌肉的收缩,杓状软骨活动起来可使声带放松或收紧,使声门打开或关闭,从肺中出来的气流通过声门使声音振动发出声音,控制声带松紧的变化可以发出高低不同的声音来。

（三）调音区——口腔、鼻腔、咽腔

口腔(包括唇、齿和舌头)后面是咽腔,咽头上通口腔、鼻腔,下接喉头。口腔和鼻腔靠软腭和小舌分开。软腭和小舌上升时鼻腔关闭,口腔畅通,这是发出的声在口腔中共鸣,叫口音。软腭和小舌下垂,口腔成阻,气流只能从鼻腔中发出,这是发出的音主要在鼻腔中共鸣,叫做鼻音。如果口腔没有阻碍,气流从口腔和鼻腔同时呼出,发出的音在口腔和鼻腔同时产生共鸣,叫鼻化音(也叫半鼻音或口鼻音)。

第二节 气息方式的养成与训练

人们常用"气乃声之本"来形容气息与声音的关系,这表明呼吸在发音过程中起着提供动力的作用。呼吸状态好,气息流畅,说话的效果自然会好;若呼吸状态不好,气息不流畅,则会造成许多发音和用声上的问题。因此,掌握适当的呼吸知识和呼吸技巧,对播音主持的口才很有帮助。

一、电视播音对呼吸的要求

电视播音具有可视性,观众要么可以直接看到说话的播音员和主持人,要么可以看到与话语有联系的画面。它对呼吸的要求与播音主持使用的语言类型有直接关系。在电视新闻播音中,新闻稿多采用组织严密、简练明确的新闻语言,语句结构较为复杂,句子也往往较长。它要求播音员吐字清晰,并有饱满的气息支持连贯的发音。播音员应有较强的呼吸能力,以提供较强的气息量和较长的呼气时间。另外,电视新闻播音吐字工整,声音起伏不大,要求呼气稳定,气流忽大忽小会使发音飘忽不定。

归纳起来,电视播音主持应当在呼吸方面具有这样一些能力:
(1) 呼吸气流量较大,有较大肺活量。
(2) 有较强呼吸控制能力,呼气稳定,持续时间长。
(3) 能够在播音和主持中灵活运用不同呼吸方式。

对电视播音员和主持人来说,除了播报新闻,还应尽可能地参与许多更接近生活的节目。比如采用接近口语的讲述方式主持一些交谈节目。在这类节目中,语言感情色彩变化常常很丰富,播讲方式也较为随便。语言的这种特点要求播音员和主持人有灵活变化的语言能力,随之而来的是呼吸方式的多样化和呼吸的灵活性。

二、三种呼吸方式

人的呼吸有三种基本方式:腹式呼吸、胸式呼吸与胸腹联合式呼吸。它们各有其特点。掌握它们的特点,特别是胸腹联合式呼吸的特点,对播音主持很有帮助。

(一) 腹式呼吸

"腹式呼吸"是以膈肌活动带动肺扩张或收缩,形成吸气和呼气动作的呼吸方式。膈肌因其位置处于胸腔和腹腔之间,又被称为横膈或横膈膜。腹式呼吸在吸气时,膈肌收缩。于是,朝胸腔凸起的横膈收缩向下,趋于平直,在横膈带动下,肺被向下拉动扩张,气流吸入。呼气时,膈肌放松,横膈膜回弹,气流在挤压作用下从口鼻腔呼出。这种呼吸在呼吸过程中腹部会有明显起伏,因此被称为腹式呼吸。

腹式呼吸是人的自然呼吸方式,膈肌的活动是不受大脑意识支配的自律性运动,人在出生之后就具有这种呼吸能力。我们在生活语言状态发音时使用这种呼吸方式。由于这种呼吸方式基本上处于自然状态,它在呼吸过程中缺少控制,发音时间不长,气流也不够稳定,但这种呼吸气息放松,声音自然,感情色彩较为丰富。再者,由于膈肌有较大的活动余地,因此,腹式呼吸可以有较大的气息变化幅度。

有人认为腹式呼吸吸气量小,在播音中没有使用价值,这种认识是不全面的。生活语言中使用的腹式呼吸,由于话语较短,气息需求量小,呼吸深度不大,有较大的呼吸潜力并未被使用。腹式呼吸放松、自然,且呼吸可有较大范围的变化。因此在语句简短的讲述类节目中经常用到。当然,播音时若使用腹式呼吸,呼吸的气息量要比日常口语大。

(二) 胸式呼吸

"胸式呼吸"是以胸廓扩张或收缩带动肺部扩大或缩小形成呼气和吸气的呼吸方式。在人体中,除了横膈活动带动肺扩张之外,肺还可以在胸廓的作用下横向扩张。胸廓是指由肋骨和附在上面的肌肉组织构成的桶状结构,它环绕着胸腔。肋骨构成胸廓的框架,附着在肋骨之间的肋间肌肉可以通过不同的收缩方式改变肋骨的位置,使胸径扩大或缩小,以此带动肺向四周扩张或缩小,这种呼吸方式被称为胸式呼吸。

胸式呼吸气息量较小。一般情况下,胸式呼吸往往是腹式呼吸的补充。正常呼吸时,如果横膈的下降没有受到阻碍,应该是先有腹式呼吸。当横膈下降到一定程度,下降阻力变大时,如果还需要进一步吸气,这时,作为对腹式呼吸补充,胸廓的扩张才能明显。

在正常情况下,人们的呼吸是以腹式呼吸为主,胸式呼吸往往不会单独出现。出现单纯胸式呼吸常常预示着横膈下降严重受阻。这种状态往往是非正常的。对于播音员和主持人,造成以胸式呼吸为主这种非正常呼吸状态的最常见原因是心理紧张。紧张会使身体的各部分肌肉处于绷紧状态,腹部肌肉的紧张收缩,会使腹腔压力增大,造成横膈下降困难。在这种情况下,胸廓作用明显加强,形成以胸式呼吸为主的呼吸状态。消除心理紧张,使身体处于放松状态是避免胸式呼吸的主要方法。除了心理紧张,进食过饱、吸气时收腹过度、不正确的身体姿势等也会造成以胸式呼吸为主的呼吸状态。

胸式呼吸还会出现在某些强烈的情绪状态中,当人们处于兴奋、恐惧、惊喜等状态时,身体的肌肉组织会呈现紧张状态,这时,横膈下降也会受到阻碍。在表现这些情绪色彩时,可以有意识地运用胸式呼吸,以丰富语言的感情表现力。

(三)胸腹联合式呼吸

"胸腹联合式呼吸"是横膈升降与胸廓扩张收缩相结合的呼吸方式。(如图2.2所示)这种呼吸方式在日常生活中并不经常使用,对许多人来说,这种呼吸方式需要经过训练才能有意识地使用。胸腹联合式呼吸可以满足播音气息量大、进气快和发音时间长的需要,是播音员和主持人应当掌握的基本呼吸技巧。

胸腹联合式呼吸是胸式呼吸和腹式呼吸相结合的呼吸方式。这种结合并不是简单的相加,它利用腹式呼吸吸气量大和胸式呼吸的补气作用,尽可能加大吸气量,呼气时,则利用适当的控制手段,保持呼气的均匀,增加发音时间。

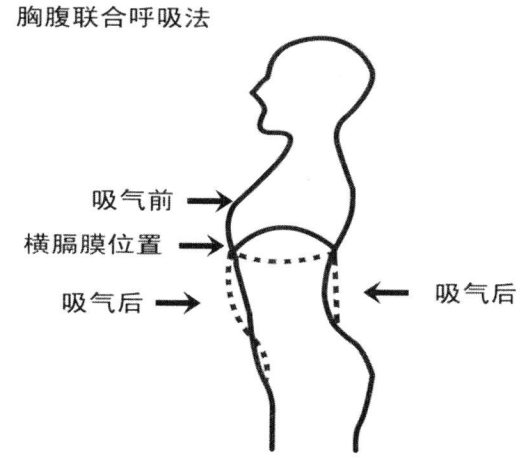

图2.2 胸腹联合式呼吸

胸腹联合式呼吸可分为吸气和呼气两个阶段:

(1)吸气。吸气时,口、鼻同时进气,这样可以提高吸气速度。当发音速度较快时,用于换气的时间常常很短暂,在这种情况下,应尽量缩短吸气的时间,以保持语句的连贯。吸气过程可采用两种控制方式。

一种是当吸气时间比较充裕时,可采用先腹式、后胸式的吸气方式,运用这种吸气方式,腹部处于相对松弛状态,先利用横膈下降吸入气息,待小腹有膨胀感后,再利用胸廓的扩张进一步吸入气息,这时,两肋有张开的感觉。我们在深吸气闻花香时常使用这种吸气方式。

另一种是在吸气时小腹适当收缩,保持腹部略微向上的压力,然后膈肌下降,吸入气息。由于膈肌下降时遇到阻力,胸廓会采取扩大胸径的方式吸入气息加以补偿。于是,腹式呼吸和胸式呼吸同时动作。这种吸气方式如控制得当,可以在很短时间内吸入较多的气息。较为急促的呼吸状态常使用这种吸气方式。

这两种吸气方式可称为"顺序吸气法"和"同时吸气法"。在需要较大气息量,但语言状态较为放松时,我们可以使用"顺序吸气法";在需要较大气息量,语言状态较为紧张、急促时,我们可以使用"同时吸气法"。这两种吸气方法可以根据播讲的需要灵活使用。播音使用的胸腹联合式呼吸,吸气时腹部肌肉应保持略微收缩,并非完全松弛。腹部适当收缩可为呼气发音做准备。

(2)呼气。胸腹联合式呼吸的呼气阶段是整个呼吸过程的关键。为了保持较长的呼气时间和提供稳定的气流,通常在呼气时采用肌肉力量对抗方式控制气流的呼出,而不采用单纯膈肌放松回弹方式控制气流。

在人的身体中,常常用两组作用力相反的肌肉控制某一器官的运动,当我们在做微小的精细动作时,两种作用相反的肌肉可以同时产生作用力,利用两种力的力量差控制运动量,使器官做精细的运动。呼气时,可以利用放松膈肌,使横膈回弹的方式产生气流。但这种呼气方式产生的气息不稳定,缺少力度,用于发音不易控制,声音会先大后小。

采用肌肉力量对抗控制呼气。在吸气阶段就让腹部肌肉略微收缩,做好呼气准备。这种收缩力量很小,收缩力量过大会影响膈肌下降和气息下沉,造成吸气量减少。进入呼气阶段时,腹肌收缩力量加大,产生向上挤压力量,与此同时,吸气时膈肌收缩下降的力量并未消除,于是,促使膈肌向上和向下的力量形成对抗,当腹部向上挤压的力量大于膈肌收缩下降的力量时,膈肌回升,气流呼出。需要气息量大的时候,可以通过加大腹肌力量,增大腹腔对胸腔压力或减小膈肌收缩力量,提高膈肌上升力度。需要气息量小的时候,可以用加大膈下压力量或减小腹肌上压力量的方式降低膈肌上升力度。当语句之中停顿,不需要气流时,我们可以用膈肌下压和腹肌上压力量相等的方式使呼气保持静止状态,以节省气流。胸廓也可以利用肋骨之间肋间肌的力量对抗来控制其扩张和收缩。当然,由于胸廓的呼吸作用有限,这种控制远不如横膈那样明显。

借助呼气肌肉和吸气肌肉的力量对抗产生的压力差控制呼气过程,可以获得稳定的气息,延长呼气时间,这对播音十分有利。这种呼气方式是播音呼吸的重要方法之一。它为播音员和主持人提高发音质量打下坚实的基础。

胸腹联合式呼吸依靠肌肉力量对抗完成呼吸过程,因此需要较长时间的体能锻炼,肌肉组织具有一定力量才能显示出效果。需要注意的是,在使用这种呼吸方式时,如果控制过度,反而会造成气息僵死,那样的话,语言的表现力不仅得不到增强,反而会被削弱。

三、日常呼吸训练

人在正常情况下,每分钟呼吸16~19次,每次呼吸过程约3、4秒钟,而演唱时,有时一口气要延长十几秒,甚至更长,而且吸气时间短,呼出时间长,必须掌握将气保持在肺部慢慢呼出的要领,所以要先做:

(一)深吸慢呼气息控制延长练习

其要领是:先学会"蓄气",先压一下气,把废气排出,然后用鼻和舌尖间隙,像"闻花"一样,自然松畅地轻轻吸,吸的要饱,然后气沉丹田,慢慢地放松胸肋,使气像细水长流般慢慢呼出,呼得均匀,控制时间越长越好,反复练习4~6次。

(二) 深吸慢呼数字练习

我们把第一步骤称为"吸提推送","吸提"的气息向里向上,"推送"的气息向外向下,在"推送"同时做气息延长练习。我们推荐三种练法:

(1) 数数练习:"吸提"同前。在"推送"同时轻声快速地数数字"123456789",一口气反复数,数到这口气气尽为止,看你能反复数多少次。

(2) "数枣"练习:"吸提"同前,在"推送"同时轻声说:"出东门,过大桥,大桥底下一树枣,拿起竿子去打枣,青的多红的少(吸足气)一个枣两个枣三个枣四个枣五个……九个枣十个枣十个枣九个枣……一个枣。"这是一段绕口令,一口气说完才算好。

(3) "数葫芦"练习:"吸提"同前,在"推送"同时轻声念:"金葫芦,银葫芦,一口气数不了二十四个葫芦(吸足气)一个葫芦二个葫芦三个葫芦……",这口气气尽为止,反复4~6次。

数数字、"数枣"、"数葫芦"控制气息,使其越练控制越好,千万不要跑气。开始腹部会出现酸痛,练过一段时间,则会自觉大有进步。

(三) 深吸慢呼长音练习

经过气息练习,声音开始逐步加入。这一练习仍是练气为主,发声为辅,在推送同时择一中低音区,轻轻地男生发"啊"音("大嗓"发"啊"是外送与练气相顺),女生发"咿"音("小嗓"发"咿"是外送)。一口气托住,声音出口呈圆柱型波浪式推进,能拉多长拉多长,反复练习。

(四) 托气断音练习

这是声、气各半练习。双手叉腰或护腹,由丹田托住一口气到额咽处冲出同时发声,声音以中低音为主,有弹性,腹部及横膈膜利用伸缩力同时弹出,我们介绍三种练习:

(1) 一口气托住,嘴里发出快速的"噼里啪啦,噼里啪啦"(反复)到这口气将尽时发出"嘭,啪"的断音。反复4~6次。

(2) 一口气绷足,先慢,后快地发出"哈哈——(反复)(加快)哈,哈,哈……"锻炼有进发爆发力的断音,演唱中的"哈哈——"大笑、"啊哈"、"啊咳"常用。

(3) 一口气绷足,先慢后快地发出"嘿——吼,嘿——吼"(反复逐渐加快)"嘿吼,嘿吼……"加快到气力不支为止,反复练习。

经过这一阶段练习,气为声之本,气为声之帅的气息,已基本饱满,"容气之所"已基本兴奋、活跃起来,而声音一直处于酝酿、保护之中,在此基础上即可开始准备声音练习了。

四、常用换气方式

"换气"是指在发音过程中,当气息不能满足发音需要时,在句子之间或句子之中补充气息的过程。常见的换气方式有:利用句子之间较大停顿进行的正常换气,在句子中间利用短暂顿挫快速换气的偷气,以及利用吸气声作为表达手段的抢气。发音中用来换气的地方称为"气口"。所谓"气口",是根据发音过程中语句内容连接的紧密程度和表达需要而确定的用于换气的停顿点。不应简单地将气口等同于逗号或句号。有时,气口之间会包含由几个短句构成的句群,也有时在一句话中就会有几个气口。

(一) 正常换气

"正常换气"是指在一段话之后,利用语句之间的较大停顿从容补充气息。一篇稿件或一段话语不可能一口气说完,中间往往伴随多次呼吸,利用话语之中的较大停顿进行换气是语言表达中最自然的换气方式。正常换气根据话语的长度、感情色彩及音量等因素确定合适的吸气量,一段话讲完,气息也正好需要补充,于是利用停顿补充气量,语言表达与呼吸节奏相吻合。这样可保持语言的生动、流畅。在语流之中换气是自然进行的,发音人会根据自己的经验,自动调整吸气量,并不需要有意识加以注意。

正常换气应注意吸气量适当,气息吸入过多不容易控制。吸气之后不应屏气。这两种情况都会使声门闭合过紧,造成发音不自然。

(二) 偷气

"偷气"是发音过程中一种无声补充气息的方法。当发音时句子过长或发音速度较快时,一般没有较大的停顿进行正常的换气,这时,人们常利用句子之中词与词之间短暂的顿挫来补充气息,这种换气方式没有明显的停顿间隔作为标志,也没有明显的吸气声,不易被人们察觉。

偷气一般在气息将要用尽,后面话语不多的情况下使用。偷气的气口通常是在连接不太紧密、可以顿挫的词与词之间,这样不会影响语句的连贯,听者也不易察觉。偷气时,应在准备换气的词之后用较快速度从口鼻同时吸入少量气息,偷气一般是为补充气息,供短时发音用,吸入的气息有限。为了防止吸气声,吸气时声门应适当开大。

(三) 抢气

"抢气"是发音过程中一种带有吸气声的换气方式。当话语的节奏急促或感情色彩强烈时,气息消耗很快,往往需要在句与句之间或句子之中急速补充气息。急速吸气会使气流在通过声道时产生较强的气流摩擦声。这种夹杂在语流之中的气流声能够显露出说话人焦急、紧张、感慨等不同感情色彩,使表达更富有表现力。抢气不仅是一种换气或补气方式,而且是一种感情表达手段。它常用于感情色彩丰富,描写生动的语言中。

抢气时吸气速度要快。由于不再需要顾及吸气声,声门不必开大。应尽量让抢气声成为语流的一个节拍,这可使语言听起来更自然。抢气时不要屏气,抢气的气流强度根据需要灵活使用,有时,抢气出现在句头,这种句头抢气往往出于感情表达的需要,气息量较大。而在句中出现的抢气多带有补气的性质,气息量不大。

上面几种换气方式都是播音员和主持人经常使用的,为了熟练运用这些方法,初学者可以先用文稿作为练习材料,将文稿内容在原有标点符号的基础上重新分析,划分呼吸段落,在需要换气的地方做上记号。抢气常与感情色彩相连,可随感情流露顺势而出,不必标记出来。当然,如果一时不习惯,可以用自己设计的符号把所有气口都标记出来。

五、播音呼吸练习

对于播音员和主持人来说,播音呼吸不能仅仅停留在认识上,还应将其化为用于语言表达的实际能力。初学者需要经过大量的练习才能完成这一转化过程。下面提供一些简单的呼吸练习供初学者使用。

(一) 胸腹联合式呼吸练习

通过练习,可以体会胸腹联合式呼吸。

步骤1:双腿直立,两臂侧垂,贴近身体两侧。头部抬起,目光前视,全身放松,小腹前部微收,做好吸气准备。

步骤2:口鼻同时吸气,横膈逐渐下降,小腹有压力感。

步骤3:继续吸气,腹部膨胀,同时胸廓开始扩张,上臂与胸部两侧逐渐贴近,表明胸径扩大。

步骤4:在膈肌仍保持适度收缩的同时,腹部逐渐加大收缩力度,使膈肌匀速上升,胸廓也在肌肉对抗作用下回缩,气流均匀呼出,直至气息用尽。

练习时应当注意,小腹在作吸气准备时不应过分收缩,过分收缩会限制吸气量。

(二) 扩大吸气量练习

增加肺活量是提高呼吸能力的基础。通过练习可逐渐增加肺活量。

步骤1:按照胸腹联合式呼吸的要求,深吸一口气,将气息保持住。

步骤2:用稳定的音量和适当的音高、音色数数"1、2、3、4、5……"直至气息用尽。

步骤3:重新吸气,重复上面动作。

这一练习可每日连续练习多次,音量、音高、音色都可以变化。随着练习时间的延续,发音时间会逐渐延长,这表明肺活量在增加。

锻炼肺活量的方法有很多,下面就简单介绍三种:

方法一:经常性地做一些扩胸、振臂等徒手操练习。

方法二:耐久跑练习,注意要坚持跑和呼吸配合,距离适当,强度不宜大。

方法三:练习潜水或游泳,在水中不但手臂要不停地划水,还要克服水的阻力呼吸,是锻炼提高肺活量的好方法。

锻炼提高肺活量的方法还有:踢足球、打篮球、折返跑等。

需要注意的是不管选择哪一种方法,都要持之以恒经常练习才能有效。

六、呼吸肌肉训练与控制

呼吸肌肉的力量和灵活程度是呼吸得以控制并达到"自动化"运动的物质条件。腹肌、横膈肌等在日常生活中得不到充分活动的肌肉,应该列为锻炼的重点。

(一) 腹肌的训练(如图 2.3 所示)

图 2.3 腹肌的训练

(二) 横膈肌的训练

横膈膜呼吸法对身体三大功效:

(1) 横膈膜呼吸不同于浅短的呼吸,能使能量充满整个肺部,供应充足的氧气。

(2) 横膈膜呼吸将体内的废气、浊气、二氧化碳呼出体外。

(3) 横膈膜上下移动,犹如温和的按摩,促进脏腑的血液循环,增强其机能。

横膈膜呼吸法是以最少的力得到大量的新鲜空气,因此是极其有效的呼吸方法。有人误以为"气沉丹田",就是将气息吸到丹田中。我们都知道,人的呼吸器官只有一个,那就是肺部,除肺部外,人不可能再用其他的器官来进行呼吸。那人们为什么会产生误解?其实是,在人的腹腔内,有一块肌肉,叫做横膈肌,也就是人们常说的横膈膜。人在呼吸时,有一个检测指标叫做肺活量,就是吸气要尽可能的多,它是人的呼吸机能潜在能力的反映。人利用横膈肌往下移动,把大小肠等内脏往小腹腔部位挤压,这样就给胸腔腾出了一些空间,可以让肺尽可能地扩张开来吸纳氧气。然后,横膈肌上移,挤压肺部,有利于帮助肺部尽快地把废气较彻底地排挤出来。

这就是气沉丹田了,这种呼吸方法,能够增强人的吸氧能力。前人因不知道腹腔内的横膈肌,因此把横膈肌的上下运动误以为是气息到达了小腹部的丹田之处。

下面我们详细说一下横膈肌的训练方法:

1. 膈肌弹发

在传统膈肌锻炼方法"狗喘气"的基础上改进后的练习。膈肌弹发与"狗喘气"的不同,一是变开口为闭口,这样可以减轻气流对喉部的摩擦;二是变无声为有声,在呼气的同时弹发"hei"音。膈肌弹发具体练法如下:

第一步,深吸气后,发出一个扎实的"hei"音。要求喉部、下巴松弛,舌根在发 h 时,有前送弹动感;而胸前有明显的向上弹动感。在弹发"hei"时,必须注意膈肌的弹动与发音要协调同步。开始气与声可能会超前,先出气后出声,也可能会落后,声出了、气尚未弹出,还可能气弹出却未用在发声上,气弹了而声音仍用嗓子喊出来等等现象,这在初练者训练过程中必然出现的现象。

这时需注意三点：

一是，控制膈肌正确地上弹，既不是上腹部向外弹（这样气不是外弹，而是内吞），也不是上腹部向内挤。（这是送气而非"弹气"）

二是，喉头部位一定要松弛，气弹出才可能弹发出 hei 音。否则气与声会脱节形成嗓子挤出的声。

三是，由于未经训练的人，有意识控制膈肌的能力较弱，在开始练膈肌弹发时，发出的 hei 音并不强，但弹发正确的 hei 音，是音高稍低、圆润集中、松弛宽厚的声音。在开始练膈肌弹发时，首先要注意膈肌弹发与发音的配合要正确，不必贪多、贪快、贪连续发音，只有一声一声练得有力了，才能连续发音。

第二步，在膈肌单声弹发状态稳定的情况下，增加连续弹发 hei 音的次数，连发 2 个、3 个、4 个、5 个直至可连续发 7－8 个 hei 音。连续弹发时，要注意给气的力量应该均匀，发出的 hei 音需要保持一定的音量、音高、音色，应始终一致。在连续弹发时，还应注意将膈肌的力量控制集中到弹发的瞬间，而在弹发间隔时，膈肌要迅速放松还原到原位。不放松，膈肌越弹越紧张，最终会因无气可弹而力竭。只有弹发后的迅速放松才能使气不断地进入、弹出，也有利于膈肌再次积聚力量弹发。

第三步，坚持第二步连续弹发练习，数日后会获得"自动"进气的感觉，当无限制的连续发出稳定 hei 音时，就可进行第三步练习：由慢到快、稳劲轻巧地连续弹发 hei 音。

第四步，在第三步的基础上，做改变音高、音量、音色、音长的膈肌弹发练习。

第五步，发"哈哈哈哈哈"类似于京剧老生的大笑状。

第三节　用声方式的养成及控制训练

很多人在发声时会遇到这样的情况：声音很虚并且发不长，音也不够实。他们常常把这些归结为自己的嗓子等先天条件问题上。其实，科学的发声方式可以改善这种情况。

日常生活中，我们开怀大笑的方式就是科学的发声方式。仔细研究不难发现，开怀大笑时，人的身体各部分都是自然放松的，所以，通常笑是治愈紧张、焦虑等不良情绪的灵丹妙药。为了达到大笑时所需要的气息流量，人们会不自觉地深吸气，此时从鼻腔、口腔到肺底，整个气息的通道都是畅通无阻的，气息自然能够深入，位置也能够下沉，而我们在发出一连串洪亮的"哈哈哈"的笑声时，实际上是通过腹肌有弹性地收缩，来带动气流，这也正符合了科学发声上的一个重要原则："以气带声。"在这种正确、轻松的发声状态下，我们可以很轻松地发出洪亮、浑厚、优美的声音，而且嗓子不痛不累，对声带有益无害。怎样才能达到这种理想的发声状态呢？可以简单地归纳为一畅通、三使劲和三放松。

一、"呼吸畅通"——管子意识

想象自己身体中有一根比脖子略细的管子，管子是上下直立的，左右不能扭曲，前后不能扭曲。不论是站姿还是坐姿练声时头部都要和身体处在统一的一条垂直线上,颈部略微向后靠,下颌略收,保持管子的直畅通状态。想象中的管子不能瘪,不能挤,也不能涨撑,只能是不紧不松的状态。

在此基础上按第一讲中的方法用鼻子深长而均匀地吸气,体会从气息鼻腔进入到达软腭顶端顺管子(后咽壁)后壁中部成一条气柱状直达后腰部分,随着气息进入,应该能明显感觉到整个管子从上到下逐步变得清凉和后腰逐步撑开的感觉。吸气过程中整个管子应该是完全畅通和放松的。

二、三个积极使劲的部位

(一) 腹肌

腹肌怎样在发声中用力,直接关系到气息的支持和低音共鸣效果。在第一讲中我们已经说过,吸气时的储气部位是后腰,但这只是给了我们一个坚实的气息支持基础,而在实际播音中,特别是需要快速换气的情况下,往往低位置的气息不能很快地补充,这时就需要通过腹肌的弹动,靠胸腹联合式呼吸法快速补充气息。

不妨再来看看大笑时人的发声规律:每当发出笑声前的一瞬间,人体会自动、兴奋地深吸一口气,腹肌也会因此而轻微地膨胀起来。然后,每发出一个"哈",腹肌都会略微往内收紧一次,然后再迅速放松恢复到原位,如此反复直到气息耗尽。

下面,让我们一起模拟大笑时的腹肌运动状态进行一个简单却非常有效的练习——"狗喘气"。

站姿,上身略微前倾,深吸气(不要吸到过涨,七八分为宜)从脸部表情到内心都充满喜悦感,保持软腭、咽喉因深吸气而自然扩充的感觉,如同哈哈大笑一般,下颌及喉部充分放松,并在此基础上自然地张大口,将舌头伸出口外(也要非常放松,可想象热天狗吐舌头的情景),在此基础上用腹肌轻巧而富于弹性的收缩动作推动气息,发出一连串"哈""哈"的吐气声(实际上发出的元音比 a 开口更大,可以是似"哈"非"哈",似"嗨"非"嗨"的声音,极像夏天狗大口喘气的声音,"狗喘气"之名由此而来)。此练习对锻炼腹肌的弹性、呼吸和发声的配合以及消除咽喉部肌肉过度紧张都有非常好的效果,久练可明显减轻说话时的嗓音疲劳。

(二) 颧肌

颧肌又称笑肌。练习方法是:①用双手轻揉两颊半分钟左右,让肌肉充分放松。
②在此基础上,靠主动提起颧肌,带动两嘴角上扬,上唇大致成一字,露出部分门齿。
此练习可适当多做,最好能成为发声时的条件反射动作,不仅能使得发声时的表情自然亲切,说话时口型较美,更重要的是,它可以是声音清晰、集中又不失柔和、亲切,有一种"微笑"感。声音和人的表情一样,是会"微笑"的,即使在打电话时看不到对方,微笑的声音也可以大大加深双方的好感和信任度。

(三) 软腭

辅助练习:①张大口练习。弯腰、身体前倾,将下巴放松地靠在一个高度合适的桌面上。通过颈后部肌肉的收缩将口腔的上半部分抬起,下巴仍然靠在桌面上不动。(此姿势和正常的张口动作相反,刚开始时可能不太习惯,可以将自己的颅骨想象成箱子盖,下颌骨想象成箱子底,模拟"掀开"箱盖的动作来练习。注意要保证下巴的放松和固定。)如果没有合适的桌面辅助,也可以略收下颌,用手固定下颌进行练习,但一定要保持下巴的稳定。如果练习中能明显感觉到颈后肌肉的紧张,说明动作是正确的,反之,如果口腔、下颌处肌肉紧张,则是不正确的。初学者最好能每天坚持张口几十到一百次左右,形成习惯动作。

②半打哈欠练习。在上一练习的基础上,充分放松下颌,打开牙关,保持大开口吸气的状态,努力抬高自己的软腭上部及小舌部位。感觉像打呵欠的动作,并极力保持此种状态一段时间,体会口腔内容积明显增大的感觉。

三、三个努力放松的部位

(一) 双肩

双肩放松可以最大限度地使整个气息下沉,同时避免吸气发声时挺胸耸肩的不良动作,对缓解发声时喉部、锁骨的不自然紧张状态也有很大帮助。

辅助练习:自然站立,双臂充分放松下沉,有一种双臂完全失去控制的悬垂感、晃荡感。如果一时体会不到,可以将双手的指尖"搭"在高度合适的桌子上,想象两臂像秋千的吊索一样"吊"在桌面上,并被风吹得来回摇荡的情形。也可来回转动身体,带动两臂来回甩动,重点体会肩部完全放松的感觉。

(二) 胸廓

呼吸发声时应保持胸廓的自然与放松,如果胸廓部分在吸气时过于用力和紧张,就会造成吸气时挺胸耸肩的不良习惯,气息难以深入,往往自我感觉"气"吸不进,"憋"得慌,发音时喉部紧张,且说不了几句话就有气不够用的感觉。

相比而言,胸廓的放松较容易做到。只要吸气时保证气息的充分深入,后腰充分撑开,双肩充分放松下沉,就能自然做到放松。

但需要强调的是,胸廓放松不等于呼吸发声时胸腔必须保持"瘪""压""沉"的状态,恰恰相反,这是另一种意义上的肌肉紧张。正常的方式应该是胸腔保持轻松、自然和相对稳定的状态,当吸气到后腰时,末梢肋骨通常也会有轻度的扩张。

总之,胸廓真正的放松状态是自我感觉最自然、最舒服的,呼吸时主要的发力肌群应宜后腰和腹肌为主,"带动"胸部做微小的运动,应保持胸腔的相对稳定。

(三) 下巴

下巴是否放松,对声音的好坏影响最大。下巴发紧,不仅声音紧张、单薄难听,而且音量小,共鸣感差。同时由于下巴和喉头位置很近,下巴的紧张必然引起声带周围肌肉的紧张,造成声带负担过重,说不了多久就会感觉嗓子疲劳、疼痛,难以持久。

辅助练习:①在放松的基础上震摇下巴。在下巴充分放松的基础上,保持张大口的姿势,舌头自然伸出口外(可参见"张大口"和"狗喘气"的练习),以颈部为轴左右甩动下巴和舌头。注意需保持颈部为轴的平行转动动作,而非整体甩头,否则易引起头晕。

②下颌的移动和画圈练习。在放松下巴和张大口的基础上,可以将下颌骨左右平行移动,或按顺时针、逆时针方向画圈,运动时应明显感觉到后牙关充分打开,下颌充分放松,幅度可尽量增大。

第四节 共鸣的养成及控制训练

播音员、主持人发声有自己的共鸣特点,即以口腔共鸣为主、以胸腔共鸣为基础、以微量的鼻腔共鸣为辅的声道共鸣方式。声带本身发出的原音很微弱,在经过共鸣后才得到扩大和美化,形成不同的语音音色,形成各种不同的声音色彩。一个人的发音器官是天生的,无法改造,而共鸣的调节却是可以经过后天训练而改善的。因而可以说,掌握共鸣的调节,是扩大发声效率、改善声音质量的重要环节。

播音主持艺术发声的特点决定了播音主持对共鸣的要求:运用声道共鸣方式,一要泛音适量,二要声束集中,三要字音清晰,四要声音自然。从丹田到硬腭之间形成一根厚实、明朗、通畅、气息稳定、均匀、自如的弹性声音柱。它的整体感觉是:有丹田气座的支撑经胸腔垂直向上,到口咽处流动向前,"挂"于硬腭前部,透出口外。经口咽出来的声束,沿上颚中线前行,向硬腭前部流动冲击,从而有声音"挂"在硬腭穹窿上的感觉,声音明朗、润泽,发时省力。

共鸣是元音形成的基础,同时也影响着意义之外的声音色彩。恰当地使用共鸣,可以改善声音色彩,美化声音,使声音更富有表现力。通过下列练习可以增加胸腔共鸣,改善口腔共鸣,适当利用鼻腔共鸣,帮助同学们解决最常见的共鸣问题。

(1) a、o、e、i、u、ü 六个元音的单发,体会不同音区共鸣的成分变化。

注意用自然的声音发出,丹田与硬腭这两端用气形成一条线,要均匀、和谐、圆润、自如。

(2) 双唇音与开口呼韵母拼合音节练习。

b—ang—bang(帮)　　　　p—ang—pang(旁)
m—ang—mang(忙)　　　　b—ai—bai(白)

练习时速度要慢,注意韵腹拉开立起,收好字尾,声音似挂在硬腭前。

(3) 柔和色彩的短句、字词练习。

鸟语花香　　和风细雨　　栩栩如生　　山水相连
山河美丽　　山明水秀　　花红柳绿　　锦绣河山

练习时对窄元音要宽发,在不影响音色的前提下,声腔的开度要大一些,以增强口腔共鸣成分。

(4) 韵母的开齐合撮依序的高低音练习。

(5) "a"元音的直上直下及滑动练习。

注意声音从低音起逐渐升高,然后稍停片刻(或换气)再降低,直到声止气停。

一、胸腔共鸣的练习

（1）用较低的声音发 ha 音，声音不要过亮，这时的声音是浑厚的，感觉是从胸腔发生的，如感觉不明显可以逐渐降低音高，也可以用手轻按胸部，用 a 做练习音。从高到低，从实声到虚声发长音，体会哪一段声音上胸腔振动强烈，然后在这一声音段做胸腔共鸣练习。一般来说，较低而又柔和的声音易于产生胸腔共鸣。

发夸大的上声来体会。

如：好(hǎo)，百(bǎi)，米(mǐ)，走(zǒu)等

（2）增加胸腔共鸣的适当音色后，用这一段的声音练习下列含有 a 音的词。（a 开口度大，易于产生胸腔共鸣）

暗淡　反叛　散漫　武汉　计划　到达　自发　出家

百炼成钢 bǎi—liàn—chéng—gāng　翻江倒海 fān—jiāng—dǎo—hǎi

（3）句段练习：然后用适当的声音练习下面的短诗，注意加强韵脚的胸腔共鸣。

①春眠不觉晓，处处闻啼鸟。夜来风雨声，花落知多少。

②小柳树，满地栽，金华谢，银花开。

③树，有时孤零零的一棵，直挺挺把臂膊伸展。

花，有时单个个一朵，静默默把微香散播。

唯独草，总是拥拥挤挤，长到哪儿，哪儿就蓬蓬勃勃。

一片片、一丛丛，有着烧不尽的气魄。

④我看樱花，往少里说，也有几十次了。在东京的青山墓地看，上野公园看，千鸟渊看……；雨里看，雾中看，月下看……日本到处都是樱花，有的是几百棵花树拥在一起，有的是一两颗花树在路旁水边悄然独立。春天在日本就是沉浸在弥漫的樱花气息里。

二、口腔共鸣练习

（一）口腔练习方法

（1）唇齿贴紧，可以提高声音的亮度。发音时唇部过松的考生，音色大多较暗而且不清晰。练习时可适当收紧双唇，使其贴近上下齿，缩短声腔的长度，使声音快速透出口腔，改善共鸣。考生可先用单元音做练习，待唇部相对稳定后，再用小的句段进行练习，比较这样发音与自然状态发音音色的区别。

（2）嘴角略微上抬，消除消极音色。有的同学发音时习惯嘴角下垂，这样不利于表达欢乐、积极的感情。可以结合"提颧肌"动作，使嘴角略微上抬，体会声音色彩的变化。先用单元音做练习，然后用小的句段进行练习，比较它与习惯发音有何不同。

（3）改善元音 ü、u、o 音的字时，有些考生在发带有 ü、u、o 韵母的字时，嘴唇过于撅起，导致音色黯淡，字音含混不清。可以将唇齿靠近，减少撅唇程度，使音色得到改善，用以 ü、u、o 开头的韵母做改善音色练习，比较音色变化。

(二) 结合气息做韵母拼合练习

(1) bā　dā　gā　pā　tā　kā。

(2) pēng　pā　pī　pū　pāi。

(3) b—a— bā　p—a— pā;b—an—bān　p—an—pān。

(4) 吧嗒嗒　滴溜溜　咕隆隆　咣当当　呼啦啦　扑通通。

(5) 改善 ü、u、o 音的字时,易翘唇,产生沉闷暗浊的音色。要使音色得到改善,可适当使唇齿贴近,减少突起。

(三) 句段练习

(1) 天空变成了浅蓝色,很浅很浅的;转眼间天边出现了一道红霞,慢慢儿扩大了它的范围,加强了它的光亮。

(2) 她是有丁香一样的颜色,丁香一样的芬芳,丁香一样的忧愁,在雨中哀怨,哀怨又彷徨。

三、鼻腔共鸣训练

(一) 体会鼻腔共鸣

鼻腔共鸣过多鼻音色彩过重。只有适当利用鼻腔共鸣才能美化声音。软腭抬起则减少鼻腔共鸣。可用 i 和 a 做练习,利用软腭下降将元音部分鼻化来体会鼻腔共鸣。

(二) 鼻腔共鸣练习

鼻腔共鸣少的人可以使用这一练习,但切勿使鼻腔共鸣过多而导致鼻音色彩过重。一般来说,a 的舌位低,鼻腔共鸣弱,软腭下降幅度可稍大些,i、ü、u 舌位高,口腔通路窄,气流容易进入鼻腔,产生鼻腔共鸣。因此,软腭不可下降过多,否则会使元音完全鼻化。可用 m、n 开头的音做练习,体会鼻腔共鸣,然后再发其他音。

(1) m 哼唱使硬腭之上的鼻道中的气息振动和软腭的前部扯紧。

(2) n 哼唱使软腭中部振动并扩大鼻咽腔。

(3) ng 哼唱使软腭后面的垂直部分振动并打开鼻咽腔的下面部分。

(4) 词语练习

妈妈　命名　光芒　中央　接纳　头脑　牛奶　弥漫　泥泞　美貌　满面　人民

(5) 语段练习

① 朝霞冉冉升起,东方透出微明。你听,你听！国旗的飘扬声。

② 蓝蓝的天上白云飘,白云下面马儿跑,挥动鞭儿响四方,百鸟齐飞翔。

(三) 减小鼻音色彩

鼻腔共鸣过多形成习惯鼻音的同学,可用这一练习来改善音色。首先应确定鼻音是否过多。有的鼻音习惯的发音常常将韵母的元音部分完全鼻化,可用手捏住鼻子,用下列音来检查是否过分使用鼻腔共鸣,如果鼻腔从元音开始就振动,表明鼻腔共鸣使用过度,应减少元音的鼻化过程。

(1) 手捏鼻孔不出气,发"a"音体会。如果鼻腔从元音就开始振动,说明鼻腔共鸣过多,应减少元音的鼻化程度。

(2) 串发六个元音:a—o—e—i—u—ü

(3) 拼合练习

b—ang—bāng(帮)　　　　　　p—ang—páng(旁)

m—ang—máng(忙)　　　　　　b—ai—bái(白)

(4) 十六个鼻韵母中主要元音与鼻音做拆合练习。练习时发准元音,再发鼻音,然后合并来发。

an—a—n　ang—a—ng　en—e—n　ian—i—a—n　iang—i—a—ng　ün—ü—n

uang—u—a—ng

(5) 如果鼻音重,练声时则少练带有声母 m、n 和鼻尾韵的音节。

四、头腔共鸣

头腔共鸣需要一定气势、一定高音。播音时一般用不到头腔共鸣,但有时需要加强作品感情色彩,发出的声音高昂、明快、铿锵有力,这时会感到声音不是从嘴里发出来,而是从眉心透出。

五、共鸣综合练习

(1) 人人尽说江南好,游人只合江南老,春水碧于天,画船听雨眠。垆边人似月,皓腕凝霜雪。未老莫还乡,还乡须断肠。

(2) 其实幸福和世界万物一样,有它的征兆。幸福常常是朦胧的,很有节制地向我们喷洒甘霖。你不要总希望轰轰烈烈的幸福,它多半只是悄悄地扑面而来。你也不要企图把水龙头拧得更大,那样它会很快地流失。你需要静静地以平和之心,体验它的真谛。

(3) 在历史时代,国家间经常发生对抗,好男儿戎装卫国。国家的荣誉往往需要以自己的生命去换取。但在和平时代,唯有这种国家之间大规模对抗性的大赛,才可以唤起那种遥远而神圣的情感,那就是:为祖国而战!

六、古诗练习

注意加强韵脚的胸腔共鸣控制。

春夜喜雨

好雨知时节,当春乃发生。

随风潜入夜,润物细无声。

春　晓

春眠不觉晓,处处闻啼鸟。

夜来风雨声,花落知多少。

清 明

清明时节雨纷纷,路上行人欲断魂。
借问酒家何处有,牧童遥指杏花村。

题西林壁

横看成岭侧成峰,远近高低各不同。
不识庐山真面目,只缘身在此山中。

第三章　语言表达

第一节　稿件处理：备稿

备稿有两方面的含义，一是广义备稿，二是狭义备稿。

一、广义备稿

广义备稿是指平时不断地学习和积累。播音员、主持人是新闻工作者，应该具备较高的政治觉悟和理论水平、广博的文化知识、深厚的专业基本功和艺术修养等。这都需要在日常的学习实践中日积月累。广义备稿是播音创作的基础。

二、狭义备稿

狭义备稿是指节目播出前具体一篇稿件的准备，概括起来有六个步骤，简称"备稿六步"。他们是：划分层次、概括主题、联系背景、明确目的、找出重点、确定基调。

(一)划分层次

(1)归并：把稿件内容内在联系较紧密的段落归并为一个层次，并概括大意。

(2)划分：在较长的自然段中，把内在联系较紧密的句子划分成一个小层次，使句子"归堆儿""抱团儿"。

注意：逻辑的归并和划分要符合表情达意的需要。

(二)概括主题(稿件的中心思想)

(1)叙述文：从人物、事件的发生、发展变化、结局里去挖掘。

(2)议论文："中心论点"，从论点、论据和论证方法中去挖掘。

(三)联系背景

上情：时代背景所要求的理想境界。下情：国际国内方面的现实情况及其变化。下情里又包括"主流""支流"。主流指和稿件有关的现实情况及其变化中的成绩方面、好的方面和代表事物发展前进方向的方面。支流是指和稿件有关的现实情况及其变化中存在的问题和不好的方面。

(四) 明确目的

目的是指播音员、主持人的播出目的,即稿件播出后所达到的社会效果。他解决的是为什么要播这篇稿件的问题。注意:播讲目的和稿件主题的区别。播讲目的在不同时期有不同的侧重和表现;稿件主题是有稳定性和不变性的。

(五) 找出重点

重点是指直接表现主题、体现目的、抒发感情、感染受众的地方,分为集中(较多见)和分散两种形式。

(六) 确定基调

1. 基调

我们在备稿过程中,从许多不同角度对稿件进行了深入地分析和具体地感受,我们的感情也随之运动起来,并最终以准确、清晰、富有变化的有声语言传达出去,在备稿过程中,对稿件的感情特点及其变化把握的是否准确,关系到语言表达的效果,关系到播讲目的能否得到生动体现。基调是指我们播讲一篇稿件时所把握的总的感情色彩和分量;而绝不是简单的播音时声音的高低。基调,一方面是指稿件本身所含的感情色彩和分量上的特点;另一方面,还应融入播音员在播讲目的指导下产生的具体态度以及有关的政策对播讲态度的制约。这是播音创造基础理论的范畴内,对基调把握的要求层次,如果从创作整体效果看,当然还要考虑节目形式、受众心理及接受习惯、传播方式(电台、电视台)、创作氛围等方面对播音基调的影响、要求和制约。

2. 播音基调

播音基调是将稿件转化为有声语言时的一种总体把握。它既包含稿件本身固有基调,同时,也包括播讲者在播讲目的制约下的播讲态度。

基调对于播音创作很重要,我们应该从以下几个因素来考虑:

(1) 从稿件本身及稿件的内容和形式两个方面,得到综合升华的感情色彩及分量把握。

(2) 要从稿件的外部因素中把握播讲的具体态度及政策。

把握基调上有两点基本要求:

(1) 贴切,有个性。

(2) 统一又有变化。

3. 基调的类型

喜悦明快	热情赞扬	细腻清新	真诚劝慰
昂扬有力	深沉坚定	沉郁平缓	缅怀深情
亲切爱怜	幽默风趣	豪放舒缓	庄重哀怜
意味深长	憎恶愤激	郑重批驳	朴实含蓄

深沉凝重	轻松舒缓	热情讴歌	积极倡导
严肃批评	愤怒谴责	忍心说服	循循善诱

第二节 播音的对象感

所谓对象感,就是指播音员、主持人必须设想和感觉到对象的存在和对象的反应,必须从感觉上意识到受众的心理、要求、愿望、情绪等,并由此而调动自己的思想感情,使之处于运动状态,从而更好地表情达意,传达节目稿件的精神实质。

一、体现人文关怀

播音员要在"目中无人"的环境中努力做到"心中有人",心里时刻装着受众,感觉到受众的存在,想受众之所想、急受众之所急地把握受众的心理要求、愿望和兴趣点,它已经融入传播者对受众的真诚、尊重与关爱,这本身就是一种人文关怀。

二、富有对象感

富有对象感的播音音色富于变化,语气上亦丰富,避免了长时间同一频率所造成的单调,从而保持受众心理上的兴奋状态。表现在播音语言上,语气显得亲切、有变化。

如何把握对象感要熟悉传播对象,要重视对受众的基本构成,并对其进行定性分析,努力获得对象感。那么,怎样才能使对象感不失之笼统?如何获得并把握住对象感?我们必须具体设想:这样的稿件,这样的内容,这样的形式,这样的宣传目的,在今天,应该播给什么样的人听?哪些人最需要听?听到不同的地方会有什么不同的反应?听完了又会有什么反应?给什么样的人听最能增强我们的播讲愿望,最有利于达到播讲目的?

(1) 对象感的"质"与"量"。为了获得对象感,我们可以从质和量的两方面去具体设想。所谓质的方面,是指环境、气氛、心理、素养等有关对象的个性要求。所谓量的方面,是指性别、年龄、职业、人数等有关对象的一般情况。而质的方面又是最根本的。从质和量两方面了解受众,设想并掌握受众特征,找准与受众利益最密切的相关点,由此获得对象感,我们就能播出新闻的新鲜感,吸引并满足受众的兴趣和要求。

(2) 依据节目内容所反映的主题和目的设想对象,获得对象感。一旦掌握了受众的心理需求,找准了与受众利益密切的相关点,有了充足的依据,对象感就会强烈起来,到了非说不可的地步。

(3) 我们所设想的对象应该稳定统一。就某篇稿件来说,我们设想的具体对象应该是稳定的、统一的,不应该这一段设想对这些人播,那一段设想又对另一些人播。一般而言,设想的对象稳定会使播讲更集中,更鲜明。

(4) 播音员、主持人与所设想的对象之间关系是平等的。对象感不是单单设想对象,同时要解决好播音员、主持人与对象的关系问题。为了达到传播的有效性,为了使受众对播音员、主持人产生"认同"和"自己人"的亲近感,播音员、主持人与所设想的对象的关系就应该是平等的关系。这种关系意味着平等、融洽、真诚和坦诚。

（5）为了获得对象感,为了使设想的对象具体有依据,要尽可能多地熟知各种对象的情况,丰富生活体验。这就要求播音员、主持人应深入生活,通过直接或间接的种种渠道关注现实,了解熟悉各种人,尽量和各个层次各种职业的人打交道,了解更多人的更具体的需要,在设想具体对象时才会更切合节目和稿件的内容和形式,更好地达到播讲目的。

三、注意几个误区

误区之一:播音员、主持人执着地去追求设想对象的客观实体。

误区之二:无论什么稿件都设想一种具体对象。

误区之三:对象感时断时续,时有时无。

误区之四:认为稿子并无确定对象就不必多此一举,或认为稿子已有了限制就不必设想具体对象了。

误区之五:以为面前有对象就不需要对象感,不知道场外的受众才是我们传播的主体。

第三节　情景再现

情景再现就是播音员、主持人以语言内容为依据展开再造想象,使其中的人物、事件、情节、场面、景物、情绪在自己的脑海里不断浮现,形成连续活动的画面,并不断引发相应的态度、感情的过程。我们可以从以下几个方面来把握情景再现的内涵:

（1）情景再现属于一种联想、想象活动,是对播音员、主持人再造想象特点的概括。

（2）播音员、主持人的联想与想象必须以语言内容为依据,以符合稿件的需要为前提,必须遵循稿件规定的目的、性质、范围、任务,不能信马由缰,任意驰骋。

（3）依据语言内容想象出的画面应该是连续的、活动的、有内在联系的,而不是孤立的、静止的。

（4）播音员、主持人进行联想、想象的目的应该是引发相应的态度、感情。这里需要强调的是,情景再现一定要产生于具体感受中,要以情为主。播音员、主持人通过对语言内容的具体感受,要引发相应的态度、感情,进而激发强烈的播讲愿望,而不能只满足于"画面"清晰,只重视景而忽视情。

情景再现的展开过程:

播音员、主持人在具体的语言创作过程中,运用情景再现可以按以下四步来调动自己的思想感情。

第一步:理清头绪。这一步主要是从情景再现的角度对语言内容进行梳理,它与备稿当中的划分层次有一致的地方,也有不同之处,这里更注重从画面的角度来理清内容的头绪。包括:把握结构,明确先后顺序;把握画面的主次详略及特点。

第二步:设身处地。设身处地就是通过想象,将自己置身于稿件所描述的情景中,缩短我们与稿件所述情景的时空距离和人物的心理距离等,使我们迅速地投入到稿件所规定的情景中,获得现场感,感到"我就在"。

第三步:触景生情。触景生情是情景再现的核心问题。这里强调的是内心积极的反应,摈弃的是"视而不见""充耳不闻"式的无动于衷。在触景生情这一步我们还要掌握两点要求:一是反应积极、一触即发;二是以情为主、情景交融。

第四步:现身说法。当内心情感积累到一定程度时,就想把我"亲眼所见,亲耳所闻,亲身所历,亲身所感"的情景再现给受众,并使受众产生某种情景的再现,从中受到感染。这也正是创作主体始而有意、继而实现的责任。

以上四步并非界限分明,而是联系紧密,常常你中有我,我中有你。总之,是要让自己的思想感情运动起来。情景再现过程中应注意的问题:

(1)情景再现要以播讲目的为中心,受播讲目的的引导和制约,不要为"情景再现"而"情景再现"。

(2)善于调动各方面的积累,对情景加以丰富和补充,加深创作主体的体验。需要说明的是,不是每一个情景都必须详细补充,也不是同一情景中的每一个地方都要花同样的力气去想象,要抓重点、难点,关键要获得感情触发点。

(3)把握情景再现准备与播出时的区别。情景再现在准备与播出的两个环节中,既有联系又有区别。准备是播出的基础,播出应该体现准备的成果。但两者之间也存在着区别,主要体现为:第一,准备时有较充足的时间去展开想象,再现情景;播出时语句要连续不断,一句紧接一句,没有时间去细致展开和浮想联翩,否则容易造成情景分离,说到下句时,内心还停留在上句。第二,准备时,创作主体脑海中的画面可以较清晰,形象较鲜明;而播出时,景已模糊,情愈加凸显。在这个阶段,我们不必再细致地展开想象,只需让情景稍加显露,重要的是快速唤起我们准备时的具体感受和触动心灵的那一点。

第四节　播音主持语言表达

一、语气

语气是具体思想感情运动状态支配下语句的声音形式。对语句的实质可以从以下三个方面进行把握:首先,具体的思想感情是语气的"神"、灵魂。其次,具体的声音形式是语气的"形"、躯体。最后,语气存在于句子之中,它在整个的语言流动中占据着核心的位置。语气是朗读表达技巧之一。它是思想感情运动状态支配下语句的声音形式。

语气有两方面构成:

(1) 具体思想感情。
(2) 具体声音形式。
二者相辅相成,前者决定后者,后者对前者有反作用。
具体的思想感情包含两个方面:
(1) 语气的思想感情。
(2) 语气的分量。
语气的声音形式可以说是语气的躯体,语气的感情色彩和分量将通过恰当的声音形式体现出来。语气的感情色彩,简单地说,主要指语句所包含的喜、怒、哀、乐、欲、惧、爱、憎等态度感情方面的具体性质。

二、语气的感情色彩和分量

语气的感情色彩和分量在有声语言的创作活动中,总的感情色彩体现在节目的基调中,而具体的感情色彩体现在语气之中。语气的感情色彩,是指语句包含的是非和爱憎等。"是非",是指正确、错误、反对、支持、赞扬、批判、严肃、亲切、郑重、活泼、坚定、犹豫等态度方面的具体性质。"爱憎"是指挚爱、憎恨、悲痛、喜悦、热望、焦急、恐惧、疑虑、冷淡、愤怒等感情方面的具体性质。态度、感情交融为一体,可以展现各类语句的丰富多彩。语气的色彩是语句内在思想感情的积极运动的显露,它体现为创作主体声音与气息的变化。

语气的分量指的是在把握语气感情色彩的基础上,创作主体还要区分是非、爱憎的"度",能区分感情色彩不同的程度和不同的量级并能使之付诸有声语言的表达。

语气的声音形式、语气的感情色彩和分量是千变万化、丰富多彩的,所以声音形式也一定是曲折起伏、不断变化的。我们用"语势"来表示语气的声音形式。

三、语势

我们把一个句子在思想感情运动状态下声音的态势称为语势。语势是由气息、声音、口腔状态这三方面因素多层次、立体化的多重组合而构成的。构成语势的这三方面因素是互相渗透、融合在一起的,也使语势呈现为立体的运动变化态势。

语势分为五种基本类型:
(1) 波峰类。有胜于言的发展趋向是由低到高再向低。
(2) 波谷类。声音呈高向低再到高的态势。
(3) 上山类。声音的发展趋向为由低到高。
(4) 下山类。声音由高向低发展。
(5) 半起类。声音的发展趋向也是由低向高发展,但上一半就止住了。

四、播音主持语言表达——停连

播音员、主持人必须学会运用停连组织语句,区分意思。这是进行播音再创造活动的一项语言基本功,是播音员、主持人借以表情达意的语言技巧之一。

(一)停连的定义

停连是指在有声语言的流动过程中,声音的中断和延续。我们给停连下的定义是:在有声语言的表达过程中,那些为表情达意的需要所作的声音中断、休止就是停顿。反之,那些不中断、不休止的地方(特别是有标点符号,而不中断、不休止的地方)就叫连接。停连,是在有声语言行进中的"标点符号",停连要按文意、合文气、顺文势,自如地服从思想感情运动的需要。

(二)停连的作用

顾名思义,有停顿、有连接才能更好地传神达意。在朗读中,语言的层次之间、段落之间、语句之间,总有休止中断的地方,时间有长短,都属于停顿范畴;有些不休止、不中断的地方,特别是有标点符号不休止、不停顿的地方,就是连接。

我们把停连结合起来分为十类:

第一类:区分性停连(表意)　　　第六类:判断性停连(表情)
第二类:呼应性停连(表意)　　　第七类:转换性停连(表情)
第三类:并列性停连(表意)　　　第八类:生理性停连(表情)
第四类:分合性停连(表意)　　　第九类:回味性停连(表情)
第五类:强调性停连(表情)　　　第十类:灵活性停连(表情)

停连的作用可以表现在许多方面,有的组织区分,使语意明晰;有的造成转折呼应,使逻辑严密;有的可以强调重点,使目的鲜明;有的并列分合,使内容完整;有的体现思考判断,使传情更加生动;有的令人回味想象,创造意境。

当然,停连常常是和其他技巧一起共同服务于表达的。它与重音等技巧相比,最主要的作用是使语言意思更加清楚,也就是说,停连主要是解决播音时怎样断连词句、组织好语言意思的表达问题。因此,播音员、主持人必须学会运用停连组织语句,区分意思。这是进行播音再创造活动的一项语言基本功,是播音员主持人借以表情达意的语言技巧之一。

(三)停连位置的确定

(1)准确理解语句意思。要想恰当地选定停连位置,准确达意,首先必须正确理解语句的意思,因为这是关系着达意正确与否的大问题。

(2)正确分析语句结构。在理解了书面语言的意思之后,特别是对那些容易看懂而不易让人听明白的长句子,播音员、主持人有必要再作一下播前的句子结构分析。

(3)恰当体会情景神态。有些语句,我们理解意思没错,语句结构也清楚了,但是按一般的词语关系来确定停连位置却仅仅可以使语意清楚,不发生错误,而不能使语句中所蕴含着的生动、丰富的情景神态得以充分的表达。在为表达情景神态而设置停连时,要以不影响语意清楚为前提,然后再以传"神"恰当为标准。

(4)合理处置标点符号。我们在播音中,要按照自己对稿件内容的理解,合理地处置标点符号。也就是说,在那些有标点符号的地方,我们根据需要也可能要连接;在那些没有标点符号的句子中间,我们根据需要也可能特意要停顿。

(四) 停连的表达方式

(1) 落停。这种方式一般用于一个完整的意思讲完之后。它的特点是：第一，停顿的时间较长；第二，停时声止气也尽(气正好用完)；第三，句尾声音顺势而落，停住。

(2) 扬停。这种方式一般用在句中无标点符号之处，或一个意思还没有说完而中间又需要停顿的地方。它的特点是：第一，停顿时间较短；第二，停时声停气未尽；第三，停之前的声音稍上扬或是平拉开。

(3) 直连。这种方式一般用于有标点符号而内容又联系紧密的地方。它的特点是：顺势连带，不露接点。

(4) 曲连。这种方式一般用于标点符号两边既需要连接又需要有所区分的地方，特别是一连串的顿号相间，或者是排比句式之类的连接点。它的特点是：连环相接，连而不断，悠荡向前。

五、重音

一篇稿件有许多表达独立意思蕴涵一定情感的语句组成，对那些重要的词或词组，朗读时，要着重强调，以便突出明晰地表达出具体的语言目的和思想感情。我们着重强调的词或词组就是重音。

重音的问题实际上是词或词组在句子里面的主次关系问题，不同于词的轻重格式中的重读音节。确定重音的位置，选择重音的表达方法，都要从具体语句着手，从全篇稿件着眼。重音表达方法多种多样，并非只有重读，而应以内容、环境、情感而定。

(一) 重音的作用

每篇作品有主题，朗读作品有目的，落实到语句中，语句也有目的，重音就是体现语句目的的重要手段。一般来说，每一个语句至少有一个重音。重音愈精，语意愈清，目的愈明。语言的目的性要靠重点来体现，语句重音必须准确地为语言目的服务。

(二) 重音的确定

在正确理解语句意思的基础上，根据重音的主要作用，我们提出三条参考标准和相应的具体选择办法：

(1) 重音应该是突出语句目的的中心词。这类词，是指那些在语句中占主导地位和最能揭示语句本质意义的词或词组。它们是准确、鲜明地传达语句目的的核心。

(2) 重音应该是体现逻辑关系的对应词。这类词是指那些具有转折、呼应、对比、并列、递进等作用的词语。它们是语句目的实现过程中重要的逻辑线索。

(3) 重音应该是点染感情色彩的关键词。这类词是指那些对显露丰富的感情色彩、情景神态和烘托气氛等起重要作用的比喻、象声以及其他形容性的词或词语。它们可以使特定环境中的语句目的生动形象地突出出来。

选择确定重音的总原则是：以能否突出语言目的为首要标准，综合考虑逻辑关系和感情表达的需要，有利则取，不利则舍。

（三）重音的表达

选定了重音之后，并不一定就能恰当地表达出语句目的。还要注意准确地表达重音。运用重音的方法是多种多样的，下面就简单介绍几种常见的强调重音的方法：

（1）强弱法。这是一种用声音的轻重、高低变化来强调重音的方法。需要注意的是，重音不光可以用强和高的声音来强调，强中见弱，高中显低也不失为有效的方法。

（2）快慢法。这是一种用声音的急缓、长短、顿连等变化来强调重音的方法。

（3）虚实法。这是一种通过声音的虚实变化来强调重音的方法。

总之，所谓强调重音、突出重音，都是在对比之中实现的。强调重音的方法尽管是多样的，但总的要求只有十六个字：加强对比，协调适当，讲究变化，切忌呆板。选用方法时，要从三个方面去考虑：一要能准确体现出语句目的；二要依据思想感情的变化；三要符合语流变化的需要。具体地讲也就是：要从全篇稿件的高度着眼，达到主次分明；又要从听和说的正常习惯考虑，不显生硬；再有就是重音的确定要少而精。这就是运用强调重音的各种方法时所应遵循的基本原则。

六、节奏

节奏是朗诵创作过程中所运用的一种重要表达技巧。主要表现在有声语言抑扬顿挫、轻重缓急的回环往复。把握节奏，首先要引发思想感情，使之处于运动状态；重要的是把握有声语言的变化，这变化不同于停连、重音，也不同于语气，要着眼于"回环往复"。

（一）节奏的类型

（1）轻快型。多扬少抑，声轻不着力，语流中顿挫少，且顿挫时间短，语速较快，轻巧明丽，有一定的跳跃感。全篇重点处的基本语气、基本转换都比较轻快。

（2）凝重型。多抑少扬，多重少轻，音强而着力，色彩浓重，语势较平稳，顿挫较多，且时间长，语速偏慢。重点处的基本语气、基本转换都显得分量较重。

（3）低沉型。声音偏暗偏沉，语势多为落潮类，句尾落点多显沉重，语速较缓。重点处的基本语气、基本转换多偏于沉缓。

（4）高亢型。声多明亮高昂，语势多为起潮类，峰峰紧连，扬而更扬，势不可遏，语速偏快。重点处的基本语气、基本转换都带有昂扬积极的特点。

（5）舒缓型。声多轻松明朗，略高但不着力，语势有跌宕但多轻柔舒展，语速徐缓。重点处的基本语气、基本转换都显得舒展、徐缓。

（6）紧张型。声音多扬少抑，多重少轻，语速快，气较促，顿挫短暂，语言密度大。重点处的基本语气、基本转换都较急促、紧张。

（二）运用节奏的方法

（1）欲扬先抑，欲抑先扬。"扬"一般指声音的趋势向上发展；"抑"一般指声音的趋势向低发展。如果重点要"扬"，"扬"前要"抑"；如果重点要"抑"，"抑"前要"扬"。扬、抑二者本身是对比而言的，并没有什么绝对的标准。

（2）欲停先连，欲连先停。在播音中，连要连得顺畅，停要停得恰当。在连接时，要同时考虑停顿,在停顿中,要注意连接。停连的运用不能生搬硬套,要依文意、合文气、顺文势。

(3) 欲轻先重,欲重先轻。轻重相间,虚实相间,也是形成节奏的重要方法。语流推进过程中,由于色彩和分量的需要,在加重声音之前,要先弱化声音,在轻化声音之前,要先强化声音。

(4) 欲快先慢,欲慢先快。快慢是节奏的一个重要方面。"慢"是指字音稍长,停顿多而时间长。"快"是指字音短促,停顿少而时间短,连接较多。重点句需要慢时,前面句子则需适当加快。重点句需要快时,前面句子则需要适当减慢。

在实际运用中,四种方法交错、重叠使用。只有综合使用它们,才能使节奏更为灵活多样。四种方法的核心是:加强对比,控纵有节。

七、内在语

播音的内在语是指那些在文字语言中所不便表露、不能表露,或没有完全显露出的语句关系和语句本质。内在语是帮助播音员、主持人把稿件变成自己想要说的话,使思想感情运动起来的内部技巧之一,对播音表达的直接引发和深化含义有着极为重要的意义。内在语是播音员、主持人的心理活动,为播音语言表达提供充实的内心依据,其作用概括起来有两大方面:揭示语句本质和揭示语言链条。

(1) 揭示语句本质。语句本质是指句子在具体的语言环境中深层的内在含义和态度情感。我们要结合上下文的语境来分析,从语句较宽泛的表层意义来锁定语句本质。语句本质落实到表达上则可以引发出贴切的语气。

(2) 揭示语言链条。语言链条实际是指语句间的逻辑关系。揭示语言链条就是搞清句与句、段与段、层次与层次如何衔接成一个有机整体的问题。特别是在文稿中那些文气不太贯通的地方,在段落层次需要做明显转换而又不好衔接的地方,或需要赋予语言以动作感、形象感的地方,或在需要唤起受众注意,引发他们思考的地方,都可运用内在语来衔接、过渡、铺垫或转换,以帮助找到自然贴切的语气,达到一气呵成、浑然一体的效果。

(一) 内在语的分类

根据内在语的性质和作用的不同,我们把它分为六种基本类型:

(1) 发语性内在语。所谓发语性内在语,就是在呼台号之前,在节目、稿件、层次、段落、语句之间加上适当的词语。播音员、主持人把这些词语作为开头在内心播出来,并与稿件原来开头的词语自然地衔接,将其"带发"出来。

(2) 寓意性内在语。寓意性内在语是稿件文字的"弦外之音",是隐含在语句深层的内在含义,是结合上下文语言环境挖掘出来的语句本质和语句目的。

(3) 关联性内在语。关联性内在语是指那些体现语句逻辑关系和语法意义的隐含性关联词和短语。它的最大特点是,通过挖掘语句间隐含性的关联词或短语,使语句关系更加明晰。

(4) 提示性内在语。提示性内在语用于语句段落层次之间,也是为了解决上下语气衔接的问题,但与关联性内在语有所不同,它不是以关联词和短语的形式出现,而且内容上也更丰富多彩。如果说关联性内在语重在使语句逻辑关系更加严密,那么提示性内在语则更注重使表达语气富有灵动的活力。

(5)回味性内在语。回味性内在语一般用于段落、层次,特别是全文的结尾处。大体上有四种形式:寓意式回味、反问式回味、意境式回味、线索式回味。

(6)反语性内在语。反语性内在语直接体现了语句表层意义与深层内在含义,即语句本质的对立关系或对比关系。一般说,在上下文语境中比较容易把握。大体有:对立型反语内在语、反问型反语内在语、双关型反语内在语、非对立型反语内在语。

(二)内在语的最优化

内在语是对稿件理解和感受的集中概括语句内在语的最优化,是服从于稿件整体,即宣传目的、主题思想和整体基调,切忌就句论句地确定内在语。

在稿件的重点和难点上把握内在语。所谓重点,是宣传目的和主题思想的落脚点,是全篇的关键;所谓难点,是指语句本质不好把握,文气不十分贯通,播起来又不好衔接的地方。我们没有必要句句都找内在语。但对于重点语句的本质含义应深入挖掘。

要注意语句本质的差异。有两种情况:一是要在搞清语句表层意义的基础上,根据语句目的和上下文语境挖掘语句的深层含义,并准确判断把握具体的态度分寸。二是有些句子表层意义与深层含义异向,这时的内在语应该和句子的深层含义的意向一致统一,而不被文字表面意义所迷惑。

内在语要鲜明简洁有说服力。表述内在语的目的,是为了训练把握内在语的能力,使自己思想感情运动起来,而不是为了表述而表述,内在语的把握应力求避免朦胧模糊,内在语的概括表述要精确可感,鲜明简洁,有说服力。

八、即兴口语表达

口语相对于书面语,是一种运用有声语言通过口耳交际完成的语言存在形式。如果说书面语是"写给人看的语言",那么,口语则是"说给人听的语言"。在口语的具体运用过程中,与书面语相比,它的表达方式有这样一些特点:①现想现说;②语音稍纵即逝;③语言灵活多变;④语音态势语有特殊功效。

(1)变换语体的复述,也是一种创造性的复述,相当于作文中的改写。所谓变换是将原材料人称、结构、题材语体加以变换。

(2)变换人称。把原材料第一人称"我"改为第三人称"他",或把第三人称改为第一人称。

(3)变换结构。把原材料中的叙述顺序加以改变,如为增加悬念,把顺序改为倒叙或者插叙。

(4)变换语体。把文言文改用现代语体口述出来。在这要注意一点,依据原文思想、内容、风格,不要胡乱编造。

第四章 情感表达

第一节 声音弹性

人们在评价一个播音员、主持人的声音时常说:"这个人的声音适应力强,弹性好。"或是"声音弹性差,表现力较弱。"这里的"声音弹性"这个概念指的是什么?如何理解?又如何获得"声音弹性"呢?

一、什么是声音弹性

"声音弹性"是指人们的声音对于变化着的思想感情的表现能力。简单地说就是声音的色彩、气息的状态随感情变化而产生的伸缩性、可变性。

人的声音弹性各不相同,有些人的声音对于不断变化着的思想感情适应力强、表现力好,我们就说这个人的声音富有弹性;有些人的声音对于变化着的思想感情适应力差、表现力弱,我们就说这个人的声音弹性差,对作品的适应面也就相对要窄。

二、声音弹性的作用

(1) 声音弹性将发音过程中的各单一声音要素结合起来,使之更易于把握和便于使用。

(2) 声音弹性强调声音形式变化与感情色彩的适应,而不是单纯的声音使用,它是将声音训练与表达结合起来的重要步骤。

(3) 声音弹性有助于各种思想感情的表达,其中包括那些自己不熟悉或不善于表达的思想感情。

(4) 锻炼声音的弹性,就是使发声器官呼吸、振动、共鸣、咬字有自如运动的能力,有合乎科学的、合乎艺术表现规律的各种用声状态。

三、增强声音的伸缩性和可变性

我们要在自然朴实的基础上逐步培养一种富有色彩的、有感染力的、有表现力的声音,使发声技巧与作品内容和谐统一,让声音能够适应情感的发展和内容的需要。这就是我们训练声音弹性的目的。

(一) 高与低

高与低主要表现为声音的音高变化。它与各种感情色彩变化相关联。有兴趣的声音常常表现出高低变化,使表达更为生动;缺乏兴趣的声音则缺少高低变化,显得十分单调。一般来说,向积极一端发展的感情色彩,如激动、紧张、喜悦,声音呈升高趋势;向消极一端发展的感情色彩,如安静、放松、悲伤,声音倾向低沉。

选一句话,先用较低声调说,一级级升高后,再一级级降低。或将一句话的每一个字从低到高分层次说,再从高到低练下来。练习时如果音的高低变化不好把握,可借用音乐里的音阶进行练习。

例:

1. 有层次的高低变化

①(高)床前明月光(次高)。

②(低)它轻轻地扇动翅膀飞起来,(高)越飞越高,(更高)越飞越高。

2. 明显对比的高低变化

①(高)对面是高耸入云的大山,(低)脚下是波涛汹涌的急流。

②(高)孩子们有的在跑,(低)有的在跳,(高)有的则坐那发呆。

(二) 强与弱

强与弱主要表现为气流和发音强度的变化。即音量大小的变化。有力或激昂等感情色彩常表现出较强音量;而软弱、无力或消沉的感情色彩表现出较弱的音量。与高低变化相同,在声音的强弱变化中也体现着一些其他声音要素的变化,例如强往往与高音和明亮音色相联系,而弱往往与较低和较暗音色相联系。广播中过于强烈的强弱对比影响收听效果。但作为思想感情的表现手段,适度的强弱对比仍是必不可少的。

例:强弱变化可用词或句子强弱对比进行练习。

① 他的心怦怦地跳着。("怦怦"的声音较强)

②(弱)他暗自下定决心:"(强)我绝不能那样做!"

③ 一小时、两小时、三小时。(由弱到强)

④(弱)第一锤打下来,他的双手感到有些震动;(增强)第二锤打下来,震得他虎口发麻;(强)第三锤打下来,他整个身子都弹了起来。

(三) 实与虚

实与虚表现在声门开闭状态的不同。实声常表现严肃、激动、紧张、兴奋的色彩;虚声表现为柔和、亲切、轻松的色彩。但回声效果用虚声如"小卢——亚代——"

新闻是以实声为主,知识服务类节目偏虚一点。

体会:①悄声呼喊老师。

②打招呼。

③隔一定距离的喊叫。

播音中在表现喊叫时为避免过强音量,带用虚声的神似手法来表达。虚声喉部明显放松,气息溢出的较多,多用于悄悄话、虚拟幻想等事物。

例:①(实)我轻轻地问:(虚)大夫来了吗?

②(实)他爬上山顶大声呼喊:(虚)"张华!你在哪里?"

(四) 快与慢

快与慢指发音的速度变化。发音的速度变化可形成声音节奏。节奏之中常包含多种声音要素的变化,如强弱、高低。但速度变化引起的节奏最易感觉。发音缓慢给人松弛、平和之感,发音速度快则使人感到匆忙、紧张。两者对比变化可形成感情色彩的变化。

例:①(快)眼前急速驶来一辆车,他赶紧躲到路边,但还是被疾驰而过的车溅了一身泥。

②(慢)他慢慢地站起来,轻轻地掸了掸身上的土,缓缓地朝村边走去。

③(快)他匆匆跑上楼,用力拉开房门。(渐慢)只见孩子正在床上睡着。(慢)他的一颗心才算落了地。

(五) 松与紧

在发音中,吐字力度也可形成对比变化。松散的发音使人有随便之感,吐字的工整使人感到正式和严肃。吐字力度的变化常常伴随音量和音长的变化。吐字工整,力度较强往往音量稍大,发音的持续时间较长。从整体上看,播音吐字比口语吐字力度要强,但节目类型不同,吐字规整程度也不一样,新闻类节目吐字较规整,较为轻松地节目吐字略松些。不管哪一类节目,表达中都存在着不同层次的吐字松与紧的变化,吐字方式并非单一不变。

例:(松)他绷着说:"(紧)你这样做是违反纪律的。"

播音员在节目中要讲的话往往是一段包含许多句、段的完整话语。这就要求播音员不仅能在段落中,而且能在全篇之中把握声音的变化。全篇之中各个段落之间的声音变化往往是多个声音要素混合在一起的变化,这时仅仅用高低、强弱、快慢来把握就显得不够准确了。在较为复杂的语句中,声音弹性往往与语气结合在一起。词、句、段声音变化使得语言错落有致,感情起伏跌宕,声情并茂。

在描述较复杂语句声音变化时,常见的声音对比形式有刚与柔、纵与收、厚与薄、明与暗等。

(六) 刚与柔

刚与柔是感情色彩呈现两极的特点。"过刚则直,过柔则糜。"刚常与坚定、有力、严厉、坚毅、严肃等语气联系在一起,柔则与轻松、亲切、温柔等语气联系在一起。

感情色彩呈现两极性的特点。

刚:重大新闻事件、感情激进的稿件(口腔、气息有力)。

柔：亲切感、生活化、服务类节目。

例：①（由柔到刚）鲁迅先生虽然不是中国共产党党员，可是在所有共产党的心目中，他永远是一个能以生命托付的，最可信任的同志。

②（弱）盼望着，盼望着，东风来了，春天的脚步近了。

（七）纵与收

纵与收是指声音放纵与收束，与气息状态有关。

纵与高音、强音、实声、速度较快、气息流畅有关，常与兴奋、高兴、愤怒、生气等感情色彩相连。

收则与低音、弱音、虚声、速度偏慢、气息控制较强有关，常与沉静、谨慎等感情色彩相连。

（八）厚与薄

厚与薄常与声音的粗细联系在一起，但声音的粗细与声音高低联系紧密，而厚薄除了声音高低之外，主要是与声音的共鸣色彩相关。厚实的声音音高较低，音量较强，常用与深沉、压重的语气。而细薄的声音往往比较高，音量也较小，多表现轻巧、活泼、欢快的情绪。

（九）明与暗

明朗的声音共鸣的位置略靠前，声音偏高，略紧。暗声共鸣位置略靠后，声音偏低，略松。明朗的声音容易表现出开朗、欢快、赞颂的情绪。较暗的声音则利于表现深沉、感慨。

总之要活用，路要广，要多层次比出来，不能纯技术的、机械地照搬。一定要根据多变的感情变化来定。

四、情声气的结合

（1）感情体验是获得声音弹性的基础。

体会情感，把握基调。声音的弹性取决于声音色彩的变化，感情的运动变化是声音色彩变化的内在依据。要想获得有弹性的声音，首先要以情为先，仔细体会情感，把握情感变化的脉络。

（2）声音色彩是情感色彩的外部体现，它与人的情感色彩之间存在有一定的对应关系。

人的情感千变万化，时而风和日丽、时而波浪涟漪、时而心焦气躁、时而胆寒心虚。对应的就会出现有不同的声音色彩、气息状态。

如心虚理亏时，说话就会支支吾吾，气虚声断。

内心卑鄙乖张的人，心怀鬼胎，因此声音也会阴阳怪气，声紧气滑。

内心平静的人声音也较平缓柔和，如小桥流水。

人在愉快时声音色彩是明朗的，在忧郁时就会声音黯淡。

想要拥有变化的声音，首先就要仔细地体会作品的情感状态，准确把握创作基调，让自己的情感与作品的情感一起运动起来，理解作品情感，感受情绪运动脉络"以情带声"

"以声传情"。要想提高情感的体会把控能力,除了要多学习多阅读,增加文学修养,就要在平日的生活中多体会、多积累。不能凭空想象,简单的见喜用喜色,见悲用悲声。

除了因为内容而引发的情感运动之外,播讲愿望(我想说给你听)立于心中。

(3) 气息变化是感情与声音弹性之间的桥梁。

在对稿件内容感受的过程中,感情转换应当伴随着气息状态的转换。通过丰富合理的气息变化来处理和支持,这是用声的动力。

如果播音员的气息是僵持不变的,声随情变就失去了基础,声音必定会游离于感情之外。声音弹性就成了一句空话。

(4) 发声能力的扩展是获得声音弹性的条件。

发声能力的扩展主要围绕着吐字清晰饱满,呼吸及用声状态进行。

声音作为我们与受众沟通的桥梁,需要通过声音表情达意。

总结:气要变、声要活、重实践、动真情。由被动练习转化为自动生成,成为习惯。

五、音色变化练习

通过练习,学会在稿件播读中使用不同的音色,提高发声能力。在练习时,特别注意音色变化引起的感情、意境的微妙变化。

(1) 分别用虚声、虚实声和实声三种音色播读下面四首诗,然后变换使用三种音色播读,达到音色变化能够随心所欲。

登鹳雀楼
王之涣
白日依山尽,黄河入海流。
欲穷千里目,更上一层楼。

咏 柳
贺知章
碧玉妆成一树高,万条垂下绿丝绦。
不知细叶谁裁出,二月春风似剪刀。

黄鹤楼送孟浩然之广陵
李 白
故人西辞黄鹤楼,烟花三月下扬州。
孤帆远影碧空尽,唯见长江天际流。

元 日
王安石
爆竹声中一岁除,春风送暖入屠苏。
千门万户曈曈日,总把新桃换旧符。

(2) 根据要求,用不同的音色播读下面各段。注意音色应与要求一致。有单一音色发声习惯的同学尤其要注意不同音色控制的持久性。通过联系来矫正不良的发声习惯,形成能自如控制的发声能力。

〔偏实、稍明亮音色〕

有人习惯把豆腐和菠菜一起炖着吃,这种吃法不科学,因为豆腐中含有氯化镁、硫酸钙两种成分。当它们遇到菠菜中的草酸时,可产生化学反应,生成草酸镁和草酸钙,而这两种白色沉淀物是不能被人体吸收的,如果长期食用,就会使人缺钙。

〔偏虚、稍暗音色〕

将圆未圆的明月,渐渐升到高空,一片透明的灰云,淡淡地遮住月光。田野上面,仿佛笼起一片轻烟,朦朦胧胧,如同进入梦境。晚云飘过之后,田野上烟雾消散,火一样的清光,冲洗着柔和的秋夜。

〔偏实、柔和音色〕

沿着校园熟悉的小路,清晨来到树下读书,初升的太阳照在脸上,也照着身旁这颗小树。亲爱的伙伴,亲爱的小树,和我共享阳光雨露,请我们记住这美好时光,直到长成参天大树。

〔偏实、明亮音色〕

一个十六七岁的姑娘,活灵活现地站在我的眼前了。

〔偏虚、柔和音色〕

她疏眉细眼,故意眯缝着瞧我,小鼻子微微地朝上翘着,薄薄的两片小嘴唇因为忍住笑而紧闭着,两颗小酒窝儿,在那又红又结实的腮上陷得很深。

〔根据感情和意境变化,用不同音色播读〕

一阵风把蜡烛吹灭了。月光照进窗子来,茅屋里的一切好像披上了银纱,显得格外清幽。贝多芬望了望站在他身旁的穷兄妹俩,借着清幽的月光,按起琴键来。

皮鞋匠静静地听着。他好像面对着大海,月光正从水天相接的地方升起来。微波粼粼的海面上,霎时间洒遍了银光。月亮越升越高,穿过一缕一缕轻纱似的微云。忽然,海面上刮起了大风,卷起了巨浪。被月光照得雪亮的浪花,一个连一个朝着岸边涌过来……皮鞋匠看看妹妹,月光正照在她那恬静的脸上,照着她睁得大大的眼睛,她仿佛也看到了,看到了她从来没有看到过的景象,在月光照耀下的波涛汹涌的大海。

第二节 长短句训练

本节选编了不同体裁和内容的句子和选段,用这些材料做播音发声练习,为的是进一步提高把握准确语音的熟练程度,提高呼吸、共鸣和咬字方面的控制能力,使声音产生多种色彩,练习时请注意下面几个问题。

一、有感而发

感情是产生声音色彩的源泉。无论是一句话或一个段子,都要进行充分而具体的理解和感受,把要传达的内容消化并变成自己要说的话,有目的、有感情地表达出去。要避免不动脑、不过心,眼观嘴读的机械运动,否则声音苍白无力,达不到利用本材料练习的目的。

二、情展声收

在形之于声的过程中,感情要充沛,要达到十分;而声音要有节制,只用六七分,这就是情展声收的意思。根据自身的条件,掌握这一规律可以有效地提高声音表现能力。

三、留有余地

开口之前,应对表达需要作出充分的估计。如句子较长,句中又不可能有多处顿歇进气的地方,吸气量就应大些,避免产生气不够用的被动局面;如感情起落较大,声音的运动基点就不能偏高或偏低,避免造成高不成低不下的被动局面。总之,只有留有余地才可能产生表达所需要的声音色彩,在音调的高低、音量的大小、咬字的松紧等任何一方面达到极限程度都是有害无益的。

四、对比练习

声音色彩从对比中显现出来,如刚与柔、高与低、虚与实、明与暗,等等。因此,对初学者来说,通过感情体验有明显对比的段子,体会声音"着色"的不同方法是有效和必要的。例如,用老汉和女儿的一段对话,可以用来体会老汉和女儿的声音色彩方面的特征,并获得具体的发音感受。同样道理,选择欢快与忧愁、激昂与平和、大方与娇柔等等相互对应的段子来练习,也会取得相应的练声效果。

此外,声音色彩还可能由于播讲对象及发声环境的不同而产生变化,所以可以在练声时进行多种设计和想象,以获得不同的发声感觉。

根据播音训练的规律,选入的句子段落是按先易后难顺序排列的。前面的句段较简单,没有明显的声音变化,要求音色偏实、音调适中,气息较平稳,咬字力度较均匀。后面选择的句段内容逐渐复杂,要求呼吸、咬字和共鸣等方面具有一定的调节能力,使声音色彩随表情达意的需要产生相应的变化。

(1)人生的意义在于奉献,而不是索取。(提示:这是警句,要求气息沉稳,字正腔圆,意味深长,声音不要偏高。)

(2)前线英模的报告,以其巨大的感染力,征服了成千上万的听众。他们的先进事迹催人泪下,感人肺腑,发人沉思,催人奋进……(提示:后面的并列成分要读出更深更广的含义。)

(3)人不要把个人的得失看得那么重,重要的是要看自己对人类、对社会的进步事业贡献有多大。

(4)获悉埃德加·斯诺先生不幸病逝,我谨向你表示沉痛的哀悼和亲切的慰问。(提示:这令人沉痛的内容,应用偏暗、偏沉的音色,咬字迟滞,气息沉缓。)

(5) 代表们发言热烈,普遍赞扬这个讲话实实在在,诚恳坦率,抓住了要害,观点鲜明,针对性强,听了很受鼓舞。(提示:声音实,明亮,字音饱满,气息扎实。)

(6) 我们的提高,是在普及基础上的提高;我们的普及,是在提高指导下的普及。

(7) 那时,周瑜是个"青年团员",是东吴的统帅。程普等老将不服,后来说服了,还是由他当,结果打了胜仗。

(8) 古今中外,谁看见过像陈铁军烈士那样在临刑前用敌人的枪声来为自己的葬礼庆贺的女英雄呢?

(9) 年轻人如初生牛犊,可贵的一面是无所畏惧,虎虎然,有斗志;不足的一面,有时又容易把困难的一面想得过于简单,或缺少理智的控制。我们要力戒志大才疏,力戒虚荣。

(10) 九层之台,起于垒土。打基础要循序而进。无论德育、智育、体育、美育、技术教育,都要由浅入深、由低级到高级不断发展。革命先烈李大钊说得好:"凡事都要脚踏实地去作,不驰于空想,不骛于虚声,而惟以求实的态度做踏实的工作。以此态度求学,则真理可明,以此态度做事,则功业可就。"

(11) 我们在日常生活中所见的统一、团结、联合、调和、均势、相持、僵局、静止、有常、平衡、凝聚、吸引,等等,都是事物处在量变状态中所显示的面貌。(提示:这句话中的并列成分要分组换气。不能一个顿号一换气,也不能一憋到底。)

(12) 沉着、自制,就是能够约束自己的感情,掌握自己的情绪,在复杂的情况下保持冷静,不会发生无所谓的冲动。苏轼有句很精辟的话:"……匹夫见辱,拔剑而起,挺身而斗,此不足为勇也。天下有大勇者,卒然临之不惊,无故加之而不怒。"这句话的意思是说,遇事要冷静,思前想后权衡一下利弊,考虑每个行动带来的后果。

(13) 在黑暗的旧中国,地是黑沉沉的地,天是黑沉沉的天。灾难深重的人民啊,你身上带着沉重的锁链,头上压着三座大山。你一次又一次的呼喊,一次又一次地战斗,可是啊,夜漫漫,路漫漫,长夜难明赤县天……

亲爱的同志啊!你可曾记得,在那战火纷飞的黎明,在那风雪弥漫的夜晚,我们是怎样地向往啊!向往着胜利的一天。

这一天终于来到了!看哪,人人脸上挂着喜悦的眼泪,个个兴高采烈。流水发出欢笑,山岗也显得年轻,他们在倾听,倾听,倾听着这震撼世界的声音:中华人民共和国诞生了!中国人民从此站起来了!(提示:这段内容新旧对比,声音运动幅度较大,并有夸张,训练较为复杂。时而忧伤用暗色,字伴着叹息发出;时而欢悦、舒展,音量小,气息深而长,声音柔和;时而自豪有气魄,声音开阔响亮,坚定昂扬,口腔开度大,气息深厚、结实、托底。)

(14) 要想成功必须战胜自己。陈景润如果不克服各方面的困难,一遍接一遍地把数学家们的数学论著读完读懂,也就不可能登上世界数论科学的高峰;安徒生如果不是在年轻的时候,顶住别人的嘲笑和侮辱,每天晚上在别人入睡后,偷偷到图书馆刻苦阅读,那他也不会成为一位成就非凡的大作家。还有法拉第、爱迪生、高尔基、华罗庚……他们的成功,主要的不是靠聪明的天资和优良的学习环境,而是靠锲而不舍的精神战胜自己。这就是成功的秘诀。

(15)坚持与毅力,这两者是连在一起的。我们常说,无志之人常立志,有志之人立志长。古代人做学问讲究"头悬梁、锥刺股",这就是毅力,相反,做事情有始无终,朝三暮四,这种人断然成不了大事。

(16)西天上正铺着一片金光灿灿的晚霞,把老泰山的脸映得红彤彤的。老人收起磨刀石,放到独轮车上,跟我道了别,推起了小车走了几步,又停下,弯腰从路边摘了枝野菊花,插到车上,才又推着车慢慢走了,一直走向火红的霞光里去,他走了,他在海边对几个姑娘讲的话都回荡在我的心上。我觉得,老泰山恰似一朵浪花,跟无数浪花集到一起,形成这个时代的大浪潮,激扬飞溅,早已把旧日的江山变了个样儿,正在勤勤恳恳塑着人民的江山。

(17)那年冬天,我在农场生病。一天,同病室一个姓宋的病人死了,刚送去火葬场,正巧,他的妻子从家里来了,一听说她的丈夫送到火葬场去了,她悲痛极了,无论如何要在火化前见丈夫一面,她边哭边跑,不顾死活,在白茫茫的雪地上,跋涉着向好几里外的火葬场奔去……她奔到火葬场时,火化工人正在点火,点啊,点啊,几次没点着,尸体就放在大炉门口……妻子到了,一下扑到丈夫身上哭啊,嚎啊,拉呀,抖哇。嗨,真想不到,丈夫突然被扯得叹出了一口气:"唉——饿——"妻子喜从天降,也不哭了,她从一个"饿"字里听出了丈夫"死"的原因,于是,她把带来的炒米放到丈夫嘴里,填啊,填啊,丈夫渐渐睁开了眼睛。他看见妻子,两滴泪水从无光的眼里涌出来。妻子向农场要求把丈夫带回去,你猜农场怎么说?他们说:"不行,你如果迟来一步,骨灰可以给你带回去。现在,人已经办了死亡手续,不能出去。"妻子又哭得死去活来……前不久,我听说这个姓宋的在凤阳农校教书哩!

(18)她大概叫琅琅,穿一悠扬红地白点小罩衣,凸额头,塌鼻梁,正隔着一条宽阔的山谷对什么人在大声呼喊。

(19)严志和一登上肥厚的土地,脚下像有弹性似的,发散出泥土的香味儿,走着走着,眼里又流下泪珠,一个趔趄步跪在地下。他匍匐下去,张开大嘴,啃着泥土,咀嚼着伸长了脖子咽下去。江涛在黑暗中看见他是在干什么,立刻叫起来:"爹!爹!你想干什么?你想干什么?"

严志和嘴里嚼着泥土,唔哝地说:"孩子!吃点儿吧!吃点儿吧!明天就不是咱们的土地了!从今以后,再也闻不到它的香味儿了!"(提示:这是凄楚忧伤的内容,应用较暗的音色,字伴着叹息发出。)

(20)谁说草原平淡无奇,当你真去亲近它时,它对你可展开了全部奥秘。不知是云雀还是百灵,它在高空宛转飞鸣,可是抬起头来时,只见一片海蓝,连鸟雀的影儿也没有。野花遍地,灿烂芬芳,那样多的花呀,就像一片彩虹忽然落在地上。灰白色的老鹰缓缓地掠着小草飞翔。那小河亮晶晶的就像镜子一样。

富拉尔基的夜景是多么美啊!我到富拉尔基的第一个夜晚很久很久不能入眠,因为窗外这幅图画吸引了我。你看,这嫩江边岸上展开了大工业区,一片灯火就像天上撒下来无数颗星星,而那电焊的蓝光如同夏天的闪电,一晃一晃。

(21)离开渔舟,走上堤岸,只见千百条水渠,像彩带似的把无边无际的田野,划成棋盘似的整齐方块,那沉甸甸的稻谷,像一垄垄金黄的珍珠;炸蕾吐艳的棉田,像一厢厢雪白的珍珠；婆娑起舞的莲蓬，却像一盘盘碧绿的珍珠；那大大小小的河港湖泊，机帆船穿织如梭，平坦的长坝公路上，拖拉机往来不断，到处是机声隆隆，水畅人欢。今日洞庭，诗意盎然，彩笔难绘，简直是一个用珍珠砌成的崭新世界。

（22）清晨，绿荫的山谷里，百鸟啁啾，明丽的太阳光，照着盛开的攀枝花树，乳白色的晨雾，像轻纱似的，慢慢被揭开了，火红的攀枝花，仿佛一片殷红的朝霞浮荡在山谷里。

（23）风卷着雪花，狂暴地扫荡着山野、村庄，摇撼着古树的躯干，撞开了人家的门窗，把破屋子上的茅草，大把大把地撕下来向空中扬去，把冷森森的雪花，撒进人家的屋子里，并且在光秃秃的树梢上，怪声地怒吼着、咆哮着，仿佛世界上的一切，都是它驯顺的奴隶，它可以任意地蹂躏他们、毁灭他们。

（24）前夜看了《塞上风云》的预告片，便回忆起猩猩峡外的沙漠来了。那还不能被称为"戈壁"，它在普通的地图上，还不过是无名的小点儿。但是人类的肉眼已经不能望到它的边际，如果在中午阳光正射的时候，那单纯强烈的光会使你的眼睛不舒服；没有隆起的沙丘，也不见有半间泥房，四周只是茫茫一片，那样平坦，连一个坎儿井也找不到，那样的纯然一色，即使偶尔有驼马的枯骨，它那微小的白光，也早融入了周围的苍茫，又是那样寂静，似乎只有热空气在作哄哄的火响，然而，你不能说，这里没有"风景"。当地平线上出现了第一个黑点，当更多的黑成为绒，成为队，而且当微风把铃铛的柔声，叮当，叮当送到你的耳鼓，而最后，当那些昂然高步的骆驼，排成整齐的方阵，安详而坚定地愈行愈近，当骆驼中领队驼所靠的那一杆长方形猩红大旗耀入你眼帘，而且大小叮当和谐的合奏充满了你耳朵，——这时间，也许你不出声，但是你的心里会涌了这样的感情：多么庄严，多么妩媚呀！

（25）鲜艳的红旗，高擎在登上孟良崮高峰的英雄战士们的手上，在夏天的山风里招展飘扬，在红日万丈光芒的照耀下面，焕发出骄傲的炫目光辉。

胜利的军号声，在孟良崮的高峰上，嘹亮地长啸起来，响彻了延绵的山野和一片晴空。

军长沈振新、军政治委员丁元善他们，望见了高峰上的红旗，听见了高峰上胜利的号音，离开了他们的指挥阵地，和浪涛一般的队伍一起，走过张灵甫死处的小山洞，登上了孟良崮高峰。

枪声平息。雄伟险峻的孟良崮高峰上不是战场了，而是一片欢乐的海洋。

摇着帽子的、毛巾的，高举着枪和刺刀的，跳跃着的，呼喊着的，歌唱着的……奔来涌去的战士们、民兵们，还有附近的居民们，全都陶醉在伟大胜利的怀抱里。（提示：内容活跃，欢乐，应使用偏高的声音，口腔较松弛，字音弹发快而饱满。声音运动幅度略有夸张。）

（26）一个活泼伶俐的小和尚来到山上的庙宇，他勤快地挑水，不但自己喝饱，还往菩萨手中的净瓶里灌水，瓶里的柳枝活了。不久来了一个瘦和尚，他与小和尚两个为喝水发生了争执，谁也不愿意吃亏。后来又来了一个胖和尚，三个和尚都要喝水，但都不愿意多挑水。于是三个和尚都没有水喝了，菩萨手中的柳条也因没有水而枯竭了。

一天夜里，三个和尚在打盹的时候，一支正在燃烧的蜡烛被一只小老鼠咬断，庙宇起火了。危急之中三个和尚不分你我，争先恐后，挑水救火。一场大火很快就被扑灭了。三个和尚由此悟出齐心协力的好处。水缸里的水又满了。三个和尚高兴地捧着大碗喝水。菩萨手中的柳条又亭亭而立了。

(27) 从现在的文献来看,西周初年便有"夏"和"中国"的两种称号。

古代传说,夏是最早的一个朝代,而后来的周人以夏文化的继承者自居。因此,《尚书》中常有"区夏""有夏""时夏"等词。

周灭商后,按照周本身的组织形式分封了许多诸侯。这些诸侯国的文化和周是一个系统。周既然自称为"夏",这些诸侯国,尤其是在其逐渐强大起来后,也就自称为"夏",因为诸侯国不止一个,所以称为"诸夏",以区别于不同文化系的"夷狄"。

华字古音敷,夏字古音虎,其音相近。"夏"名使用机会既多,便由音近而推衍出"华"字来。以便加重语气。这样"华"逐渐成了与"夏"异名同实的称号。有时称"诸华"。有时又与夏字合称"华夏"。

(28) 由北京电视台主办的《BTV 夜话》将于 12 月 17 至 30 日连续播出 7 场由首都 8 所高校本科生参加的"BTV'万家乐杯'电视辩论大赛",以此作为该栏目开播一周年的特别节目。

据主办者介绍,此次辩论赛主要围绕我国向社会主义市场经济转轨出现的一些经济文化热点展开辩论,以其正确引导大学生关心国家大事,达到思想认识上的沟通和了解。这次辩论赛的辩题都是人们比较熟悉和关心、愿意参与的问题,如现代社会中金钱的作用越来越大是否是一种社会进步;家长在孩子身上花钱越多是否越有利孩子的成长。

据悉,这次辩论赛是由北京大学发起的,北京师范大学、中国政法大学、中国青年政治学院等高校积极响应并组队参赛,总决赛现场直播。

(29) 广东经济快速健康增长(新华社今晨电)。发展速度在全国领先的广东省,今年经济继续保持快速、健康发展的好势头。截至 11 月底,全省工业产、销总值分别比去年同期增长百分之三十三点四和百分之三十四点四,财政收入增长百分之四十五点六,超过经济总量的增长,预计今年全省国民生产总值将比去年增长约百分之二十。

(30) 上海电话建设实现突破(新华社上海今晨电)。上海崇明岛傍徨局 2000 门自动电话交换机昨日割接完成,这标志着上海电话建设速度实现了世纪突破。

截至目前,上海的电话交换总量已突破 150 万门,电话用户达 100 万户,全面实现电话网的自动化,原定在本世纪末翻三番的目标,现已提前实现。

(31) 纠正伤脑的饮食习惯对于孩子思维灵活、反应敏锐的头脑至关重要。怎样才能如愿以偿呢?多进食一些如鱼、水果、动物脑髓等健脑食品固然重要,而纠正伤脑的种种不良饮食习惯亦属必须。

(32) 亚太经合组织第五届部长会议和领导人非正式会议即将在美国西雅图市开幕,给这个风光秀丽的海滨城市带来一派紧张、忙碌和兴奋。市府为会议后勤准备昼夜辛劳,报纸、电视把会议作为头条新闻,宾馆饭店 24 小时接待各国会议代表和新闻记者,普通百姓也为会议在他们家乡西雅图召开而颇感自豪。

(33) 京成大酒楼老年服务员别具一格,京成大酒楼在餐饮业竞争中又出新招,从离退休老人中招聘知识型老年餐厅服务人员,作为加强自身竞争力的尝试,在同业中引起震动。

京成大酒楼近几年在同业中以创新颇出了些名气;早晚茶服务、义务擦车……都曾领一时之先。此次,酒楼又率先聘请了一批文化层次较高的老年服务员。应聘者觉得"京成"给了他们机会,替他们找回了工作的乐趣和自信。

消费者在新鲜之余,对京成的"推陈出新"的评价客观。一些客人认为,老年服务员举止得体,谈吐大方,给人一种在家用餐的踏实感觉。一般人进高档酒店,总怕"挨宰",京成的老年服务不仅有特色,更给消费者带来一种视力能及的心理安慰。如今当看惯了服务小姐千人一面的微笑,冷不丁成了"叔叔阿姨"的服务对象,又算是遇到了新鲜事。

(34)由于时代不同,人的理想会各异,但理想总应该是有追求,应该是真、善、美。有理想者,志在未来,他们想的是民族,是国家,是人类的命运,是时代的未来。

理想能使我们获得开拓未来的功力,开拓未来就在于求新,刻意求新者可能会犯这样或那样的"错误",但为了理想他们甘愿与挫折、风险结伴而行。

古今中外,为了追求而献身者多矣!

为追求而献身,还是只为个人而苟活,这是两个不同的现实。对这两种现实的是非判断亦因人而异;前者,有人认为是有志之士,有人觉得是"蠢材";后者,有人觉得"聪明""现实",有人认为是行尸走肉。

一个人如果活着的时候能向社会发出一点有用的信息,即使在死了若干年后得到"反馈",也是值得的。

我们知道,时间有长、有短、有实、有虚,而区分的标志就在于我们如何对待现实。在湍流险滩、惊涛骇浪中稳握舵轮注视前方,这是勇往直前的典型。混日子、自私自利,圆滑处世、会说假大空话或"绝对准确"的废话者,可能会被看成"会生活的楷模"。

没有理想的人,不会知道理想要做的一切是为什么,更不可能知道未来的方向。

理想是未来,但起点总是现在。只有敢于举起改革的利斧,才能披荆斩棘走向胜利的明天,只有这样的理想才是现实。

我国自行研制的计算机——激光汉字照排系统达到了世界先进水平,这是中华儿女谱写的又一曲理想之歌。

主持这项研究的北京大学的教师们说得好:汉字是中国的,活字印刷是中国发明的,激光汉字照排系统应该由中国人来完成,决不能落在外国人的后面。正是有了这样不可动摇的理想和志气,他们宁愿亏了自己,不图个人名利,苦干十年,坚定不移;正是有了这样的理想,他们勇于克服困难,团结奋战,顽强拼搏;正是有了这样的理想,他们不迷信前人,不迷信洋人,勇于创新,勇于进取。理想,是他们一切行为的出发点和前进的动力,也是他们取得成功的保证。

理想,不是几句空洞的豪言壮语,不是一时的冲动,为了实现理想,需要的是长期的坚持不懈,需要的是一种献身精神。坚持参加这个科研项目的全体同志,在名与利的诱惑面前,长年不为所动。这样的献身精神,今天尤其显得难能可贵。我国的社会主义现代化建设是一项空前伟大、空前艰巨的事业,需要千千万万的仁人志士为之献身!那种不想为四化流汗只想坐享现代化的清福,甚至一切向钱看,见利忘义的人,显得多么渺小啊!

最有理想的人才能讲理想,北京大学汉字信息处理技术研究室的科技人员,怀着崇高的理想团结奋战,顽强拼搏,为国争光,不愧是科研战线的"中国女排"。

在当今祖国的大地上,共产主义理想之歌,正以它高昂激越的旋律,汇成亿万人民的大合唱,让我们每个人都以自己的行动来参加这个大合唱吧!让理想之歌更壮美!

(35)中央人民广播电台、中央电视台。各位听众,各位观众,台湾同胞,港澳同胞,海外侨胞们,你们好!今天十月一号,是中华人民共和国成立三十五周年纪念日。祝各位节日快乐。

节日的首都,秋高气爽,阳光灿烂,大街小巷,到处飘扬着彩旗,街口、路旁摆着盛开的鲜花,充满着节日的欢乐气氛。

各位听众,各位观众,经过全面修缮的天安门城楼,金碧辉煌,宏伟壮观。天安门城楼中央,是我们敬爱的伟大领袖毛泽东主席的大幅画像。伟大的革命先行者孙中山的大幅画像竖立在广场的南边。广场东西两侧竖立着马克思、恩格斯、列宁、斯大林的画像。

广场四周,红旗林立。中国历史博物馆,中国革命博物馆和人民大会堂,显得更加雄伟。广场南面,人民英雄纪念碑,高高耸立。毛主席纪念堂,苍松挺拔,鲜花盛开。

天安门广场上,整齐地排列着十万名少先队员、学生和青年工人。他们身穿节日服装,个个喜气洋洋。广场上空,五星红旗迎风招展,十几个大红宫灯气球高高飘起,上面写着金色大字:庆祝中华人民共和国成立三十五周年。

各位听众,各位观众,各个观礼台上已经站满观礼的人,他们当中有:党和国家机关各部门和群众团体的负责人,中国人民解放军各总部、各军兵种、国防科工委、军委直属军事院校的负责人,各部队的代表和英雄人物,全国各地各条战线的劳动模范、先进工作者、青年突击手、"三八"红旗手和离休、退休老干部、职工代表、各少数民族国庆观礼团,台湾同胞、港澳同胞的代表和回国参加国庆观礼的海外侨胞。

现在党和国家领导人邓小平、李先念、陈云、彭真、邓颖超、徐向前、聂荣臻、乌兰夫等,来到了天安门城楼主席台。同他们一起来到主席台的外国贵宾有:民主柬埔寨总理宋双,民主柬埔寨副主席乔森潘、黄文欢同志,正在我国访问的赞比亚总统卡翁达的夫人,国际奥委会主席萨马兰奇和夫人。

各位听众,各位观众!从劳动人民文化宫向东,经过王府井路口,东单到北京火车站路口,四里长的道路上,排列着接受检阅的部队,这些部队有:人民解放军军事院校、陆军、海军、空军、中国人民武装警察部队和民兵组成的徒步方队;有炮兵、装甲兵、工程兵部队组成的机械化方队;有各种导弹方队和战略火箭部队方队,一共四十二个方队,一万多人。接受检阅的还有空军航空兵的九十四架轰炸机和战斗机,共分四个梯队。

各位听众,各位观众!现在走过来的是由陆军组成的五个步兵方队。他们脚踏着祖国的大地,背负着人民的希望,迈着坚定的步子走来了。战士们手持钢枪,威风凛凛!

听!他们的口号多么雄壮响亮!

看!他们的步伐多么整齐有力!

各位听众,各位观众!步兵方队持枪齐步行进。到天安门前,一声口令,全方队变成持枪正步走,枪刺闪闪发亮,动作整齐一致,从城楼上看去,横看,是一条线,纵看,是一条线,斜着看,还是一条线,表现了优良的军事素质。天安门城楼上,军队的领导同志们向他们致军礼!

各位听众,各位观众!从东长安街传来了轰轰隆隆的声音,我们向东望去,只见各种炮车、坦克车、装甲输送车、火箭、雷达、导弹车、战略火箭运载车排成一眼望不到头的钢铁洪流,向天安门广场驶来。

各位听众,各位观众!反坦克导弹方队吸引了观礼台上的人,不少人举起了照相机拍照。

各位听众,各位观众!庞大的机群,以整齐的队形一队一队地低空呼啸而过,显示了我国空军威震长空的豪迈气概!

我们向英雄的人民空军致敬!

播音员的用气发声是在控制性与自如性这一对矛盾不断突破旧的平衡达到新的平衡的过程中进行的。每一项技术训练的开始阶段,总是要按照一定的规格要求进行控制,这时控制性是主要方面;待规格要求基本达到时,就马上要注意练习的自如性,并赋予练习以一定内容,进行弹性训练;而在进行自如性及弹性训练的过程中,又会发现控制方面的弱点,需要再去练习弥补扩展发音能力,以便在新的基础上取得平衡。如此循环往复,但由初级阶段逐渐走上了高级阶段。因此,在每阶段的练声过程中,除有一部分无内容的纯技术训练之外,必须有一定量的内容训练,并随着训练的进展,逐渐加大有内容训练的比重。训练教材采用应由简至繁、由浅入深、由易到难;每个训练都应力求达到高质量、高水平,即情、声一致的境界。由开始阶段的低程序、低质量,一步一步地向高水平、高质量的目标迈进!

播音员的用气发声基本功训练过程,一定要注意正确处理好情、气、声之间的关系。张颂教授在阐述情、气、声之间的关系时说:"我们要'情取其高''声取其中''气取其深'。"在因果关系上讲是因情用气,以情带声;而以语言表达的角度说就是气拖声、声传情。这里主要是声。声音又表现在字上,情是用字来传的,字又靠气推动出来。因此是气拖声、声传情。在正确处理情、气、声之间的关系时,我们要遵循这样一个原则:以情带声、以声传情、以情运气、气随情动、声随情变、气随情走、声情并茂、传情达意。要坚持声音为稿件内容服务的原则。

声音的灵魂是感情,感情来源于具体的稿件,稿件中的思想感情运动又直接引起气息的起伏跌宕。为了使声音的色彩能够随内容的需要而变化,为了使气息的运动能随思想感情的变化而起伏,我们在播音实践中总结了十条经验供同学们在用气发声训练中学习参考。

(1)播送坚定昂扬的稿件时,要求声音高昂、响亮、吐字饱满、铿锵有力,气息深厚、扎实。

(2)播送内容粗犷、豪放、有气魄的稿件时,要求声音偏刚、开阔、口腔开度大、咬字力度强、气息深足。

(3)播送内容活跃、欢乐的稿件时,要求使用偏高、偏前的声音,口腔较松弛,字音弹发快而饱满,气息运用灵活。

(4)播送内容清新、舒展的稿件时,要求使用偏小音量、声音柔和、吐字清晰、干净、颗粒性强,气息深而长,气流徐缓。

(5)播送内容紧张、节奏较快的稿件时,要求声音有高、低、松、紧、大、小、厚、薄的变化,口腔控制要灵活利索,多利用句中顿挫,气息随声音顿挫活动,促而不浮,吐字音节短而不滚,做到内容清楚、紧而不乱。

(6)播送内容令人悲哀、沉痛的稿件时,要求声音低、暗、偏沉,咬字迟滞,气息沉缓,时而断续。

（7）播送内容凄楚、忧伤的稿件时，要求使用较低暗音色，字伴着叹息发出，伴有句中顿挫和句间停歇等。

（8）播送内容义正词严的谴责与批评的稿件时，要求声音宽厚、高亢、明朗，字音饱满、有力，气息扎实、沉稳。

（9）播送内容具有较强讽刺性的稿件时，要求声音偏高、偏前、偏紧，有明显变化，口腔牙关开度小，咬字动作有所夸张，气息时而上提、不浮。

（10）播送内容涉及不同人物及他们对话的稿件时，要求根据人物的性别、年龄及不同的性格加以区别用声。就一般而言，小孩的声音偏高、明亮，字偏前，气浮浅；中青年的声音较结实、响亮，吐字快而有力，气息扎实、沉稳；老人的声音偏低、暗，字偏后，气散，时而颤抖，或提或沉。这只是一般规律而言，当然再细分起来，小孩子还有男孩、女孩之分；中青年也有男女之分；老人也有大爷、大娘、爷爷、奶奶之分，等等。这样一来要求声音的色彩、感情的变化及气息的运动就更加姹紫嫣红、灵活多样、千变万化了。

总而言之，播音员在学习和运用情、气、声的过程中，一定要注意在理解稿件具体感受的基础上下工夫，还要善于分析自己的现状，及时提出新的努力目标，不断地培养自己把握情、气、声的能力，如发现问题、解决问题的能力；举一反三、触类旁通的能力；见微知著、博采众长的能力，等等。只有这样才能比较好地理解并动用播音员的情、气、声。

在播音员创作中情、气、声以各种有声语言表达手段都应该统一于稿件中，播音员应根据不同内容、不同体裁的稿件运用不同的声音形式和气息状态播音。

例如：在播报新闻稿件时，应以明朗的实声为主。发声时颧肌提起，口腔有一定开度、力度，吸气有稳定的压力，用播新闻的新鲜感带动气息及口腔运动。

在播报评论稿件时，也是实声、声音响亮，字正腔圆，气息状态均匀、沉稳，以求庄重大方、严肃认真、清楚明确。

在播报讲述性稿件时，如"知识性、趣味性、服务性"的节目内容时，用声较柔和，饶有兴趣地、津津有味地播，口腔动作缓慢，发音轻松，吸气量少，呼出均匀、舒缓，声音不那么脆亮，有明暗的变化，柔而不浮。

在播报振奋人心、带有鼓动性的片断时，用声则偏刚，字头阻气有力，爆发式的弹出，气息压力较大，声音较明亮、高亢。

在播报通讯、故事中紧张、惊讶、感叹、想象的部分，可用带气的声音，即虚声，气伴声出，以增强气氛的渲染。口腔力度、气的多少随内容需要调节。用声虚实结合，不要一虚到底，也不要装腔作势。

我们知道每一篇稿件都有它的个性，从目的、内容、基调到体裁、结构、语言特点都有不同于另一篇稿件的东西。因此我们在情、气、声的运用上必须根据稿件具体内容以情带声、以声传情、气随情动、声随情变，切忌千篇一律、千人一腔、千稿一味！

第三节　形象感训练

一、讲述类

（1）那时候我很小,在我的记忆中母亲的独轮车的一边是农具,一边是我。田野很远,母亲总是一里一歇地推,那时我觉得母亲很高很大。

在那时候,农村大都很贫困,但是如我家贫困的倒也不多。可是母亲总是会变着戏法的让我吃好。母亲常常从外祖母家里拿回七八斤米。每当烧水的时候,她就会拿出一口黑色的小布袋,有母亲的巴掌大小。她就向布袋中装上白米,封住口,放在水中煮。水开米熟之后,那布袋中的米总是归我独吃的。母亲则喝那有点浑浊的"米汤"。爱到了一定程度就连最普通的人也可以想尽法子来满足被爱人的需求,那布袋中承载的明明是一份沉甸甸的母爱和深深的期盼啊!

（2）南方人与水永远是难分难舍的。童年的我总是趴在被楼上浇花时让水打湿的窗台,痴痴看着江边垂钓的老者,打望着身材婀娜的洗衣少妇。她们光洁的额头会反射午后慵懒的阳光,明晃晃地跳进眼里叫人心里暖洋洋的。

而在那时的天空下,小孩子的娱乐是一道更惹眼的风景线。印象最深的就是"开火车"了。几十个孩子一个接一个地拉住前面人的衣角,带头的往往是最高大的,他手里举着木棍,指挥着我们东扭西拐。个子小小的我往往排在队伍的中间,看着那木棍忽上忽下,人也似乎能上天下地,有了通天的本事,常常是跑得气喘吁吁仍然乐此不疲。我们最感兴趣的,便是用长长的身体"火车"缠住放学回家的哥哥姐姐,齐心协力将他们包个里三层外三层,看着他们火冒三丈的样子,我们真的打心眼里高兴:哼!谁让你们瞧不起我们这帮"小鬼"! 远远看着,活像一只无恶不作的巨大蜈蚣。

夜幕降临,江边乘凉的爷爷奶奶开始用他们拍蚊子的大竹扇驱赶我们了。这时我们的"火车头"振臂一呼"撤退",于是我们从"车尾"开始,自报家庭住址,大队人马便将伙伴们一个个送回家。每次到家后,我都会意犹未尽地趴在窗台,看江对面的小伙伴们活跃在每一个华灯初上的大街小巷。

（3）西岭雪山,一颗璀璨的绿色明珠,镶嵌在"天府之国"四川省成都市大邑县境内,总面积483平方千米,景区内最高处大雪峰海拔5364米。矗立天际,终年积雪不化,在阳光照射下,洁白晶莹,银光灿烂,秀美壮观。唐代大诗人杜甫寓居成都草堂时曾写下了"窗含西岭千秋雪,门泊东吴万里船"的千古绝句盛赞此景,西岭雪山也因此得名。

西岭雪山分前山、后山之说,前山景区以溪流、瀑布等构成的水景及种类繁多的植物为主要景观。整个景区绚烂多彩,气象万千。那里终年积雪的群峰绝壁,云蒸霞蔚的云海日出,变幻莫测的高山气象,莽莽苍苍的原始林海,历数不尽的奇花异树,终年不断的激流飞瀑,翩翩飞舞的各色彩蝶,以及那熊猫的家,金猴的峰,天然石门,怪石迷宫……荟萃此间,组成了一幅幅雄奇壮丽的风景画。

(4) 我的少儿时代是在山清水秀的乡村度过的。被迫从城里到乡下,对大人,无疑是一种失落,对孩子,却不啻是一个福音。二十多年前,江西的农村普遍贫困,而那些红色丘陵却从来不乏富足的绿草。背着书包,从烂漫的灼眼的紫云英、油菜花和清澈见底的小溪河中蹦蹦跳跳地走过,扯一把野花插在鬓间,远远望去,就像是从天边裁了一角云的霓裳。

不久,有远方的客人从山西要来看我们,我们坐火车去迎接。那位婶婶一路上眼睛看着窗外,竟感慨万分:"南方的土地多肥沃啊,连每一个缝隙都长着那么茂密的野草,可惜却荒着不种庄稼。"这句随口漏出的话,像是轻轻诉说,又像是喃喃自语,竟在我脑中扎下了根。从那一刻起,我便留意起脚下的土地起来,每每总有一股暖流贯穿胸间,我为每一寸平凡的土地和野草感到骄傲。

(5) 老爸也很高兴,向我挥着手,然后走进我的宿舍。每次他都会帮我把水壶灌满,把宿舍打扫得一尘不染。老爸知道我懒,嫌水房太远,嫌打扫卫生太麻烦。

这后来成了一种习惯:我坐在桌边吃肯德基,看老爸忙这忙那,像变戏法一样把宿舍整理得井井有条。直到有一次——那个星期三下午,老师拖堂了。我急急回到宿舍,发现老爸已经在那儿了。宿舍已经打扫过,我的床铺也照例被整理过,水壶也已经打满水摆在架子上了,桌子上,肯德基上校向我露出了慈祥的微笑,老爸却睡着了。他靠在我的床头,一脸疲倦。突然,我看到他额头有几滴晶莹的汗水,那汗水在越过窗槛的夕阳照耀下,耀眼得让我感到心酸。"爸……"我情不自禁地轻声叫了出来。

(6) 看不厌,看不厌那些跑沙跑水在旷野与草原上奔驰的马群;看不厌,看不厌那些战风战浪在蓝天中搏击云海的飞鸢和波风浪谷中飞翔的白帆;看不厌,看不厌那些穿山穿岭在大地上呼啸着前进的列车……

看不厌它们那奔驰的英姿,疾翔着的风貌,呼啸着的不倦的生命力的旋风。

我觉得自己生命中那些最珍贵的部分,那些包藏着庄严与神圣的人生美的部分,有一种神奇的、燃烧着的灵犀,连接着它们那奔驰着的节奏,连接着它们那生动而健康的旋律。

它们使我的心不会枯萎,使我意识到真的生命,应当不倦地奔驰着、迅跑着、奋飞着,不要停留,不要沉沦。永恒的奔驰着,在沙场,在乡村,在厂房,永恒的奔驰着,哪怕在静悄悄的实验室,哪怕在静悄悄的图书馆,哪怕在静悄悄的月光下和灯辉下……

(7) 有个老木匠准备退休,他告诉老板,说要离开建筑行业,回家与妻子儿女享受天伦之乐。

老板舍不得他的好工人走,问他是否能帮忙再建造一座房子,老木匠说可以。但是大家后来都看得出来,他的心已不在工作上,他用的是软料,出的是粗活。房子建好的时候,老板把大门的钥匙递给他。

"这是你的房子。"他说,"我送给你的礼物。"

他震惊得目瞪口呆,羞愧得无地自容。如果他早知道是在给自己建房子,他怎么会这样呢? 现在他得住在一幢粗制滥造的房子里! 我们又何尝不是这样。我们漫不经心地"建造"自己的生活,不是积极行动,而是消极应付,凡事不肯精益求精,在关键时刻不能尽最大努力。等我们惊觉自己的处境,早已深困在自己建造的"房子"里了。把你当成那个木匠吧,想想你的房子,每天你敲进去一颗钉,加上去一块板,或者竖起一面墙,用你的智慧好好建造吧！你的生活是你一生唯一的创造，不能抹平重建，即使只有一天可活，那一天也要活得优美、高贵。墙上的铭牌上写着："生活是自己创造的。"

（8）人类的远祖来自海洋，我是人类的孩子，爱海是我的本性。

在我的少年时代，只懂得爱表层的海。我常常坐在海滩的岩石上，观赏大海那蔚蓝色的波涛，聆听波涛那简单而有节奏的歌，让自己的心，乘着海浪去追逐天边的晚霞。

后来我长大了，告别了幼稚的年代，才更了解大海，知道它在蓝色的彩绸覆盖下，还有一个幽邃而奇异的底层世界；那里有我看不见的壮观，有逶迤蜿蜒的名叫海岭的巨大的山脉，山脉里有苏醒着和沉睡着的矿藏，有不顾水的重压仍然喷发着岩浆的火山群。连着海岭还有辽阔伟丽的大海槽，海槽中有乳蓝色的泉，有发光的、放射着异彩的水族，有温暖得出奇的、洋溢着活力的生命绿洲。它们也在探求，也在倾吐，也在期冀着渊深的黎明。

我成长了，不仅发现了海底的一个世界，而且知道自己应当怎样生活在海岸边的另一个世界中。我知道，我不能仅仅凝视泛着微波的海面，追恋河面上那些跳跃的、转瞬破碎的浪花；而应当透过至深处的帷幕，追寻深海，追寻海底那深广的大地，和这大地上雄伟的奇观。

（9）有过好多年历史的大树，在村口的路边上默默地站着。谁到我们村里来，最先看到的就是这棵大树。

大树下是我们最喜欢玩耍的地方，尤其是在夏日里，当外面骄阳似火的时候，我们跑到大树下，就像进入了一个清凉的世界。我们在树下写作业，玩沙包。

一条小溪，从大树旁边流过，溪水清澈透底，一粒一粒石子都看得清清楚楚。当我们作业写累了，或是玩累了的时候，在清亮的溪水里洗一把脸，再让风一吹，哇，舒服极了！

爷爷说，他的爷爷的爷爷小时候就在这棵大树下游戏。他们早就告别了这个世界，可这棵大树却一年比一年更绿了。

爷爷说，老一辈死去的人都变成了这棵大树的孩子，春天里新发出的绿叶，都是村子里活过的生命。

死去的生命给了我们今天更多的阴凉。在大树下，我们忽然觉得自己长大了。

（10）农历十二月初八，是我国传统的腊八节，有些人家要煮配料丰富、甜香可口的"腊八粥"。民间相传，这个习俗与创立明朝的朱元璋有关。

朱元璋出身贫穷，从小给地主放牛，经常挨饿受冻。有一年腊月初八，他饿着肚子在草地放牛时，无意间发现一个田鼠洞，便伸手去掏，想抓只田鼠煮熟充饥。田鼠没抓着，却掏出了一堆玉米、豆子、稻谷等田鼠贮存过冬的食物。小朱元璋大喜，将这些杂粮洗净，煮了一锅粥，饱餐一顿。在他有生以来的记忆中，这是最难忘的美味佳肴了。

后来，朱元璋参加农民大起义，做了皇帝，天天吃鱼吃肉。到了腊月初八这天，突然想起这件事，便要厨师用五谷杂粮煮粥给他吃，越吃越香。为了表示不忘本，他下令全国都要于十二月初八这天煮杂粮粥吃，还亲自取名"腊八粥"，这一天也就成了腊八节了。

（11）自古到今，唱青衣的人成百上千，但真正领悟了青衣意韵的极少。

筱燕秋是个天生的青衣胚子。二十年前，京剧《奔月》的演出，让人们认识了一个真正的嫦娥。可造化弄人，此后她沉寂了二十年，在远离舞台的戏校里教书。学生春来的出现让筱燕秋重新看到了当年的自己。二十年后，《奔月》复排，这对师生成了嫦娥的AB角。

把命都给了嫦娥的筱燕秋一口气演了四场,她不让给春来,谁劝都没用。可第五场,她来晚了。筱燕秋冲进化妆间的时候,春来已经上好了妆。她们对视了一眼,都没有开口。筱燕秋一把抓住化妆师,她想大声告诉化妆师,她想告诉每一个人,"我才是嫦娥,只有我才是嫦娥",但是她没有说,她现在只会抖动嘴唇,不会说话。

上了妆的春来真是比天仙还要美,她才是嫦娥,这个世上没有嫦娥,化妆师给谁上妆,谁就是嫦娥。大幕拉开,锣鼓响起来了,筱燕秋目送着春来走向了上场门。筱燕秋知道,她的嫦娥在她四十岁的那个雪夜,真的死了。观众承认了春来,掌声和喝彩声就是最好的证明。

筱燕秋无声地坐在化妆台前,她望着自己,目光像秋夜的月光,汪汪地散了一地。她一点都不知道自己做了些什么,她拿起青衣给自己披上,取过肉色底彩,挤在左手的掌心,均匀地一点一点往手上抹,往脖子上抹,往脸上抹,她请化妆师给她调眉,包头,上齐眉穗,戴头套,镇定自若地、出奇地安静。

筱燕秋并没有说什么,只是拉开了门,往门外走去。筱燕秋穿着一身薄薄的戏装走进了风雪,她来到了剧场的大门口,站在了路灯下面,她看了大雪中的马路一眼,自己给自己数起了板眼。她开始了唱,她唱的依旧是二黄慢板转原板、转流水、转高腔。

雪花在飞舞,戏场门口,人越来越多,车越来越挤,但没有一点声音。筱燕秋旁若无人,边舞边唱。她要给天唱,给地唱,给她心中的观众唱。筱燕秋的告别演出轰轰烈烈地结束了。人的一生其实就是不断地失去自己挚爱的过程,而且是永远的失去,这是每个人必经的巨大伤痛,而我们从筱燕秋的微笑中看到了她的释怀,看到了她的执着和期盼。

生活中充满了失望和希望,失望在先,希望在后,有希望就不是悲!

(12)这是黄昏留下的最后一抹晚霞,在山峦叠成背影,河水泛起青光,黑夜即将来临的时候,你从山的背后走来,走进暮色,走向远方,走进一个永久的寓言。你是一个孩子,你像风一样远行。

寂静,旷野的寂静听不到风的声音。你置身于旷野中,用散淡的目光铺就你的行程,这个时候,你知道,没有人前来告诉你那即将来临的盛放与凋零,你只有沿着那条千古不变的道路行走,像朝圣的歌声一样悠远着无尽的漫长。月光打湿了你的脸颊,泛起青色的光,如湖面散发出的沉寂平和的光芒。你享受着这份寂静,享受着一种迷茫和沉醉。你发现,内心的风光比旷野更迷人,更能让你沿着树的方向从容不迫地向着远方瞭望。这个夜晚,你不会寂寞,因为你始终是一个追寻遥远的孩子,遥远的地方定是一个妙不可言的乐土。

无数个白昼和黑夜,你以行走的姿态书写着你的传奇,从原野到村庄,从山川到河流,从城镇到都市,在行走的过程中你一直找寻着能让你刻骨铭心的记忆。

终于,你听到了一种声音,那是盘古开天的声音。这声音随着奔涌的人群越来越近,越来越近。时而雄壮如万马奔腾,黄河咆哮,时而轻盈如平湖泛舟,春雨润物。那是一种真正的震撼,可以震天震地,震山震河。那时而似雁阵飞舞,时而似莲花盛开的阵势,让你热血沸腾,兴奋不已。那击之如雷,动之如涛,鼓中有舞,舞中有鼓的雄浑火爆使你击骨震髓,酣畅淋漓。此刻,你感到有一种生命中原始的激情与豪放正从体内喷薄而出。于是,你开始沸腾,挫骨扬灰地沸腾,并随着上下翻飞的令旗雷霆般撞击自己的灵魂。

你知道,你是属于江湖的。每次的远行,每次的流浪,你从不在乎这个路程有多远,你只在乎路上能否遇到那曾令你动容的风景和震撼灵魂的鼓声。因为这是你生命中最本质的旅程。这里包括了你一生的情爱。你的远行从来就没有起点,你的存在因为江湖的存在而被一颗颗热切的心盼望着,与众多远行的孩子一起等待着又一次分别和重逢的到来。

这将是又一次的远行,在母亲关切的目光下,在以黎明为背景的清晨。

(13) 太阳最终吝啬地收起了它最后的一线亮光。月亮还没有出来,留下的只是满天的云霞,轻轻地亲吻着宁静的山村。

我心急如焚地奔走在狭窄的村巷间,无心欣赏大自然的赠赐。我焦急地挨家挨户去筹钱为我妈治病。

突然,一阵凄凉的哭声传入我的耳朵。"谁?这么晚了,他为啥哭?"我循着声音寻找,原来是一个小男孩。

小男孩看见我,揪着我的裤管:"我迷路了,送我回家,好吗?"我本能地应了一声,就想抱起他走。突然,我触到了一束熟悉的目光。咦,这不是王医生的儿子吗?顿时,我心里轰起一腔怒火,王医生的影子又浮现在脑海。就是他,为了小小的一笔医药费而拒不为我妈治病!

"走吧!现在的世道还会有多少人情?"我心里想着,脚下迈开了步子。这时,一声更凄厉的声音恨恨地剐了我一刀:难道真的丢下他不管?夜深了,难道就让他留在孤寂的野外,他不怕黑暗吗?他能抵抗动物侵害吗?我打了个冷噤。啊!不能,我不能丢下他而去,我猛转身,我不能选择与道义相悖的行为。我轻轻地敲开了王医生家的门。我不理会他的语言与目光,只是快速地离开,我想我的心灵是纯净的,我不会因为金钱而丧失了做人的道德。我之所以走得如此迅速,不是因为愤怒,而是不愿在这块见利忘义的地方多待一刻。

月儿已经爬上了树梢,有了些许凉气。我仍然在为母亲治病筹钱。我坚信:人与人之间一定有人情的气息。

当我拖着疲倦的身躯踏进家门的时候,我嗅到了一阵药味。我疑惑地询问我的母亲。妈妈只是微笑地递给我一封信。信上说:"谢谢你,把我的儿子送回家。你的行为给了我一次心灵的教育。在金钱与医德面前,我们应该选择医德。"我的眼睛有点湿,我推开窗:多美好的夜!多明亮的月!多明智的选择!人与人之间比金钱更珍贵的是友爱。

温柔的月光如流水般倾泻而下,仿佛是滑过了一曲悦耳的琴声。哦!月若有情月长吟!

(14) 一天,洛克和母亲开着小货车行经阿拉巴马的乡间小道上,由于路况原因,车子冲出了路面,掉到了二十米下的峡谷中。母亲凯丽满脸是血,不辨东西,牙龈残破,脸颊损毁,肩膀也被压碎,整个人被支离破碎的车门压得动弹不得。洛克则奇迹般地毫发未伤,洛克从车窗爬出了小货车,试图将母亲拉出车子,但凯丽一动也不动,洛克急得大喊:"妈妈,洛克会带你出去,你要支持住,千万别睡着啊!"

洛克又钻进了小货车,并将母亲推出了车子的残骸。接着又用瘦小的身子将两倍半重的母亲一寸一寸往上推,准备爬到马路上求救,就这样一点点犹如蜗牛爬行。凯丽感到如此疼痛,几乎要放弃希望,但洛克始终鼓舞着她。

为了鼓励凯丽,洛克告诉妈妈想想《小火车》的童话故事,故事中的小火车虽然只有小小引擎却能爬上陡峭的山头,洛克不断重复着故事中提到的:"我相信你能做到,我相信你能……"

仿佛过了一个世纪,他们终于爬到路边,洛克才借着光亮看清母亲受重创的脸,他开始泪流满面,挥舞着双手,对着驶过的货车呼喊:"停下来,请停下来!请带我妈妈到医院去!"

总共花了八个小时,缝了344针来整合凯丽的脸,虽然看起来和以往不大相同,但妈妈还是痊愈了。洛克成了新闻人物,但他自己却说:"这一切都在意料之外,我只是做了该做的事,任何人在当时都会那样做的。"

(15) 2004年7月19日,如注的暴雨袭击着湖南省通道县骆团寨的侗族寨子。第二天上午,随着一声轰然巨响,吴家房子后山撕开了一道约八十米高、十五米宽的口子——山体滑坡了!巨大的泥石流,如一条恶龙汹涌而下,顷刻间便把准备撤离到安全地带的吴家十一口人全部吞噬了。灾难来得太突然,连呼喊声都没来得及叫出,十一条生命就被死神踩在了脚下。

人们纷纷赶到吴家,开始了一场与死神的较量,暴雨还在下个不停,山体还在不断滑坡,营救工作时时处在危险当中。但没有人退缩,营救队伍很快就扩充到三百多人。两个小时后,有三个人先后被救出来,但接下来被挖出来的是一具具已经失去呼吸、心脏停止跳动的尸体。人们的脸色都凝重起来,空气也变得异常压抑。人们知道,这么长时间的泥石流的掩埋,已经超越了人类生存的极限,已经不可能再有人生还了。

突然,一个弱小的声音从泥石流下面的废墟中传了出来:"水……"这个弱小的声音令营救的群众兴奋地呼喊起来:"还有人活着!"当人们小心翼翼地扒开废墟后,被眼前的景象惊呆了:

已经遇难的奶奶吴丙桃弯着腰,用两条手臂把年仅两岁的小孙子吴明安紧紧地护在怀里,她已经僵硬的手臂与身体合成一个空间。把吴明安与外面的泥石流分隔开来,吴明安恬静地躺在由两只手臂撑起的世界里,躲过了这场劫难。孩子被救出来了,现场却没有欢呼声,有的只是一片沉寂,每个人的脸上都涕泪横流。

这场山体滑坡灾难夺走了吴明安七位亲人的生命,但两岁的吴明安却在奶奶用生命撑起的"天空"下奇迹般地生还了。

这是爱的绝唱!这是爱的颂歌!这是爱的延续!让我们记住这刻骨铭心的一刻,直到永远,永远!

(16) 一个失去了双亲的小女孩与奶奶相依为命,住在楼上的一间卧室里。一天夜里,房子突然起火了,奶奶在抢救孙女时不幸被火烧死了。大火迅速蔓延,一楼已是一片火海。

居民们已呼叫过火警,无可奈何地站在外面驻足观望,火焰已经封住了所有的进出口。小女孩出现在楼上的一扇窗口,哭喊着救命,人群中传布着消息说:消防队员正在扑救另一场火灾,要晚几分钟才能赶来。

突然,一个男人扛着梯子出现了。梯子架到墙上,人钻进火海之中。他再次出现时,手里抱着小女孩。将孩子交给了下面迎接的人群,男人消失在茫茫夜色之中。调查发现,这孩子在世上已经无亲无故了。几周后,镇政府召开群众集会,商议谁来收养这孩子。

一位教师希望收养这孩子,说她能保证孩子受到良好的教育。一个农夫也想收养这孩子,他说孩子在农场会生活得更加健康、惬意。其他人也纷纷发言,述说把孩子交给他们抚养的种种好处。

最后,本镇最富有的居民站起来说话了:"你们提到的所有好处,我都能给她,并且能给她金钱和金钱能够买到的一切东西。"

从始至终,小女孩一直沉默不语,眼睛望着地板。

"还有人要发言吗?"会议主持人问道。这时,一个男人从大厅的后面走上前来。他步履缓慢,似乎正在忍受着剧烈的痛苦。他径直来到小女孩的面前,朝她张开了双臂。人群一片哗然。他的手上和胳膊上布满了可怕的伤疤。

孩子叫出声来:"这就是救我的那个人!"她一下子蹦起来,双手紧紧地抱住了男人的脖子,就像她遭难的那天夜里一样。她把脸埋进他的怀里,抽泣了一会儿,然后,她抬起头,朝他笑了。

会议主持人宣布道:"现在休会。"

(17) 警局里一名歹徒、一名妇女和一名警察相对而坐。

妇女坐在那儿直打哆嗦,脸上冒着冷汗。警察便安慰她:"你不必害怕。"妇女回答说:"我好疼,我的手指被他掰断了。"

就在刚才,这个捡破烂的妇女在一条小巷里与歹徒搏斗了很久,就为一个钱袋子。当警察打开那包着钞票的塑料袋时,迷惘了:那袋子里总共只有八元五角钱,而且全是一毛、两毛的零钱。

为八元五角钱,一个断了手指,一个沦为罪犯。是什么力量在支撑着这位妇女,使她能在折断手指的剧痛中仍不放弃这区区的八元五角钱呢?

走出警局,妇女用八元五角钱买了一个梨,一个苹果,一个橘子,一根香蕉,一节甘蔗,一颗草莓,凡是水果摊上有的水果,她每样都挑一个,直到将八元五角钱花得一分不剩。

然后她来到郊外的公墓,在一座新坟前伫立良久,喃喃自语:"儿啊,妈妈对不起你。妈妈没本事,没办法治好你的病,竟让你刚刚十三岁就早早地离开了人世。你临去的时候,妈问你最大的心愿是什么,你说你从来没有吃过完好的水果,要是能吃一个好水果该多好呀。妈连你最后的愿望都不能满足。为了给你治病,家里已经连买一个水果的钱都没有了。可是孩子,到昨天,妈妈终于将为你治病欠下的债都还清了。妈今天又挣了八元五角钱,为你买了这些水果,个个都是好的,一点都没烂,妈挑过的,你吃吧,孩子,你尝尝吧。"

(18) 我有一个小小的报刊亭,上午的生意总是比较清淡。那天,我正百无聊赖地翻看杂志,打发时间。突然传来一个轻柔的声音:"叔叔,我想打电话。"我抬起头,是个瘦小的女孩,不高,十六七岁的样子。我指着电话说:"你打吧。"女孩望着我,似乎有些紧张,犹豫一下后,终于用颤抖的手拿起话筒。我一下就明白了,这个女孩可能是第一次打电话,担心自己闹笑话。我赶紧知趣地一转头,装着看报纸的样子,不再去留意她。女孩把号码按了一会儿,又手忙脚乱地放下电话,可又马上拿起电话,一阵惊慌失措的样子。我觉得奇怪但自始至终没有去理会她,而是低着头看杂志。我想,我若抬头,一定会加重她的惊慌。好一会儿她终于说话了:"妈妈,妈妈,我跟玲子姐姐到深圳打工来了,我现在进了一家电子厂,工资好高,经常加班,加班费可多了,我这个月发了716块钱,我打算寄回给弟弟当学费,妈妈,我们工厂伙食可好了,每天都有肉吃,有时还有鸡呢。哦,对了,我给自己买了条裙子,红色的,很好看。"女孩说着说着,一会儿她开始哭着说:"妈妈,我很想你,我想回家看你,你知道吗?我做梦都想你,呜!"女孩说完,便放下话筒。待了好一阵,她才用红红的眼睛望着我说:"叔叔,请问多少钱?"看着她的模样,我心中一酸。犹豫了一下说:"小妹,别难过,其实你和妈妈再多说一会儿也无所谓。""哦,不了,谢谢你,多少钱?"我往柜台下望去,天哪!电子显示器上根本没有收费显示,女孩的电话竟然没打通!我吃惊地抬起头来说:"对不起,重新打吧,刚才的电话好像没有打通。"女孩不好意思地擦擦眼睛说:"哦,不了,我们家乡没通电话。叔叔,其实我知道我刚才打的电话没通。我妈妈去世了,我是想,像别人一样,跟妈妈打电话说话,我真的好想我的妈妈。"说着她又哭了:"对不起,占用你的电话了,这五块钱给你,好吗?""不,不,电话没通,我不收这笔钱,小妹妹,你以后想打电话,想和妈妈说话就来,好吗?""好,好,谢谢你,叔叔。"说完女孩哭着消失在人流中。

(19)男孩和女孩初恋的时候,男孩为女孩折了一千只纸鹤,挂在女孩的房间里。男孩对女孩说,这一千只纸鹤,代表我一千份心意。那时候,男孩和女孩分分秒秒都在感受着恋爱的甜蜜和幸福。

后来女孩渐渐疏远了男孩。女孩结婚了,去了法国,去了无数次出现在她梦中的巴黎。女孩和男孩分手的时候,对男孩说,我们都必须正视现实,婚姻对女人来说是第二次投胎,我必须抓牢一切机会,你太穷,我难以想象我们结合在一起的日子。男孩在女孩去了法国后,卖过报纸,干过临时工,做过小买卖,每一项工作他都努力去做。许多年过去了,在朋友们的帮助和他自己的努力下,他终于有了自己的一家公司。他有钱了,可是他心里还是念念不忘女孩。

有一天下着雨,男孩从他的黑色奥迪车里看到一对老人在前面慢慢地走。男孩认出那是女孩的父母,于是男孩决定跟着他们。他要让他们看看自己不但拥有了小车,还拥有了别墅和公司,让他们知道他不是穷光蛋,他是年轻的老板。男孩一路开慢车跟着他们。雨不停地下着,尽管这对老人打着伞,但还是被斜雨淋湿了。到了目的地,男孩呆了,这是一处公墓。他看到了女孩,墓碑的瓷像中女孩正对着他甜甜地笑。而小小的墓旁,细细的铁丝上挂着一串串的纸鹤,在细雨中显得如此生动。

女孩的父母告诉男孩,女孩没有去巴黎,女孩患的是癌症,女孩去了天堂。女孩希望男孩能出人头地,能有一个温暖的家,所以女孩才做出这样的举动。她说她了解男孩,认为他一定会成功的。女孩说如果有一天男孩到墓地看她,请无论如何带上几只纸鹤。男孩跪下去,跪在女孩的墓前,泪流满面。清明节的雨不知道停,把男孩淋了个透。男孩想起了许多年前女孩纯真的笑脸,男孩的心就开始一滴滴往下淌血。

这对老人走出墓地的时候,看到男孩站在不远处,奥迪的车门已经为老人打开。汽车音响里传出了哀怨的歌声,"我的心,不后悔,反反复复都是为了你,千纸鹤,千份情,在风里飞……"

(20) 血色黄昏,硝烟滚滚。

距惠通桥不到 50 千米的泥泞公路上,开来 5 辆重型卡车。第一辆车上,坐着一个穿着少校制服的大胡子。两小时前,他接到集团军总部的命令:不惜一切代价,将弹药及食品送上惠通桥南高地。这里,国军已到了弹尽粮绝的地步,全体官兵已有 4 天没进过一口食物,士兵们连枪都端不起来了,而他们接到的命令是必须再坚守 24 小时,不惜一切代价。

卡车在公路上疯狂地向前冲去。大胡子少校手提一挺轻机枪,两眼血红,作为带队长官,他明白迟到一个小时的后果是什么。

不该发生的事发生了,第一辆卡车扎进炮弹坑里,熄火了。随后的 4 辆卡车也被迫停了下来。前面的路面都布满炮弹坑。

押车官兵全部下了车,奔跑着搬石头填炮弹坑,推车,累得气喘吁吁。也就是在这个时候,四野里聚来不少饿得皮包骨头的饥民,怯生生地围着卡车转,也不知是谁喊了一声:车里有馒头啊!顿时,四野里的饥民打了强心针般振奋起来,呼啦冲上去钻进车厢,抢吃起馒头来!

大胡子少校手提轻机枪冲到被抢的车前,嘴角抽搐着,双眼滴血,一咬牙将机枪用手端起来对准饥民,只听一片哗啦的枪栓声,全体押车官兵持枪围住了饥民。

就在这时,大胡子少校的双眼直直盯着车尾,然后痛苦地闭上了双眼。在车尾,一个十二三岁的小女孩,饿得双眼深陷,浑身瘦骨骇人地撑着肉皮,一双脏兮兮的手抓住馒头,嘴里还咬着一只馒头,遮住了半张瘦脸,双眼惊骇而哀怜地望着大胡子少校。

大胡子少校浑身战栗着,两幅画面在眼前交替晃过:一边,是饿着肚子同鬼子拼命的国军弟兄;一边,是手无寸铁饿得只剩一口气的小女孩!他丢下机枪,面对饥民们跪了下去,一拳砸在头上:"乡亲们哪,前边守怒江的弟兄们已经 4 天没有吃饭了,他们空着肚子在和鬼子拼刺刀啊!你们……"

四野霎时一片寂静,所有人如石雕一般。

小女孩怯生生地挪到大胡子少校面前,将手里的馒头递到大胡子少校手上,然后取下嘴里的馒头也递上去:"叔叔,我不知道这些馍馍是送到前边去的,这个馍馍我咬了一口,请他们别嫌弃,请他们吃饱了多杀鬼子,好吗?"

大胡子一下抱起小女孩,只一个劲点头。他将脸贴着小女孩的脸:"你叫什么名字?"

小女孩有气无力地答道:"我叫尤小翠。"

大胡子颤声说道:"好妹妹,等我们打败了鬼子,我一定要让你吃上白馍,一定让你吃饱好吗?"

小女孩吃力地点点头,脸上露出稚气的笑。

所有的饥民们此时都将抓在手里的馒头默默地送回了车上。然后用最后一点力气抱起一块块填弹坑的石头。

车队怒吼着向怒江方向冲去……

(21) 这是一个真实的故事。故事发生在西部的青海省,一个极度缺水的地区。这里每天的用水量严格的限定为三斤,这还得靠驻军从很远的地方运来。日常的饮用、洗刷、洗菜、洗衣,包括喂牲口,全都依赖这三斤珍贵的水。

人缺水不行,畜生也一样,渴啊!终于有一天,一头一直被人们认为憨厚、老实的老牛渴极了,挣脱了缆绳,强行闯入沙漠里唯一的也是运水车必经之路。终于,运水的军车来了,老牛以不可思议的识别力,迅速地冲上公路,军车一个紧急刹车。老牛沉默地站在车前,任凭驾驶员呵斥驱赶,不肯挪动半步。五分钟过去了,双方依然僵持着。运水的战士以前也碰到过牲口拦路索水的情形,但它们都不像这头牛这般倔强。人和牛就这样耗着,最后造成了堵车,后面的司机开始骂骂咧咧,性急的甚至试图点火驱赶,可老牛不为所动。

后来,牛的主人寻来了,恼羞成怒的主人扬起长鞭狠狠地抽打在瘦骨嶙峋的牛背上,牛被打的皮肉绽开,哀哀叫唤,但还是不肯让开。鲜血沁了出来,染红了鞭子,老牛凄凉的叫唤和沙漠中阴冷的酷风显得格外悲壮。一旁运水的战士哭了,骂骂咧咧的司机也哭了,最后,运水的战士说:"就让我违反一次规定吧,我愿意接受一次处分。"他从水车上取出半盆水——正好三斤左右,放在牛前边。出人意料的是,老牛没有喝以死抗争得来的水,而是对着夕阳仰天长叫似乎再呼唤什么。不远的沙堆背后跑来了一头小牛,受伤的老牛慈爱地看着小牛贪婪地喝完水,伸着舌头舔舔小牛的眼睛,小牛也舔舔老牛的眼睛,沉默中,人们看到了母子眼中的泪水。没有主人吆喝,在一片寂静无语中,它们掉转头,慢慢往回走。当看到这让人揪心的一幕时,在场的所有人都流下了滚滚热泪。

(22)1948年,在一艘横渡大西洋的船上,有位父亲带着他的小女儿,去和美国的妻子会合。一天早晨,父亲正在舱里用腰刀削苹果,船却突然剧烈地摇晃,他摔了下去,刀子刚好扎在他的胸口,全身立即战栗,嘴唇瞬间乌青。

6岁的女儿被父亲瞬间的变化吓坏了,尖叫着扑过来想要扶他,父亲却微笑着推开女儿的手:"没事,只是摔了一跤。"然后轻轻地拾起刀子,很慢很慢地爬起来,不引人注意地用大拇去了刀锋上的血迹。

以后三天,父亲每晚照常为女儿唱摇篮曲,早晨替她系好美丽的蝴蝶结,带她去看大海的蔚蓝。仿佛一切如常,而女儿却没察觉父亲每一分钟都在变化,他的脸色一分钟比一分钟苍白,看向海平面的目光是那样的忧伤。

抵达美国的前夜,父亲对女儿说:"明天见到妈妈的时候,请告诉妈妈,我爱她。"

女儿不解地问:"可是明天你就要见到妈妈了,为什么你不自己告诉她呢?"

他笑了,俯身,在女儿的额头上留下了一个深深的吻。船到纽约港了,女儿一眼便在熙熙攘攘的人群中认出了母亲,大喊:"妈妈……"周围忽然一片惊讶,女儿回头,看见父亲已仰面到下,胸口血如井喷,刹那间染红了整片天空……

尸解的结果让所有人惊呆了:那把刀精确无比地洞穿了他的心脏,他却多活了三天,而且不被任何人知觉。唯一可能的解释是因为创口太小,使得被切断的心肌依原样贴在一起,维持了三天的供血。

这是医学史上的奇迹。医学会议上,有人说要称他为大西洋奇迹,有人建议以死者的名字命名,还有人说要叫他神迹。

但一位须发俱白,皱纹里满是智慧的老医生却一字一顿地说:"这个奇迹的名字,叫父爱。"

(23)1987年的冬天,新年快到了。这一天,从山东农村来的军嫂贺英奇带着年仅四岁的女儿小茶花坐在开往昆仑山巅不冻泉兵站的卡车上,心急如焚。她怎么也没有想到,在高原恢宏美丽的外表背后,等待着她的却是残酷而严峻的现实。此时,小茶花昏昏沉沉地睡在妈妈的怀里,双唇干裂,小脸蜡黄,几天几夜的路程使孩子像变了个人,只是嘴里不停地喊着:"爸——爸——"

贺嫂把孩子紧紧地搂在怀里,双眼直盯着前方,她的心里只有一个愿望:无论如何也要和老贺一起过个年。5年了,茶花已经4岁了,可是还从来没有见过爸爸。为了这个愿望,贺嫂早已忘记兵站有条不成文的规定:不能带小孩上雪线。汽车向着兵站驶去,一程又一程,终于到达了目的地。然而小茶花已经停止了呼吸,贺嫂抱着的是女儿微温的尸体。悲剧已经发生在路上了。

整个兵站的人都被惊呆了,大家围着这辆汽车,脱帽默默肃立着。贺嫂抱着小茶花坐在驾驶室里一动也不动。

此时的老贺却不在兵站,他还在百里以外的哨卡执行任务,妻子到站和发生的悲剧他自然一概不知。

天黑后,战士们实在不忍心再这样让贺嫂抱着小茶花坐在冰冷的驾驶室里,便劝她进站歇歇。贺嫂下了车,只是依旧抱着女儿,不说一句话。

不冻泉兵站的元旦之夜,像死一般地寂静。没有笑声,没有歌声,甚至连灯光也没有。警卫班长心疼嫂子,对她说:"嫂子,你太累了,让我抱抱咱们的小茶花吧!"说完,从贺嫂手里接过了孩子。

看着班长这么做,所有的战士都跑过来排队等候抱小茶花。就这样,你抱半小时,他抱十分钟,一直到天亮,又到天黑。

整整两天两夜呀,小茶花的小身体在不冻泉兵站指战员们的手里传递着,直至老贺执勤回来,站上才爆发出雷吼一般的哭声。

这一夜,不冻泉兵站的指战员们唱起了《十五的月亮》,一遍又一遍。

(24) 那年,小妹因为受伤住进了医院,我去陪护。

同病房有一个女孩,她是因为车祸住进来的,从住进来的那天起,她就一直昏迷不醒。

女孩在昏迷中不时地喊着:"妈妈,妈妈!"

女孩的爸爸手足无措地坐在病床边,神色凄楚地看着女儿痛苦地挣扎,不知该如何帮助女儿,只是不停地哀求医生:"救救我女儿,救救我女儿!"他不知道,医生该用的药都已经用了,而病人,有时候也是要自救的,能不能活下来,要看他对这个世界是否充满生的渴望,也要看他的造化。

护士走过来问那个男人:"孩子的妈妈呢?你为什么不叫她妈妈来?"男人埋下头,低声地说:"我们离婚很久了,我找不到她。"护士轻轻握住女孩凉凉的手柔声说:"女儿乖,妈妈在,妈妈在。"男人抬起头。吃惊地看着护士,泪流满面地说:"谢谢,谢谢!"

女孩喊一声"妈妈",护士答应一声。护士与那个女孩差不多年龄,还没结婚。

女孩像落水者抓到一根稻草般死死攥紧护士的手,呼吸慢慢均匀下来。在以后的日子里,那位护士像一位真正的妈妈那样,一有空就守在女孩病床前,握着她的手,跟她说话、讲故事、唱歌。

直到那女孩完全醒过来。

医生说:"她能苏醒是个奇迹。"

女孩说:"我感觉到妈妈用一双温暖的手一直牵着我,一直牵着我,把我从一个黑黑的冰冷的井里拉上来。"

人们把赞扬的目光投向那位充满爱心的护士,护士的脸微微红了,说:"我记得读过一句名言,母爱可以拯救一切。"

(25)这是一个真实的故事。他们就住在一套用木板隔成的两层商铺里。

母亲半夜起床上厕所,突然闻到一股浓浓的烟味,便意识到家里出事了。等丈夫从梦中惊醒,楼下已是一片火海,全家两个女儿三个儿子以及两位雇工都被困在大火中。幸好阁楼上的天花板只有一层,砸开它,就可攀上后墙逃生。绝望之余,父亲带着两个雇工砸开天花板,并第一个抢先翻过墙头。父亲出去后却再也没有回来。高墙里面,大火离母亲和孩子越来越近了。五个孩子中,最高的也只有1.54米,而围墙竟有2米多高。可幸运的是,墙头上有一个雇工留了下来,他一手抓紧横梁,另一只手伸向墙内的母亲和五个孩子。"别怕,踩着妈妈的手,爬上去!"母亲蹲在地上,抓牢大儿子的脚,大儿子用力一蹬,抓住雇工的手攀上墙头翻身脱离了险境。用同样的方法,母亲把二儿子和小儿子一一举过了墙。

此刻,火势已经很猛,母亲奋力抓起二女儿。她的力气已用尽,浑身不停地颤抖。大女儿急中生智,协助妈妈把妹妹举过了墙。火海中只剩下母亲和大女儿。大女儿哭着让妈妈离开,但母亲坚决将女儿拉了过来,拼尽最后一口气,将大女儿托过墙头。当工人再次把手伸向母亲的时候,她连站立的力气也耗尽了,转眼间,大火便吞没了她。墙外五个孩子声泪俱下地捶打着墙,大喊着妈妈,而墙内的母亲却再也听不见了,永远地闭上了眼睛。

后来,人们进去寻找这位母亲,看到了极为悲壮的一幕:母亲在阁楼内的墙下,双手高高举起,保持着托举的姿势。

这个故事就发生在深圳,人们也将永远铭记这位英雄母亲的名字——卢映雪。

(26)这是一个流传甚广的故事。

有一双非常漂亮、非常吸引人的红舞鞋,女孩子把它穿在脚上,跳起舞来会感到更加轻盈,富有活力。因此,姑娘们见了这双红舞鞋,眼光都发亮,兴奋得喘不过气来,谁都想穿上这双红舞鞋翩翩起舞。可是姑娘们都只是想想而已,没谁敢真的把它穿在脚上去跳舞。因为这双红舞鞋传说还是一双具有魔力的鞋,一旦穿上,跳舞者就会永无休止地跳下去,直到耗尽全部精力为止。

但是,有一个擅舞的、年轻可爱的姑娘实在抵挡不住这双红舞鞋的诱惑,不听家人的劝告,悄悄地穿起这双鞋跳起舞来。果然,她的舞姿更加轻盈,她的激情更加奔放,姑娘感到有舞之不尽的热情与动力。她穿着红舞鞋跳过街头巷尾、跳过田野乡村,她跳得青春美丽焕发,真是人见人爱,人见人羡。姑娘自己也感到极大的满足和幸福,她不知疲倦地跳了又跳。

夜幕在不知不觉之中降临了,观看姑娘跳舞的人们也都回家休息了。姑娘也开始感到了倦意,她想停止跳舞,可是,她无法停下脚步,因为红舞鞋还要跳下去。狂风暴雨袭来,姑娘想停下来去躲风避雨,可是脚上的红舞鞋仍然在快速地带着她旋转,姑娘只得勉强在风雨中跳下去。姑娘跳到了陌生的森林,她害怕起来,想回温暖的家,可是红舞鞋还在不知疲倦地带着她往前跳。姑娘只得在黑暗中一面哭一面继续跳下去。最后,当太阳升起来的时候,人们发现姑娘安静地躺在一片青青的草地上,她的脚又红又肿,姑娘累死了,她的旁边散落着那双永不知疲倦的红舞鞋。

(27) 1967年8月23日,前苏联最著名的播音员在全国的电视直播中以沉重的语调宣布:联盟一号宇宙飞船由于无法排除故障,两小时后将坠毁,我们将目睹民族英雄科马洛夫遇难。

地面指挥中心把科马洛夫的亲人请到了指挥台,科马洛夫显得很激动,但他还是控制住了自己,先向首长报告了这次飞行探险情况,科马洛夫的生命在分分秒秒中消逝,但他却目光泰然,态度从容。汇报完后,国家领导人接过话筒说:"你是苏联的英雄,人民的好儿子!"

科马洛夫眼含着泪说:"谢谢!我是一名宇航员,为宇航事业献身是神圣的,我无怨无悔!"

领导人把话筒递给科马洛夫的妻子。科马洛夫给妻子送了一个深情的飞吻。他泪如雨下,欲言又止。

科马洛夫稳定了一下情绪,然后脱下宇航服,又拿出一支金笔对妻子说:"这支金笔随我飞入太空,是我珍贵的东西,我用宇航服把它包好,待会儿的大爆炸,不会对它造成损伤的。请你把它转赠给你未来的丈夫,我会在天堂里祝你们幸福。"

科马洛夫的女儿接过话筒喊道:"爸爸!我的好爸爸!"孩子泣不成声。看到十二岁的女儿,坚强的科马洛夫禁不住落泪了:"好孩子,记住这一天,以后每年的这个日子,到坟前献一束花,给爸爸谈谈学习情况。好女儿,爸爸就要走了,告诉爸爸你长大了干什么?"

女儿答道:"像爸爸一样,当宇航员!"

科马洛夫又一次落泪了,"你真好,可我要告诉你,也告诉全国的小朋友,请你们学习时,认真对待每一个小数点和每一个标点符号。联盟一号今天发生的一切,就因为地面检查时,忽略了一个小数点。这场悲剧,也可以叫做对一个小数点的疏忽。同学们,记住它吧!"

轰隆——

整个苏联一片寂静。人们纷纷走上街头,向着飞船坠毁的方向默默地哀悼。

(28) 在苏格兰的格拉斯哥,一个小女孩像今天许多年轻人一样,厌倦了枯燥的家庭生活,不愿受父母的管制。

她离开了家,决心要做世界名人。她每次满怀希望求职时,都被无情地拒绝了。她只能走上街头,开始出卖肉体。许多年过去了,她的父亲死了,母亲也老了,可她仍然在泥沼中醉生梦死。

其间,母女俩从没有联系。可当母亲听说女儿的下落后,就不辞辛苦地找遍全城的每个街区,每条街道。她每到一个收容所,都停下脚步,哀求道:"请让我把这幅画贴在这儿,好吗?"画上是一位面带微笑、满头白发的母亲,下面有一行手写的字:我仍然爱你,快回家吧!

几个月过去了,没有什么变化。一天,女孩懒洋洋地晃进一家收容所,那儿正等着她的是一份免费晚餐。她排着队,心不在焉,双眼漫无目的地从告示栏里随意扫过。就在那一瞬,她看到了一张熟悉的面孔:"那会是我母亲吗?"她挤出人群,上前观看。不错!那就是她的母亲,纸上有一行字:我仍然爱你,快回家吧!

这时,天已黑了下来,但她不顾一切地向家奔去。当她赶到家的时候,已经是凌晨了。站在门口,任性的女儿迟疑了一下。该不该进去呢?终于,她敲了门。奇怪!门自己开了,怎么没锁门?不好,是不是有贼闯进来了?记挂着母亲的安危,她三步并作两步冲进卧室,却发现母亲正在安然地睡觉。她把母亲摇醒,喊道:"妈妈,你的女儿回来了。"

母亲不敢相信自己的眼睛。娘俩紧紧地抱在一起。女儿问:"妈妈,门怎么没有锁?我还以为贼进来了。"

母亲含泪说:"自打你离家后,这扇门就再也没有上过锁。"

(29) 在20世纪40年代,美国费城的一个深夜,有一个酒店突然起火,当时二百五十八名旅客多数正在酣睡,那些还没有睡的人们,看到旅馆所有的房间都已被滚滚的浓烟笼罩着。

他们拨了火警电话,然后一边救火,一边等着火警救援。尽管消防队员赶来了,但求生的本能,还是使许多人开窗从高楼跳下,个个躯体直挺挺地砸在户外的人行道上,发出恐怖而沉闷的响声,然后归于寂然。

这时,有一个姑娘和跳下楼的游客一样,也站在七楼的一个窗口,看到背后的熊熊火光。只见她镇静地看了看窗下,大声高喊着:"希望活着,我希望活着!"然后纵身跃下。

奇迹发生了。她成了几百人中的唯一一名幸存者,而且这个姑娘空中跃下的惊人一瞬被过路的大学者阿诺德抓拍了下来,定格在历史写真的胶片里,供更多活着的人们回味。

(30) 那是一个秋天的傍晚,一对年轻的夫妇带着他们的孩子去高山上坐缆车。谁知,半途中缆车突然出现了故障。所有的人都悬在了高空中。人们高声地呼喊着:"救命啊,救命啊。"尽管如此,也抵挡不住厄运的来临。忽然,缆车径直而下,伴随着人们的恐慌和尖叫,跌入了一个深不见底的山谷。就在这生命的最后时刻,那对夫妇什么都不想,他们只有一个念头:孩子不能死。他们用尽了全身的力气,用双手托起了孩子。"砰"的一声巨响震彻了整个山谷,缆车变成了一堆废铁,车上的人都死了。唯一活下来的就是那个孩子,是他的爸爸妈妈用双手和爱托起了他重生的起点。孩子哇哇地哭喊着,年幼的他不知道发生了什么,他只是朦胧地记忆着:在那美丽风景相伴的地方,那可怕的巨响,那黑暗的山谷,让他再也见不到爸爸妈妈了。

幼小的他只想着:太阳快出来吧,天亮了,我要找我的爸爸妈妈!

(31) 这对夫妇是登山运动员,为了庆贺他们儿子一周岁生日,他们背着儿子登上了五千米的雪山。可是天公不作美,突然间,狂风大作,雪花飞舞,气温陡降至零下三四十度。最要命的是,由于他们完全相信天气预报从而忽略了携带至关重要的定位仪。由于风势太大,能见度不足一米,上山或下山都意味着危险甚至死亡。两人无奈,情急之中找到一处山洞,只好进洞暂时躲避风雪。

气温继续下降,妻子怀中的孩子被冻得嘴唇发紫,最主要的是他要吃奶,要知道在如此低温的环境之下,任何一寸裸露在外的皮肤都会导致体温迅速地降低,时间一长就会有生命危险,怎么办?孩子的哭声越来越弱。

丈夫制止了妻子几次要喂奶的要求,他不能眼睁睁地看着妻子被冻死。然而如果不给孩子喂奶,孩子就会很快死去。妻子哀求丈夫:"就喂一次!"丈夫把妻子和孩子揽在怀中。尽管如此,喂过一次奶的妻子体温下降了两度,她的体能受到了严重损耗。

时间在一分一秒地流失,孩子需要一次一次地喂奶,妻子的体温在一次又一次地下降。在这个风雪狂舞的五千米高山上,妻子一次又一次地重复着极为简单而现在却无比艰难的喂奶动作,她的生命在一次又一次喂奶中一点点地消逝。三天后,当救援人员赶到时,丈夫已冻昏在妻子的身旁,而他的妻子——那位伟大的母亲已被冻成一尊雕像,她依然保持着喂奶的姿势屹立不倒。她的儿子,她用生命哺育着的孩子,正在丈夫怀里安然地睡眠,脸色红润,神态安详。为了纪念这位伟大的母亲和妻子,丈夫决定将妻子最后的姿势铸成铜像,并且告诉孩子,一个平凡的姿势只要倾注了生命的爱便可以伟大并且永恒。

(32) 人们讲述了越战中一个士兵的故事——

他打完仗后回国,从旧金山给父母打了一个电话:"妈妈,爸爸,我要回家了!但是我想求你们帮一个忙,我要带一位朋友一起回来。"

"当然可以。"父母回答道,"我们见到他会很高兴的。"

"有些事必须告诉你们,"儿子继续说,"他在战斗中受了重伤。他踩着一个地雷,失去了一只胳膊和一条腿。他无处可去,我希望他能来我们家和我们一起生活。"

"我很遗憾听到这件事,孩子。也许我们可以帮他另找一个地方住下。""不,我希望他能和我们住在一起。"

"孩子,"母亲说,"你不知道你在说些什么。这样一个残疾人将会给我们带来沉重的负担。我们有自己的生活,我们不能让这种事干扰我们的生活。我想你还是赶快回家来,把这个人忘掉,他自己会找到活路的。"

就在这个时候,儿子挂上了电话。

父母再也没有得到他们的孩子更多的消息。然而几天过后,他们接到旧金山警察局打来的电话。他们被告知,他们的儿子从高楼上坠地身亡。警察局认为是自杀。悲痛欲绝的父母前往旧金山,并被带往市里的陈尸所辨认他们儿子的尸体。他们认出了他。然而他们惊愕地发现,他们的儿子只有一只胳膊和一条腿。

(33) 1998年夏天,当洪水铺天盖地袭来的时候,董方保和他的妻子在急流中同时抓住了一棵小树。他们都不会水,求生的本能使他们死死地抱住了那棵救命的小树。洪水迅猛地往上涨,他们拼死地往上爬。终于,幼嫩的树干再也无力承受两个人的重量,一点点朝水面弯下来,弯下来。妻子平静地看了丈夫一眼,说:"还有那么多孩子等着你呢,多保重。"还没等董方保反应过来,他的妻子已从容地放开了树干,消失在了湍急的洪流中。董方保悲痛欲绝,但理智告诉他,他不可以随她而去——他是一所小学的校长,他的生命属于千百个天使般的孩子。

"让我先走一步吧。"这是一个爱着丈夫所爱的女人最后的心音。"你可知道,我多么不愿也不忍这么早就对你说出这诀别的话语。别了,生我养我的土地;别了,生死相依的爱人。带着我的一颗心好好活下去。待到洪水退去的时候,请你一定要领着我们的女儿小董钰来寻这棵树,告诉她,妈妈曾经怎样地紧握;更要告诉她,妈妈又是怎样微笑着放手。"

（34）这是发生在旅游景点里的一个真实故事。故事中的主人公是两位老人。一天，两位老人到山崖上看夕阳。

两位老人如醉如痴地欣赏着这无比的美景，突然，妻子感到身边有一个东西在往下坠落，她下意识地伸手一拽，拽住的正是她失足的丈夫。她拽住他的衣领，拼命往上提拉，但无论怎么努力，都无济于事。丈夫悬在山崖上也不敢随意动弹，否则两人都会同时摔落谷底，粉身碎骨。妻子实在有些支撑不住。她的手麻木了，胳膊又肿又胀，仿佛随时都会和身子断裂。她意识到瘦弱的胳膊根本拉不住他太重的身体，她只能用牙齿死死咬住他的衣领，坚持到最后一刻。

丈夫悬挂在山崖上，就等于把生命钉在鬼门关上，在这日薄西山的傍晚，有谁还会来到山崖上？意识到这一点之后，他说："放下吧，亲爱的！"妻子紧紧咬住牙关无法开口，只能用眼神示意他不要吱声。一分钟过去了，两分钟过去了。

十分钟过去了。

冥冥中，他感到有热热的黏黏的液体滴落在他的脸上，他敏感地意识到是从她的嘴巴里流出来的血，还带着一种咸咸腥腥的味道。丈夫又一次央求。可妻子仍死死咬住他的衣领，无法开口说话，她只能用眼神再次阻止他不要挣扎。一小时过去了。

两小时过去了。

他感到有大颗大颗热热的液体吧嗒吧嗒滴落在他脸上，他知道妻子七窍在出血了，他肝肠寸断却无可奈何。妻子在用一颗坚强的心与死神相抗争。

不知过了多长时间，旅游团的人们举着火炬找到了山崖边，终于救下了两位老人。

那件事发生后，妻子的整个牙齿都脱落了，并从此再没有站起来。丈夫每天用轮椅推着她，走在街上，看夕阳。

人们都看着这两位老人融在太阳里，成为一道最美丽的风景。

（35）父亲是个哑巴，这一直是我心中一块隐隐的痛。

我的家在湘西一个偏远的小村庄，父亲靠在村里卖米豆腐养活全家。在学校，别的小朋友都不理我，他们总是排斥我说："你父亲是个哑巴，我们不和你玩。"于是我和父亲约定，再也不准他来学校看我。15岁那年，我以优异的成绩考上了县重点高中。我终于可以脱离这个让我伤心的地方了。那年寒假回到家，母亲看见我就大哭起来，我再三追问家里出了什么事，他们也没告诉我。

第二天，李大妈告诉我说，在我上学后不久，母亲就病了，到医院一检查肝癌晚期，父亲一听当时就懵了，立即跪在地上请求医生救母亲一命。那天，他在医院发疯似的见了医生就磕头，头都磕出血了，医院依然没有收留母亲。

父亲只好把母亲拉了回来。母亲得病的消息传开后，再也没有人买父亲的豆腐了，他们都说母亲的病会传染。父亲只好含泪收了豆腐摊，但他又怕母亲知道后病情加重。于是，每天天不亮，父亲照旧拉车出去，把车搁在李大妈家，就去捡破烂，这一捡就是整整的一年。我听不下去了，想马上见到父亲。一位街坊告诉我，父亲上县城去了，我立即搭车赶往县城。刚下车，就听见议论说有人晕倒在商场里，跑去一看，是父亲。此时他已经醒了过来，看见我，他的脸上浮起一丝微笑，颤抖地从衣袋里掏出一叠钱，示意我去商场里买年货。在那叠钱里，我清楚地看到了一张卖血的单子。

回家的路上,父亲反复打着手势不准我把他卖血的事告诉母亲。看着父亲那充满慈爱的目光,我情不自禁地跪在地上,哭着说:"爸,对不起。"

(36) 真的想不起他们的名字了,却一直记得他们的爱情。

他们是世界闻名的双人花样滑冰运动员,生活中是恩爱夫妻,滑冰场上是最佳搭档,他们的表演配合默契,珠联璧合,多次在各种大赛中获奖。

所谓天妒佳缘,一次意外丈夫去世了。这对于常人无疑是一次巨大的打击。对于她,这打击更是加倍的,因为她失去的,不仅是生活上的爱侣,也是艺术上的合作伙伴。从此,她远离了滑冰场。

沉寂几年后,她忽然宣布,要再进行一次花样滑冰,这次,是她一个人,舞姿还是那样娴熟,还是那样优美。她还是从前的她,沉寂了数年,丝毫也没有影响到她艺术水准,她依然是滑冰场上轻盈的精灵。

但是,所有的观众都落泪了。滑冰场虽然只有一个人在旋转,在腾跃,但她的动作却分明是两个人的。她的身侧,似乎总是有另一个人的影子。她举臂,似乎有人在为她支撑;她腾跃,似乎有人在扶她的腰;她旋转,似乎有人在与她同行;她微笑,似乎是对着那个人。虽是一个人的独舞,她的动作却总是双人舞的动作。似乎是那个人还陪在她的身边,一如从前。

最后的造型是他们当年的经典。现在,却只有她一个人。另一半,是虚幻,是残缺,是伤痛。

她凝固成一尊雕像,一动不动,只有眼泪涔涔而下。

那是一个人的双人舞,是残缺的完美,是爱情的绝唱。

一去经年,时光流转,物是人非。但在滑冰场上,在她的心中,爱人一直都在,一刻也不曾远离。

(37) 她们真的累了,饥饿和寒冷的痛苦紧紧纠缠着她们,把她们折磨得疲惫不堪。在这样一个深可没膝的雪堆里艰难跋涉了四十多个小时的这对母女,后悔着当初本应该听从教练的警告,不要擅自偏离插满小彩旗的滑雪道,不然就容易迷路;她们还后悔,当初不应该穿这件银白色的羽绒服来滑雪,以至于在这个冰天雪地里,滑雪俱乐部派出的直升机都找不到跟白雪有着一样颜色的她们。也许在这个时候,女儿才是最后悔的,若不是她平时总是闷闷不乐,作为清洁工的母亲也不会拿出自己几个月微薄的薪水,带她来阿尔卑斯山滑雪,逗她开心。可是母亲怎么也想不到,女儿平日里的不开心,是因为有一个卑微的做清洁工的母亲。

几天几夜,母女俩在这片苍白的雪山里艰难地寻找着生存的方向。她们发现好几架救援直升机从天空掠过,但无论她们如何向直升机示意,始终没有人能发现她们。走着走着,体力不支的母亲,一个踉跄,脑袋栽在了石头上,鲜血立即涌了出来。而此时女儿已经昏睡过去了。

这个时候,天空中再次飞来了一架直升机。霎时,母亲的脑海里闪过一个可怕的念头,她抓起身边的一块岩石碎片,放在自己的左手腕上,用力地割了下去!鲜红、滚烫的血液从母亲的左动脉滚滚流出,染红了她身旁冰白的雪地,接着,她支撑着她最后的一点儿力气,在血迹中爬了十几米的距离,为的是想让救援直升机能够发现她们的位置。最后,母亲那没有温度的身躯终于倒在了那片醒目的血泊中。女儿醒来的时候已经躺在了医院里,医生告诉了她所有的事实。在迟迟得不到救援的生死关头,母亲以一种感天动地的行为,用自己动脉里流淌的鲜血为女儿指引了生命的方向!

女孩终于心痛地明白,自己原来一直都拥有一份人世间最珍贵的财富,那就是比血更浓的母爱!

(38)朋友的父亲是一生辛勤的果农。

有一年炎夏,她的父亲到邮局寄一篓水果给住在北部的她。

暑气逼人,老人家流了不少汗。扎捆的麻绳磨过老人手中的硬茧,他蹲下来牢牢地打几个结,生怕运送途中水果掉落。

交寄完毕,老人家突然倒下——是脑出血,很快就走了。

多年后,朋友谈起这件事的时候,眼里仍然噙着泪水。

回家后,想象朋友收到那篓水果时的情景,心中充满了伤痛。老人家相信滴入他血汗的土地里所栽种出来的果子最甜,老人家也相信,他亲手摘的、包裹的、扎捆的果子最美,寄给远方的女儿最欣慰。

和我同样听了这则故事的另一位友人,十分凄恻不忍地说:"咳,台北到处有水果摊,为什么要冒着大太阳扛到邮局去寄?"是的,不忍父亲用这样浓郁的爱写下人生的句点。

但是我要告诉这位失去父亲的朋友,其实,我们也都分享了那篓水果最真挚深厚的爱。我们深思,我们感动,所以,我回头看见了那位佝偻、需要搀扶的身影——父亲。

(39)安格斯读小学的时候,最疼爱他的外祖母去世了。安格斯无法排除自己的忧伤,每天在学校操场上一圈又一圈地跑,跑得累倒在地上,扑在草坪上痛哭。那哀痛的日子,断断续续地持续了很久,爸爸妈妈也不知道如何安慰他,他们知道与其骗儿子说外祖母睡着了,还不如说实话:外祖母永远不会回来了。安格斯问道:"什么是永远不会回来呢?"

爸爸说:"过去了的事物,就永远不会回来,人的昨天已过去,它就永远变成昨天,你不能再回到昨天。爸爸也和你以前一样小,现在也不能回到你这样小的童年了;有一天你会长大,你会像外祖母一样老。"

以后,安格斯每天放学回家,在家里的庭院里面看着太阳一寸一寸地沉到地平线以下,就知道一天真的过完了,虽然明天还会有新的太阳,但永远不会有今天的太阳了。

时间过得飞快。有一天,他放学回家,看到太阳快落山了,就决定说:"我要比太阳更快地回家。"他狂奔回去,站在庭院前喘气的时候,看到太阳还露着半边脸,就高兴地跳跃起来,那一天他觉得自己跑赢了太阳。以后他就时常做那样的游戏,有时和太阳赛跑,有时和西北风比快,有时一个暑假才能完成的作业,他十天就做完了。那时他三年级,常常把五年级的作业拿来做。

每一次比赛胜过时间,安格斯就快乐得不知道怎么形容。

后来的岁月里,他因此受益无穷,虽然他知道人永远跑不过时间,但人可以比自己的过去跑得快几步。那几步很小很小,用途却很大很大。

(40)当恐怖分子的飞机撞向世贸大楼时,银行家爱德华被困在南楼的五十六层。他清醒地意识到自己已没有生还的可能。

第四章　情感表达

爱德华迅速按下第一个电话。刚举起手机，楼顶突然坍塌，一块水泥重重地将他砸翻在地。他一阵眩晕，知道时间不多了，于是改变主意按下第二个电话。可还没等电话接通，他想起一件更为重要的事情，又拨通了第三个电话。爱德华的遗体在废墟中被发现后，亲朋好友沉痛地赶到现场，其中有两个人收到过爱德华临终前的手机信号，可遗憾的是，两人都没有听到爱德华的声音。

他们查了一下，发现爱德华遇难前曾拨出三个电话。

第三个电话是打给谁的？他在电话里说过什么？爱德华无儿无女，又在五年前结束了他失败的婚姻，如今只有一个瘫痪的老母亲，住在旧金山。

当晚，迈克律师赶到旧金山，见到了爱德华悲痛欲绝的母亲。律师流着泪说："请原谅，夫人，我想我有权知道电话的内容，这关系到您儿子庞大的遗产的归属权问题，他生前没有立下相关遗嘱。"可母亲摇摇头说："爱德华的遗言对你毫无用处，先生。我儿子临终前已不关心他留在人世的财富，只对我说了一句话！"

不久，美国一家报纸在醒目的位置刊登了"9·11"灾难中一名美国公民的生命留言："妈妈，我爱你！"

（41）第二次世界大战期间，德国的纳粹分子曾进行了一次触目惊心的心理实验，他们声称要以一种特殊的方式处死人，这种方式就是抽干人身上的血液。

实验那天，他们从集中营挑选出两个人，一个是牧师，另一个是普通人。纳粹士兵将两人分别绑在床上，用黑布蒙住双眼，然后将针插进他们的手臂，并不时地告诉他们，现在，他已经被抽了多少升血了，他的血将在多少时间内被抽干！其实，纳粹士兵并没有真的抽干他们的血，只是在他们的手臂上插进了一支空针头。结果，普通人的面部不断抽搐，脸色变得惨白，渐渐地在惊恐万状中死去了。显然，这位普通人内心充满了恐惧，恐惧的心理使他心力衰竭，导致了死亡。而那位牧师却始终神情安详，死神没有夺取他的生命。

事后，人们问他当时想些什么，他说："我的内心很平静，我不害怕，我问心无愧，即使死了，我的灵魂也会进入天堂！"

（42）2003年7月21日凌晨四点半左右，一辆满载着陶制瓦片的卡车撞进南京下关区上元门的三间民房里。顷刻间，瓦砾四溅、房屋倒塌，卡车内的几个人当场死亡，房屋里也埋下了五个人。

由于是凌晨时分，大多数人都在睡梦中，惨祸发生后，被惊醒的为数不多的附近居民面对惨祸束手无策。在等待救助人员到达期间，人们发现在倒塌的房屋废墟里，有一个人头露在外面，身子埋在废墟里。也许是因为失血过多，他的呼吸越来越微弱，眼睛也睁不开了。这时候，一个男青年喊道："不要闭上眼睛！要坚强，你可以和我说说话，但千万不要闭上眼睛。"那个被埋者的眼睛睁开了，眼神中隐藏着一丝恐惧和一丝谢意。男青年和那个被埋着的人说着话，问他：你今年多大了？在哪里工作啊？做什么工作啊？

可没过多久，被埋的人又一次闭上眼睛，那个男青年又一次喊道："不要闭上眼睛！睁开你的眼睛！"可被埋的人似乎没有听到，一点反应也没有。喊话的男青年找来了医生，被埋者输入了氧气后，眼睛再一次睁开了。

救援人员终于赶到了，被埋的男子被送往医院抢救。有人问喊话的年轻男子和被埋者是什么关系,喊话的男青年说道:"我不认识他,我开出租车路过这里。"

素不相识,毫无血缘关系,他的呼喊只因为对生命的珍爱和爱的奉献。那场灾难中有七个人丧生。然而,那个年轻的出租车司机的喊声却响彻那个清晨,响彻南京,成为那座城市最动听的声音之一。

(43) 在荷兰一个小渔村里,整个村庄都靠渔业为生,自愿紧急救援队是村里重要的设置。在一个月黑风高的晚上,暴风吹翻了一条渔船,在紧要关头,船员们发出了救援的信号。一救援队的船长听到了警讯,村民们也都聚集在小镇广场中望着海港。当救援的划艇与汹涌的海浪搏斗时,村民们在海边举起灯笼,照亮他们回家的路。

一个小时后,救援船通过云雾再次出现,欢欣鼓舞的村民们跑上前去迎接。当他们筋疲力尽地抵达沙滩后,自愿救援队长宣布,救援船无法承载所有的人,只得留下其中一个,因为再多装一个乘客,救援船就会翻覆,所有人都活不了。在忙乱中,队长要另一队自愿救援者去搭救最后留下的人。十六岁的汉斯应声而出。他的母亲抓着他的手臂说:"求求你不要去,你的父亲十年前在船难中丧生,你的哥哥保罗三个礼拜前才出海,现在音讯全无。汉斯,你是我唯一的依靠呀!"

汉斯回答:"妈,我必须去。如果每个人都说:'我不能去,总有别人去!'那会怎么样?妈,这是我的责任。"汉斯吻别了他的母亲,消失在黑暗中。又过了一个小时,这一个小时对汉斯的母亲来说,比永久还久。最后,救援船驶过迷雾,汉斯正站在船头。船长向汉斯叫道:"你找到留下来的那个人吗?"汉斯高兴地大声回答:"有,我们找到他了。告诉我妈,他是我哥保罗!"

(44) 第二次世界大战中的一次大战役中,盟军的一队伞兵因飞机偏航而误投绝境。他们被捕了。

在德兵的刺刀下,俘虏们做着苦役,身形憔悴,支撑他们的是盟军一定会打过来的信念。

枪炮声一天天近了,德军脸上的乌云也越来越重了。一天黄昏,一阵急促的号子把俘虏们赶成一长排,周边是荷枪实弹的德国士兵,伞兵们一下子就明白了将要发生的事情。

一位年轻伞兵的手剧烈颤抖着。他想起了爸爸妈妈,还有可爱的未婚妻。他的眼睛湿润了。一位老兵紧紧抓住了他的手:"兄弟,我们不哭!"一瞬间,所有的伞兵一个接一个地把手拉在了一起。

天地无声,枪炮声突然响了。万分巧合的是盟军在这一刻发动了进攻,正义的枪弹压过了屠杀的子弹,一些伞兵幸免于难,其中有那位年轻的伞兵。后来,他随大军攻克了柏林,当他凝望着纳粹"卐"字旗降下时,他想起了那位拉他手的已牺牲的兄长。他噙着泪喃喃自语:"兄弟,我们不哭!"

反法西斯战争胜利已经很多年了,那种闪耀着人类光辉的精神,依然撼人心魄。

我们时常在攀高的路上摔倒,甚至从半山腰上滚下去,但我们不哭,因为山还在,我们的青春和激情还在。

(45) 除夕之夜,悠悠的钟声响彻中国大地,这是怎样的钟声啊?洪亮而纯粹、博大而精深。它发自岁月的心脏,悠悠扬扬,震撼大地,气吞山河。而新的一年就在这富有号召力的旋律中拉开了帷幕。

这悠悠的钟声曾在商周祭天的天坛上响起,曾在枫桥夜泊的游子耳畔响起,曾在沙场点兵的将帅心中响起,如今又年复一年地震荡在中国大地上。几千年来音韵袅袅。

你听懂它发出的召唤了吗?它在说岁月流逝,脚步匆匆,每一个人在逝去的韶光前,要无怨无悔,那韵律像激越的鼓声,催人迈向新的征途。

你听懂它的叹息了吗?它长叹世上某些人的贪得无厌,它叹息某些人庸庸碌碌,它嗟叹有些人的胆小懦弱,它怨叹有些人的虚掷光阴。

你听懂它的劝诫了吗?它规劝人要努力奋斗,它告诫人要胸襟宽阔,目光远大,志存高远。

(46)"看不见黑暗,是因为穿行在黑暗之中;听不见苦难,是因为置身于苦难之中。"阿炳,一个失去了用明亮的眼睛看世界的大师,却用二胡的弦完整地抚摸世界。那么,世界在他的心中,他的梦中是怎样的一个世界呢?

行家说,两根弦的二胡是悲哀的乐器。把一种对世事的洞察的悲哀藏在两根弦里,阿炳通过你实现了。倾诉,叹息,他赋予悲哀的乐器以生命和灵性,轻轻拉动,琴弦就流出了母亲用以洗面的眼泪。

松风呼啸,泉月翻腾,二泉中的映月伤痕斑驳,惨淡无光。在叠嶂栖云之间,阿炳叩响了那扇神奇的大门,在千年古树下,抚摸听松石上的指纹,松风吹破泉中明月。一阵阵的悲凉袭上了心头,渗进了琴弦,于是,你像一条沉重的河流,低沉地唱出一支和人类有关的歌。不平的弓弦往返于波峰浪谷之间,由沉思而忧郁,由忧郁而悲愤,由悲愤而怒号,由怒号而憧憬,如悲啼如控诉般地告诉世人这世上只有一种现实:黑暗下面是命运,不甘的灵魂在扭动、挣扎、呐喊……那个社会的不公平,他以弓弦诉说,层层叠叠地推进,将道不完的苦情话,流不完的辛酸泪,汇成源源不断的音律,让它们弥漫在天地之间,充盈在宇宙之内,与世界同在。

(47)天下着鹅毛大雪。一支红军队伍在零下三十多度的酷寒中艰难地行进着。突然,队伍中有人喊起来:"有人冻死啦!"军长一震,急步向前跑去。松树下,一位战士倚着树干,坐在雪窝里,一动也不动。他的右手夹着半截子用树叶卷成的烟,小心地放在胸前,仿佛在最寒冷的时刻还在渴望一支烟的温暖。他右手握着一个小纸包,脸上还挂着一丝早已冷却的笑容。军长用颤抖的手打开了那个纸包,一只红辣椒跳进了军长的眼帘。他轻轻拂去战士肩上的积雪,猛然发现他身上竟然穿得那样单薄,单薄得像一张纸。"棉衣,棉衣呢?为什么没发给他棉衣?"军长两眼发红:"军需处长呢?"警卫员在发愣。"给我找军需处长。"还是没有人应声。"快,给我找军需处长!"警卫员哇的一声哭了出来:"报告军长,他就是刚任命的军需处长。棉衣不够了,每人发的御寒辣椒也都没舍得吃一口。"

军长愣住了,他望着雕像般的军需处长,眼泪成串成串地流了下来,他高高地举起那只鲜红的辣椒,在铅灰色的天穹下,在迷漫的雪雾中,辣椒就像一把燃烧的火炬,照耀着前程。在这火炬下,一支又一支右手缓缓举起。军礼是那样庄重,整个队伍发出一片抽泣声,像一曲悲壮的哀乐,回荡在雪地上空。

人们不知道这位军需处长的名字。可是,永远也忘不了他留给我们的那只鲜红的辣椒。

(48)在电视里曾看到这样的事情:不用枪,而用棍。因为枪弹会损坏海豹雪白的皮毛,虐杀让小海豹头破脑裂地被剥皮时还在苦苦地挣扎蠕动。

前来保护自己孩子的成年海豹也难逃一劫,纯洁安静的冰面上一片凄厉的叫声,鲜红的血将方圆十几里的白色浸透。

我哭了。为可爱的生命,为无辜的生命!

我哭了。为漠然的选择,为残忍的选择!

从远古漫长的岁月中走来,人类一直利用着生物,但却没有给它们带来灭顶之灾。现代文明的发展,人类主宰自然的工具更加机械化、科技化,人类突然发现自己竟然如此有力。于是,心存畏惧的生存挣扎终于演化为肆无忌惮的欲望释放和贪得无厌的攫取。

美食,毛里求斯的渡渡鸟被当做"活罐头"吃绝了。而中国某些城市正时兴用野生鸟类熬粥。藏羚羊面临灭顶之灾,虎和熊的命运也岌岌可危。

如今,自然界植物灭绝的速度是每分钟一种,动物是每天一种。许多野生物种甚至还未被人类认识,就已经永远消失了。

地球属于每个生命,而大自然的美正在于生命的多彩。我们唱过"地球很小是个家"。是的,心灵最崇高的选择应该是珍爱万物,呵护生命。停止那些残酷的选择吧!是玫瑰使我们陶醉于世界的芬芳,是苹果使我们品尝到生活的甜美,是百灵为我们啼啭出大自然优美的和弦。

此时此刻,脑海中突然闪现出那令人动容的诗歌:

每一片温柔的海浪

每一缕森林中的水汽

每一只振翅鸣叫的昆虫都是神圣的

(49)你,瘦骨嶙峋却挑着一颗大大的脑袋,令所有见到你的人都心生怜惜!当你像羽毛一样飘落在血泊中时,你只有九岁,瘦小得就像一只嗷嗷待哺的小鸟,孱弱得就像一棵未及展开的幼苗。

我是在小说《红岩》里认识你的。我知道你刚满周岁就与父母流徙辗转,从此坠入了一个无尽的长夜。现在,我就站在重庆的歌乐山松林坡,你的生命就是在这里被无情地掠夺。面对你的雕像,许久我都没有转身。想起五十年前的那晚,便觉得身上的体温被阴森的冷气带了去。

那天雾浓吗?那天的夜色稠吗?那一刻你害怕了吗?当刽子手将匕首插入你胸膛,当你渐渐暗淡下去的目光最终瞥向妈妈时,你看到妈妈那痛得滴血的双眸了吗?

现在,站在你的雕像前,抚摸你纤弱的臂膀和瘦弱的脚趾,我实在想不出刽子手将冰凉的匕首插进你胸膛的理由。有人说,你是共和国最年轻的烈士。对你,这是一份光荣,但我却觉得它太沉、太重,你是一个孩子啊!以你九岁的生命难道应该承受如此之重?当然,人们称你为烈士是因为在共和国的基石上,浸染了你的鲜血。就是因为这样纯洁、这样殷红的血,让无数人知道了什么是自由,什么是尊严,什么是人道,什么是理想和信念。

小萝卜头,没有人知道你的大名是宋振中。九岁时,你与你的父母被反动派杀害于新中国诞生的前夜,你的生命终结于九岁,也升华于九岁,灿烂于九岁。你放飞蝴蝶的一瞬,已凝固成中国人民热爱生命和追求自由的经典。

(50) 天下所有慈母的跪拜,包括动物在内,都是神圣的。

这是听来的一个西藏故事。发生故事的年代距今有好些年了。可是,我每次乘车穿过藏北无人区时,总会不由自主地要想起这个故事的主人公——那只将母爱浓缩于深深一跪的藏羚羊。那时候,枪杀、乱逮野生动物是不受法律惩罚的。就是在今天,可可西里的枪声仍然带着罪恶的余音低回在自然保护区巡视卫士们的脚印难以到达的角落。当年举目可见的藏羚羊、野马、野驴、雪鸡、黄羊等,眼下已经成为凤毛麟角了。

当时,经常跑藏北的人总能看见一个肩披长发、留着浓密大胡子、脚蹬长筒靴的老猎人在青藏公路附近活动。那支磨蹭得油光闪亮的权子枪挂在他身上,身后的两头藏牦牛驮着沉甸甸的各种猎物。他无名无姓,云游四方,朝别藏北雪,夜宿江河源,饿时大火煮黄羊肉,渴时一碗冰雪水。猎获的那些皮张自然会卖来一笔钱,他除了自己消费一部分外,更多地用来救济路遇的朝圣者。那些磕长头去拉萨朝觐的藏家人,心甘情愿地走一条布满艰难和险情的漫漫长路。每次老猎人在救济他们时总是含泪祝愿:上苍保佑,平安无事。

杀生和慈善在老猎人身上共存。促使他放下手中的权子枪是在发生了这样一件事以后——应该说那天是他很有福气的日子。大清早,他从帐篷里出来,伸伸懒腰,正准备要喝一铜碗酥油茶时,突然瞅见两步之遥对面的草坡上站立着一只肥肥壮壮的藏羚羊。他眼睛一亮,送上门来的美事!沉睡了一夜的他,浑身立即涌上来一股清爽的劲头,丝毫没有犹豫,就转身回到帐篷拿来了权子枪。他举枪瞄了起来,奇怪的是,那是肥壮的藏羚羊并没有逃走,只是用企求的眼神望着他,然后冲着他前行两步,两条前腿扑通一声跪了下来。与此同时只见两行长泪就从它眼里流了出来。老猎人心头一软,扣扳机的手不由得松了一下。藏区流行着一句老幼皆知的俗语:"天山飞的鸟,地上跑的鼠,都是通人性的。"此时,藏羚羊给他下跪自然是求他饶命了。他是个猎手,不被藏羚羊的怜悯打动是情理之中的事。他双眼一闭,扳机在手指下一动,枪声响起,那只藏羚羊便栽倒在地。它倒地后仍是跪卧的姿势,眼里的两行泪迹也清晰地留着。

那天,老猎人没有像往日那样当即将猎获的藏羚羊开宰、扒皮。他的眼前老是浮现着给他跪拜的那只藏羚羊。他有些蹊跷,藏羚羊为什么要下跪?这是他几十年狩猎生涯中唯一见到的一次情景。夜里躺在地铺上他也久久难以入眠,双手一直颤抖着。

次日,老猎人怀着忐忑不安的心情对那只藏羚羊开膛扒皮,他的手仍在颤抖。腹腔在刀刃下打开了,他吃惊得叫出了声,手中的屠刀咣当一声掉在地上,原来藏羚羊的子宫里,静静卧着一只小藏羚羊,它已经成型,自然是死了。这时候,老猎人才明白为什么那只藏羚羊的身体肥肥壮壮,也才明白它为什么要弯上笨重的身子为自己下跪:它是在求猎人留下自己孩子的一条命呀!

天下所有慈母的跪拜,包括动物在内,都是神圣的。

老猎人的开膛破腹半途而停。

当天,他没有出猎,在山坡上挖了个坑,将那只藏羚羊连同它那没有出世的孩子掩埋了。同时埋掉的还有他的权子枪。从此,这个老猎人在藏北草原上消失。没有人知道他的下落。

(51) 女儿酷爱音乐。每天清晨当对面阳台上响起琴声时,她便痴痴地趴在阳台上静静聆听。她多想自己能有一架钢琴,不,不,哪怕能摸一摸,坐上去弹一次也好啊!

一天,父亲来到阳台,看到女儿趴在阳台上,十指在阳台上跳跃着,父亲便有了一桩心事,女儿从没见过父亲买一件像样的衣服,穿在他身上的总是洗得发白的工作服。女儿知道应该铆足劲儿学习。她想,将来一定要考上音乐学院,那样,就可以天天弹钢琴了。

父亲似乎比以前忙了许多,每天很早出去,很晚回来,裹着身泥灰倒头便睡。日复一日,女儿不知父亲为何如此拼命,却知道父亲的白发她已经再也数不清了,年复一年,五年过去了。女儿考上最好的高中。

父亲去银行取出了存款。一路上陶醉在喜悦中,却不知道背后跟着一双邪恶的眼睛。他来到商店,来到一架钢琴前。这是一架锃亮的立式钢琴,标价:一万八。"够了。"他想,于是他叫来售货员。当他满心欢喜地将紧拽在手里的工具包打开时,一条被刀划开的口子凝结了他的笑容。

父亲茶饭不思,一下子憔悴了。担忧笼罩着女儿的眼眸。几天后,父亲拿出一样东西:一块木板,上面贴着厚纸,画着键盘。父亲说:"爸爸没用,本来想给你买架真钢琴的。"女儿第一次看到了父亲的泪水。"爸爸!"女儿不知道发生了什么,但她什么都明白。

她坐过去,十指轻快地跳跃在琴键上,周身沐浴着暖暖的旋律,她泪流满面,如痴如醉。

(52)那年我10岁,正读小学三年级。我们山村贫困得很,常常要靠救济粮糊口。因为生活太苦,老师曾经走马灯似地来了又去。只有大李老师,已经在我们那个穷山村待了三年。

男大当婚女大当嫁。时间一长,大李老师就成了有名的光棍儿。谁都知道他家里太穷,只有两间旧茅草房,还要供养一位老母亲,没有姑娘愿跟随他过苦日子。

大李老师的婚事也慢慢传到学生中。我们几个女生在背地里就商量咋给大李老师介绍对象,要不,他要是像其他老师离开了,谁给我们上课?甜杏说她的姐姐快20岁了,可惜在城市的姨娘家。小芹想起了她的小姨,果子则想到帮大李老师买一个媳妇来。

大李老师开始愁眉不展,有一次我们就听到他在教室的套间里呜呜地哭。不久,我们听说:大李老师要到城市里当工人。所有的同学都找到大李老师,纷纷说:李老师,我们不让你走。大李老师拍拍我们的肩膀,只是叹了口气。大李老师终于要走了。一天上午,大李老师把铺盖卷捆起来,然后把宿舍打扫得干干净净。我们几个女生凑在一起叽叽喳喳地商量:快想个办法吧,快给李老师找个对象,要不,这回可是真的要走了,我们可是真的没有老师了。说着说着,我们的泪水就流下来。

不知什么时候,大家哭声一片。大李老师紧闭嘴唇,强忍着不落泪。在我们的哭声中,许多乡亲拥进了我们简陋的教室。不少大婶也流下眼泪,我们更是哭得上气不接下气。这样的好老师,怎么就会寻不到对象?大李老师闷着头,扛起了铺盖卷,我们眼睁睁地看大李老师要离开我们了,顿时,我们的哭声更响了。忽然,甜杏站起来了,她扑向大李老师,拽住他的衣服,哭喊:李老师,你别走,我嫁给你,我和你过一辈子的苦日子。

果子、小芹、山蔓儿也站起来了,紧跟着,我们所有的女学生都站起来了,我们都在喊:老师,我们嫁给你!不要走,我们跟你过一辈子的苦日子。所有的大人们都惊呆了,大李老师更是吃惊的发愣。慢慢地,他把肩膀的铺盖卷扔到了潮湿的地面上,蹲在地上号啕大哭。

20年过去了,如今,我们山村许多孩子走出了大山。大李老师后来同甜杏的姐姐甜草结了婚。今年夏天,当我再次回到家乡时,山脚下矗立起一座二层楼的希望小学,大李老师担任了校长。旧貌换新颜,看着大李老师浑身的书生气,我不禁想起20年前我们的那声:老师,我们嫁给你。

"老师,我们嫁给你!"那发自内心的呐喊,不仅留住了大李老师,也改变了我们一代代山村孩子的命运,那是我们山村走向文明走向富裕的里程碑。

(53)今天是圣诞节,玛莉一个人在家,有些孤独。当看着窗外的万家灯火,喝着香槟的时候,她听到了敲门声。玛莉带着些许的愉悦,开了门。一看却是个劫匪,拿着枪。

"不许出声!进去!"劫匪用枪顶着玛莉进了屋,"拿钱!所有的!"

玛莉战战兢兢地给了钱,劫匪兴奋地接过钱。

"站在那儿!等我走了再动!"劫匪对玛莉说。说完他准备离开,嘴里还嘟噜着:"有钱有个屁用!还不是得一个人过节。"

"请,请问。"玛莉小心翼翼地。

"干吗?"劫匪警惕地看着玛莉。

"请问你也是一个人过圣诞吗?"

劫匪有些惊讶,看着玛莉,这才发现,在这样一个日子里,玛莉家里也只她一个人。
"是。"

"不如,我们一起过吧。"玛莉笑笑,但依旧小心。

劫匪更加惊讶,没有反应过来,看着玛莉。

"我是说,反正我们都没有人陪,那我们就一起过吧。"

劫匪依旧看着玛莉,但渐渐露出笑容,随即点点头。

"那你……"玛莉瞄瞄劫匪手中的枪。

"噢,对不起。"劫匪放下枪。

"名字?"

"汤米。"

"汤米你好,我是玛莉。"玛莉伸出手。

汤米握住了她的手。

一年后的圣诞节。

玛莉与汤米坐在沙发上,一人拿着一杯香槟。

"这个圣诞节比去年的好多了吧?"玛莉扭头看看汤米。

"是,我现在有工作,有工资,"汤米笑着说,"有家,还有一个爱人。"汤米看着玛莉,"真是一个愉快的假期。"

(54)他的左手扶着她的肩,右手紧紧拽着她的一只胳膊。她的双手总是握成半拳的姿势,两只僵硬的胳膊扭曲着悬在空中。她的双脚也变了形,走一步,身体便会激烈地晃一晃,远远望去,好似一个不倒翁。

他搀扶着她,一步一步地挪动。她每迈开一步,他仿佛都使上全身的力气。或许是长期低头弯腰的缘故,他瘦长的身体显得有些佝偻。常有人远远对着他们的背影叹息:原先是多么漂亮的一个女人啊,一场大病把人折磨成这样——不到30呢,可惜呀!也有人嘀咕:那男的肯定撑不久,总有一天会撒手,毕竟,他还年轻……

然而,从春到秋,自夏至冬,无论风霜雪雨,每天清晨,他们都会出现在这条沿江大道上。偶尔有熟人同他打招呼,他便会扬起脸,爽朗地笑着大声说:"好多了,好多了,今天又多走了两步呢!"

那天早上,他像往常一样扶着她走在沿江大道上,看不出任何征兆,台风夹着暴雨席卷而来。呼啦呼啦的风声,哗哗的雨声,"轰"的一声巨响,身后的河坝决了一道口子,浑黄的河水咆哮着冲到马路上。

风雨中,他和她像两棵飘摇的小草,找不到着陆的方向。路上的水一点一点往上涨,很快便没过了他们的小腿,大腿,腰和胸口。他们像两片叶子,在水中漂浮。

他不再徒劳地叫喊,而是拽着她的手,慢慢地在水中挪动。一个小时后,他们被武警发现。他一手抱着一棵香樟树的枝丫,一手死死拽着她,被救起时,他已经昏迷,人们无法将她的手从他的手心掰开。直到他苏醒过来,看到她傻笑的脸,他的手指一抖,两只紧扣的手才松开。

采访抗洪现场的记者恰好看见这一幕,便问他:只要一松手你就可以脱险,可你没这么做,是怎么想的?他嗫嚅着:那时,哪还有心思去想呀?我只晓得,要像平常那样拽牢她的手,陪着她慢慢地走。

说这些时,她嘿嘿地笑着,嘴角流出的涎水,如一串珠子溅落在他的手腕上,他慌忙拿毛巾给她擦嘴角。她吃力地抬起右手,用握不拢的手指扯起毛巾,笨拙地拭着他手腕上的口水,又傻笑着,踮起变形的脚,把毛巾往他脸上蹭。他立即半蹲下来,温柔地把头伸到她的手边,任由她用沾着口水的毛巾,乱乱地擦着自己的脸。在后来播出的电视画面上,人们看到他一脸平静,看不到一丝劫后余生的惊惧。

他和她依然在每个清晨出现。他们艰难挪动的每一步,都让我坚信,世间真有这样一种爱:可以分担你一生的愁,不用海誓山盟,却能在狂风暴雨中,陪着你慢慢地走……

(55)这是一个真实的故事。在一个偏远的小山村里,有一所小学校,因为各方面条件极差,一年内已经陆续走了七八位教师。当村民和孩子们依依不舍地送走第十位教师后,就有人心寒地断言:再不会有第十一位教师留下来。乡里实在派不出人来,后来只好请了一位刚刚毕业等待分配的女大学生来代一段时间课。不知女大学生当初是出于好奇或是其他什么原因,总之很快和孩子们融洽地生活在一起。

三个月后,女大学生的分配通知到了。村民们只好像以往十次那样带着各家的孩子去送这位代课教师。谁知,无法预料的情形发生了——那天,在代课教师含泪走下山坡的那一瞬间,背后突然意外地传来她第一节课教给孩子们的古诗:

离离原上草,一岁一枯荣。野火烧不尽,春风吹又生。

那背诵的声音久久回荡,年轻的代课教师回头望去,二十几个孩子齐刷刷地跪在高高的山坡——没有谁能受得起那天地为之动容的一跪。孩子们目光中蕴含的情感,顷刻间让她明白:那是孩子对知识的渴望和纯真而无奈的挽留啊!

代课教师的脚步凝滞了。她重新把行李扛回小学校。她成了第十一位老师。往后的日子她从这所小学校里送走了一批又一批孩子去读初中、高中、大学……这一留就是整整二十年。

我听到这个故事的时候,正是女教师患病被送往北京治疗的期间。我一直想去探望她,但因为种种原因没能成行。

我终究没能见到这位乡村女教师。当我终于有机会来到这所小学校时,已有一位男教师来接她的班。新来的教师对我说:她患了绝症,从北京回来的只是她的骨灰。我看到她的骨灰装在一个红色的木匣里,上面没有照片。

临行时,这位男教师还告诉我,这所学校没有第十二位教师的说法。无论以后谁来接班,永远都是第十一位。这是所有能在这里工作的教师的光荣,他说。还有就是这所小学校有一条不成文的规定。是什么,他没有立即告诉我,当时他只是微笑着对我说:明天早晨,你就会知道。

第二天,我早早从距小学校几里远的乡招待所起来,刚刚爬到院墙外那座高高的山坡,就远远地听到白居易那首熟悉的诗句:

离离原上草

一岁一枯荣

野火烧不尽

春风吹又生。

我想起,今天是新生开学的第一课。

(56)文化大革命搞得最红火的那年,我十五岁,也就是那一年,父亲被抓入狱,造反派说他是特务是间谍,只是因为他在中学里教英语!母亲不识字,她不明白为什么会发生这一切,一根绳子结束了她的生命!

最使我难忘的是在一个下雪的早晨,我到关押父亲的牢狱里去看他,我看见了一个头发花白衣衫褴褛的老人向我走来,啊!是父亲!我伸出双手,尽管隔着铁栏,我还是叫喊着,可父亲却说:"你是谁!我不认识你,你走吧,走吧,快走吧!""我是您的女儿啊!您怎么不认识我了?"父亲却转身离去,我只好离开了监狱。

我走在街上,雪花飘进我的心里打在我的身上!我漫无目的地走着,走着,可我的家在哪?我的亲人在哪?陪伴我的只有那一串串脚印和那凛冽的寒风。

(57)2003年4月16日,湖南涟源市七一煤矿在井下水仓扩容掘进时发生突水事故,17名矿工被困井下,6天后救护队员找到他们中的16人的遗体,1人至今下落不明。在聂清文的遗体附近,救护队员发现了一顶安全帽,用粉笔写满遗言:"骨肉亲情难分舍,欠我娘200元,我欠邓曙华100元,龚泽民欠我50元,我在信用社给周吉生借1000元……"

这是不是遗嘱的文本格式里最简单的一种?

这是不是一个底层老百姓一生的清单?

2003年暮春。花瓣如雪,空气中飞扬着另一个灾难性的名词,而一顶老旧的安全帽一如粗糙的头颅,从数百米深的地下出土,当然并非文物!

二、文稿处理

情景再现、内在语、对象感,是从备稿到播音主持创作使思想感情处于运动状态的三种重要方法,我们把它们统称为"内部技巧"。

当稿件中有形象性内容时,我们要在形象感受的基础上,运用"情景再现",使之在播音主持艺术创作中富于鲜明的形象性;当稿件中有逻辑性内容时,我们要在逻辑感受的基础上,运用"内在语",使播音主持艺术创作中富于严谨的逻辑性;"对象感"则帮助我们把稿件更积极、更生动、更清晰、更完美地表达出来,传播到广大听众(观众)的耳朵里、心目中。

情景再现、内在语和对象感,在"播讲目的"的统帅下,使稿件的语言已经变成了播音员和主持人自己要说的话,在这种运动状态下,播音主持艺术创作才有灵魂,播音主持艺术语言才有活力。

(一)内部技巧

1. 情景再现

在符合稿件需要的前提下,以稿件提供的材料为原型,使稿件中的人物、事件、情节、场面、景物、情绪……在播音员脑海里不断浮现,形成连续活动的画面,并不断引发相应的态度、感情,这个过程就是情景再现。

播音感受是播音员因语言(文字的、声音的)达于客观事物,从而接受其刺激并主动体验产生内心反映的过程。感受是播音员情景再现的前提和基础。

播音感受——感之于外,受之于心。感之于外:通过视觉不只是感到文字的存在,而且是透过文字符号,感觉到它所代表的那具体的客观事物的存在。例词:白杨、垂柳。受之于心:是指客观事物对播音员的直接或间接刺激而引起的内心反映和体会。例句:啊,长江!

依据稿件

⬇

产生联想

⬇

引发感情

句子练习:(根据以下提示做合理想象)

(1)宽阔的天安门广场沐浴在灿烂的阳光中,显得分外雄伟庄严。

(2)啊!祖国明媚的春天,滋润着我的心田,春光洒遍了人间,春色布满了河山。

(3)她挣扎着喊叫道:"你搂的我都喘不过气儿了!"

(4)"招聘现场人山人海,每个人脸上写满了期待,拿着厚厚一沓简历寻找适合自己的工作岗位……"

(5) 她一脸向往的看着这条裙子感叹:"哇!这条藕荷色的裙子可真漂亮啊!"

(6) 锅里的水吱吱地响,老大娘里屋外屋地忙,烧完热水,又端饺子又端鸡蛋,香味儿伴着腾腾的热气在屋里弥漫。

(7) 在一只渔舟上,我们大开了眼界。一个白发老渔人从舱里捧出一握珍珠来,只见那颗颗珍珠,有大如羊奶子的,有小如红豆的,光华夺目,熠熠生辉。

片段练习:

(1) 暴风咆哮着,几次的,他都要被吹下深谷。大雨倾盆,险恶的岩石又光又滑,使他寸步难行。冰雹夹着细沙,无情地向他猛扑。他的头上脸上已经开始流血了。但他一点也不气馁,继续匍匐向前。

提示:恶劣的气候与人物"他"的坚强。让我们产生钦佩之情。如果你在现场,你体会和感受到了什么?

(2) 中国石拱桥:桥面用石板铺砌,两旁有石栏石柱。每个柱头上都雕刻着不同姿态的狮子。这些石刻狮子有的母子相抱,有的交头接耳,有的像倾听水声,千态万状,惟妙惟肖。

注意:

(1) 情景再现一定要以稿件为依据,是在分析理解稿件的基础上进行的。我们在对稿件进行联想和想象,并且转化为具体的"实情""实景"时,不是漫无边际的胡思乱想,而是要以稿件为基础。

(2) 情景再现一定要产生于具体的感受中。感受是把文字稿件变为自己要说的话的关键环节。无视感受、轻视感受,往往使情景再现的过程有景无情,这是因为我们内心没有动起来,无动于衷。缺乏感受、感受肤浅,情景再现的过程也会景细情粗。

(3) 情景再现还要解决一个变化问题,感受不是单一的,要有变化,语言要有变化,内心要有起伏,灵魂就在一个"变化"。播音员、主持人联想、想象的画面应该是连续的,就像放一部完整的电影,一个画面接着一个画面,把一个个场景穿起来。而不要像幻灯片,一个片段一个片段是跳转的。

(4) 播音员、主持人不是以联想和想象为最终目的的,必须用有声语言把结果真切地传达给受众。我们的任务是让受众产生共鸣,这就要求播音员、主持人在表达时必须符合稿件的实际情况和大众传媒的要求,那就要考虑如何表达的问题。

2. 对象感

对象感就是播音员必须设想和感觉到对象的存在和对象的反映,必须从感觉上意识到听众的心理、要求、愿望、情绪等,并由此而调动自己的思想感情,使之处于运动状态。

目中无人

心中有人

对象感的获得途径:

(1) 依据节目形式对听众进行具体设想。

例如:服务类节目、新闻类节目。
(2) 依据主题、目的对听众进行设想。
例如:评论性稿件、文学性稿件。
(3) 感觉到听众的存在和反应,才能构成交流,要努力熟知和了解听众。

对象感的形式:

(1) 直线交流。通常是比较端庄严肃地面对着观众,坐在那里用播报式语言,规整有一定力度,语势流畅,干净明快。即使两个播音员,相互之间也无交流,只与想象中的观众"交流"呼应。

举例:新闻播音直播。

(2) 三角交流。两个主持人相互交谈,交流起来,再与观众形成互动。要求主持人必须配合默契,发挥得体,应变自如。

举例:对话播音、谈话主持。

(3) 直接交流。分两种情况:一是直接面对听众、观众播讲,要求主持人情绪要与现场气氛相吻合。二是热线交流,要求主持人要自信、沉着,要有敏锐的观察力和分析力。

把握对象感:

(1) 对象感的清晰度:根据对象不同,可以适当调节,表达时对象感可以时隐时现。
(2) 和具体对象的交流中,对象感要相对稳定。
(3) 要诚恳待人。传者与受众平等、融洽、坦诚。
(4) 努力熟知和了解受众,广交朋友。

案例分析与训练:

【案例一】

我们选择中央电视台的电视栏目《本周》作为案例进行分析,这个节目是改版后的第一期节目。原来的节目名称是《一周新闻综述》在中央电视台一套星期天中午11时40分播出,主要针对的受众是残障观众,是一套唯一的一档特型节目,这个节目是由贺红梅主持的。

第一期节目的开始语是这样的:"朋友们好,我是贺红梅,从今天开始我将和大家一起走进新栏目《本周》,您刚才看到的都是一些小生灵,我们之所以用它来作为我们第一期节目的开篇是因为我们把《本周》这个节目看成是一个可爱的新生命,虽然是刚刚出世但是希望它受到人们的关注,在我们的编播人员中那绝大多数人没有当过爸爸和妈妈,但是我们对这个节目却付出了做父母的情感,我们衷心地希望《本周》这个节目能和这些小生命一起健康的成长,人见人爱,好了,我们还是先来看一周要闻。"

【分析】

从两个人对节目的驾驭对比当中可以看到,"对象感"对播音员的播讲状态有重要的作用。这个节目针对性很强,面对这样的群体,播音员整体状态应是温情的。这时对象感必须是具体的。我们必须具体设想:这样的开始语,这样的宣传目的,哪些人最需要听?听了以后会有什么反应?播给什么样的人听最能增强我们的播讲愿望,最有利于达到播讲目的？从两个人的表现来看贺红梅的对象感更强。

【案例二】

这是一个新闻节目的名称是《现在播报》，主播是海霞，由于是晚上九点播出为了增加节目的动感，因此海霞的对象感是十分明确的，就是引起这个时间段的观众注意，内容重要，值得关注。开始内容是这样的："各位新的一周好，这里是中央电视台新闻直播室海霞现在为您播报，还是先来看今日要闻，江泽民最近签署中央军委通令，分别给沈阳军区工程科研设计所等五个单位和沈阳军区总医院副院长韩雅铃等七人记功。李鹏今天会见了菲律宾菲华各界联合会代表团的全体成员。二十五号下午两点二十分内蒙古自治区呼伦贝尔煤业集团大雁煤业公司第二煤矿发生井下瓦斯爆炸事故，造成十一人死亡十二人受伤。截至目前在井下被困了五十四个多小时的四十名工人仍然是生死不明。"

【分析】

从两个人的对比当中可以看到，也就是对象感设想准确时相应态度感情也是准确的，随之在镜头前表现就是积极的。海霞的"对象感"较强内容表现就准确。可见"对象感"在广播电视语言传播当中的重要性。

【案例三】

这个节目是《东方时空》的一个节目，名称是《直播中国》，这是第一期节目，主持人是敬一丹，因为是直播因此需要主持人把现场的感受传递给电视机前的观众，要有很强的对象感。

"这是《直播中国》的第一期节目，我们在平遥问您早上好。现在呀天已经亮了，我想在我们国家的东北天早就大亮了，而在西部呢？天可能才蒙蒙亮。尽管我们相隔千里呀，但是感受却是同步的，这就是直播。在我看到的时候呢，您同时也看到了，在我听到的时候呢，您同时也听到了。要是可能的话呢，此刻我真想把这种抚摸的感觉呀也传达给您。"

【分析】

我们常常以为对象感不够强烈是因为没有在现场，但是在"对象感"获取当中有一条，首先要对传播对象进行设想，对象的设想，可以从质和量两方面去进行，质的方面又是最根本的。所谓质的方面，是指：环境、气氛、心理、素养等，有关对象的个性要求，这里环境因素起了很大的作用。因此"对象感"获取是复杂的，需要长期经验的积累。

3. 内在语

内在语是指那些在播音中所不便表露、不能表露或没有完全表露出来和没有直接表露出来的语句关系和语句本质。（即话里有话、言外之意、弦外之音、潜台词。）

内在语的作用：

（1）是承续语言连接的节点。

（2）是语言目的的集中体现。

（3）是确定播音表达语气的依据。

（4）是播音的创造性和播音员的创作个性的重要标志。

（5）是新闻类播音真实性的重要保证。

训练：

（1）正因为这样，所以马克思是当代最遭嫉恨和最受诬蔑的人。各国政府——无论专制政府或共和政府,都驱逐他;资产者——无论保守派或极端民主派,都竞相诽谤他,诅咒他。他对这一切毫不在意,把它们当做蛛丝一样轻轻拂去,只是在万不得已时才给以回敬。现在他逝世了,在整个欧洲和美洲,从西伯利亚矿井到加利福尼亚,千百万革命战友无不对他表示尊敬、爱戴和悼念,而我可以大胆地说:他可能有过许多敌人,但未必有一个私敌。他的英名和事业将永垂不朽!

(2)凡走狗,虽或为一个资本家所豢养,其实是属于所有的资本家的,所以它遇见所有的阔人都驯良,遇见所有的穷人都狂吠,不知道谁是他的主子,正是它遇见所有阔人都驯良的原因,也就是属于所有的资本家的证据。即使无人豢养,饿得精瘦,变成野狗了,但还是遇见所有的阔人都驯良,遇见所有的穷人都狂吠的,不过这时它就愈不明白谁是主子了。

(3)有"斜眼病"的人看人看事确实是很邪的,他们可以把"正"看成"歪",把"是"看成"非",随意歪曲事物的本来面目,以邪气杀人为快,此类"斜眼病"的根源在于嫉妒。这种病态心理一旦形成邪念则油然而生,那就是:忌恨一切比自己美好的东西,我不具备的你有了,我就千方百计地诋毁你,让你不得安宁。怀有嫉妒心的人大概忘了一个法则:一心想丑化别人的人,弄不好自己会落得一身不干净。倘若庄炎从这一挫折中振作起来,坚定地向前走,那些曾嫉妒过她的人是否能得出这样的结论:嫉妒之心不可有!

(4)生活中,常会碰上一些不称心的事:进商店时,可能因售货员出言不逊而恼火,下饭馆时,可能因服务员态度冷淡而扫兴……作为一个顾客,谁不希望对方笑脸相迎,受到文明礼貌的接待呢?

因别人的服务态度不热情而不快的顾客,也许是位公共汽车的售票员,也许是位医生、护士,也许是位党政机关的干部……当你在接待乘客、病员、群众时,是否也曾想到自己当顾客时的处境和心情?中国有句老话:"己所不欲,勿施于人。"英国有句名言:"所谓以礼待人,即用你喜欢别人对待你的方式对待别人。"当你处于为他人服务的位置时,应该反躬自问:有没有出言不逊?是不是面色难看?

要使整个社会的服务态度好起来,需要每个人从改善自己的服务态度做起。

重音、停连、语气、节奏,是有声语言表达的外部技巧。播音员、主持人的再创造劳动,最终是体现在把文字稿件转化为有声语言上。把文字这种视觉形态转化为声音这种听觉形态,在这个再创造的过程中,需要有对文字形态的稿件的认识,还需要有将其转化为有声语言这种听觉形式的构思和传达,而有声语言的表达技巧,就为这构思和传达提供着重要的必不可少的方法,即重音、停连、语气、节奏四大外部技巧。

(二)外部技巧

1. 停连

停连就是指停顿和连接。在播音有声语言的语流中,那些为表情达意所需要的声音的中断和休止就是停顿;那些声音不中断、不休止,特别是文本上有标点符号而在表达中却不需要中断、休止的地方就是连接。

停连的原因:

停连,是同有声语言同时存在的,首先它是一种生理需要,更重要的一点,停连更多的是一种心理上的需要。思想感情的运动需要在哪里停顿,就要在哪里停顿,需要停顿多长时间就要停顿多长时间,需要在哪里连接就要在哪里连接,这样才能发挥有声语言运用停连表达思想感情的组织、区分、转折、呼应、回味、想象等作用,达到引人、感人的目的。所以,在有声语言表达的过程当中,停顿应该是积极的、主动的,以自如地服从思想感情运动的需要。因此,在停连的运用上,生理需要必须服从心理需要,不可因停害意、因停断情。停顿是思想感情运动状态的继续和延伸,而不是思想感情的终止、中断和空白。

停连的物质基础:

(1) 生理的需要。停连,从朗读者一方而言,因生理上一定的呼吸量决定,不可能一口气把一篇作品读完,总要有换气的时候,还要有对气息进行调节的时候,这都需要暂不出声,这时候就要停顿;吸气之后,对气息进行调节之后,又可以继续朗读,而不会一个字一换气,或一个字一调气,这时就要连接。

(2) 心理的需要。生理需要的处置总是服从心理需要的。而不应相反,这正是语言艺术的基本要求。如果生理需要达不到心理需要的满足,只有加强训练。不过,一般地说,口耳双方的生理需要基本一致,不会与心里需要完全脱节。

(3) 口语化播读的需要。播读者把自己对作品的理解和感受、态度感情,按照作品的文字序列传达给听者,朗读者的思想感情一直处于积极的运动状态。根据内容和体裁的需要,他要把作品的层次、段落、小层次、语句、词组和词纳入语言链条,层层衔接,步步展开。在区分、转折、呼应、递进等地方,造成了适当的声音空隙,承上启下,思前想后,就需要停顿;在组织严密、感情奔流、语言推进、意思连贯等地方,造成声音的流动,千回百转,一气呵成,就需要运用连接。

怎样确定停连的位置:

怎样才有利于指导朗读实践,而不致无所适从呢?这当然不可能有什么公式,只能从作品的内容、脉络、听者心理上找依据。我们试着提出下面的十类,虽然也不免有交叉错杂的情况,但以某种主要性质为根基,运用起来,会感到方便些。

(1) 区分性停连。为了表明区分关系,避免产生歧义而进行的停连叫做区分性停连。

例:

① 最贵的一张值八百美元。

② 最贵的△一张△值△八百△美元。

③ 最贵的一张△值八百美元。

④ 最贵的△一张值八百美元。

例句分析:

①是没有停顿的,语义并不清晰;②停顿太多,支离破碎,仍然没有清晰的语义;③和④语义不相同,但各自的语义都清晰是共同的,③是说一张画最贵,卖到八百美元;④是说贵的有好几张,最贵的可卖到八百美元。这就是因为停连的位置不同,产生了歧义。由此可见,区分性停连有多么大的作用,朗读时不可疏忽。

训练:

①锅里再放醋、白糖炒成汁,再放少许淀粉,汁炒稠以后,放凉了才能用。

②中国政府代表、中国常驻联合国日内瓦办事处代表团临时代表侯志通今天上午在

日内瓦关贸协定总部向总协定总干事邓克尔博士递交了一份照会。

③在董村西街里,只要一提起长波喂的那头大黄牛……

④我不知道他是怎么知道的?

⑤冬天过去了,微风悄悄地送来了春天。

⑥马克思和恩格斯是好朋友。著名的《共产党宣言》就是他们共同起草的。

⑦王大娘听到声音,十分高兴,赶忙走了出来。她看到儿子有些奇怪,就对他说:"这是粮店的刘同志。"

⑧我和哥哥拿着叔叔帮我们做的风筝,高高兴兴地来到体育场。

⑨内蒙古自治区流传着一个动人的民间故事。

内蒙古自治区流传着成百个动人的民间故事。

⑩这是我党历史上召开的一次具有伟大历史意义的会议。

这是我党历史上一次具有伟大意义的会议。

⑪这是他们造成的一个历史时期特殊的现象。

⑫我指的是那些既不会跳舞也不会唱歌的同志。

区分性停连使用注意:

所谓句子内部的各成分,当然是指主、谓、宾、定、状、补之类。它们的长短不同,关系不同,也直接影响对它们进行的区分性停连的位置和时间相应随之而发生变化。必须注意,每个词或词组之后都可停、可连,不应机械运用区分性停连。要善于识别运用停连之后,语句关系是趋于明确,还是变得错误,这是运用区分性停连的关键所在。提出的区分性停连,是说朗读过程中要把握住:不出歧义,不觉生硬,较为清晰、顺畅,使有声语言确实表达出作品含义,而不是符合固定模式。

(2)呼应性停连。写作上,很讲究呼应,朗读也如此,朗读中运用呼应性停连必须解决哪个词是呼,哪个词是应,二者如何呼应等问题。呼和应是一种内在联系的表现,在作品中,在语句中,有呼无应,显得不完整;有应无呼,显得没指向。运用呼应性内在联系的停连也起某种区分作用,但主要是突现呼应关系。

例:

我们必须强调科学用声的极端重要性。

例句分析:

这句话里,"强调"是"呼","重要性"是"应"。"强调"后边的停顿,时间不可长,长了就造成呼应中断;如果取消这个停顿,呼应关系就模糊了。而"科学用声的极端重要性",要连接,造成"应"的整体感。(另外,在呼应性停连中还有大呼小应和一呼几应之说。)

例:

"他△当过演员,在大学里教过书,还干过几天电工。"这句话就属于一呼几应,而"他很有才华、演员、教师、电工△都干得不错。

训练:

①我们必须强调学习马克思主义理论的极端重要性。

我们必须强调马克思主义是放之四海而皆准的真理。

②现在,我向大家介绍唐代大诗人杜甫揭露统治阶级横征暴敛的诗篇。

③阿拉法特指责以色列企图破坏中东和谈基础。
④他当过演员,在大学里教过书,还干了几天电工。
他很有才华,演员、教师、电工都干得不错。
⑤总之,我们要拿来。我们要或使用,或存放,或毁灭。

(3) 并列性停连。并列性停连,是指在作品里属于同等位置、同等关系、同等样式的词语的停顿及各成分内部的连接。它们之间的并列关系,决定他们的停顿应该同位置、同时间,而他们各自内部的连接较紧,有时有些小停顿,时间也不可长。这是显示并列关系最初级的处理,但也是最基本的语言功力之一。

例句:

①白荷花在这些大圆盘之间冒出来。有的△才展开两三片花瓣。有的△花瓣全都展开了,露出嫩黄色的小莲蓬。有的△还是花骨朵,看起来饱胀得马上要破裂似的。

分析:

这一段,后三句都是在"有的"之后停顿,以表现并列关系。第二个"有的"很容易与"花瓣"连接,意思就变了,与原意不符,也破坏了并列关系。这样,从并列关系的同位置、同时间停顿中,文中省略的"白荷花"也就显露出来了。

②一个夏天,太阳△暖暖地照着,海△在很远的地方奔腾怒吼,绿叶△在树枝上沙沙地响。

分析:

"太阳""海""绿叶"并列,在它们之后都有一个停顿,这样处理便于形成并列感,使语义明确,也使有声语言产生了一定的美感。有这种停顿和没有这种停顿是非常不一样的。

训练:

①母亲和我都叹息他的景况:多子,饥荒,苛税,兵,匪,官,绅,都苦得他像一个木偶人了。

②要知道,他在当时发布这个命令,实质上就是与最顽固的传统习惯和保守思想宣战。

③在我国发现的"中国猿人""马坝人"及"山顶洞人",分别属于猿人、古人及新人阶段。

(4) 分合性停连。分合性停连包括先分后合、先合后分两种情况。我们把握了分合关系,对于运用区分、并列、呼应等停连也更有利。

例句:

①五位战士屹立在狼牙山顶峰,眺望着△人民群众和部队主力▲远去的方向。

分析:

"眺望着"是呼,"远去的方向"是应。但从分合关系看,"人民群众""部队主力"是分,"远去的方向"是合。

②这些石刻狮子,有的母子相抱,有的交头接耳,有的像倾听水声,△千态万状,惟妙惟肖。

分析:

在"有的像倾听水声"之后,要有一个综合性停顿,时间要长些,否则,"千态万状,惟妙惟肖"一句对于前面三个并列性词句的综合意味就表现不出来了。而"千态万状"和"惟妙惟肖"都是综合性词语,二者之间的停顿不宜长,所以要连接起来。

训练:

①葡萄成熟的季节,一大串一大串挂在绿叶底下,有红的、白的、紫的、青的、暗红的、淡绿的,五光十色,美丽极了。

②我读过的鲁迅作品有《狂人日记》《阿Q正传》《药》《祝福》。

③我读过的鲁迅著作有《呐喊》《彷徨》《热风》等六本。

④咱们得快点走呀!你看,太阳快落了。天黑以前咱们必须赶上部队。这草地到处是深潭,掉下去可就不能再革命了。

(5)强调性停连。在句子之间、词组或词之间,为了强调某个句子、词组或词,就在前边或后边以至前后同时进行停顿,使所强调的词句突现出来,其他不强调的词句中,有停顿处也相对缩短一些时间,这就是强调性停连。

例句:

①自古被我们称作天堑的长江,被我们▲征服了。

分析:

为了强调"征服",在前边停顿一下,逗号的停顿相对缩短,使所有其他词语处于紧密的连接之中。

②森林爷爷的脚伸在很深很深的泥土里,任凭风魔王怎么摇,它还是▲稳稳地站着。

分析:

这一句强调"还是",在它后面停顿一下更显出"森林爷爷"坚定不移、力不可摧的气概。

提示:从作品全篇看,凡是重点层、重点段、重点句、重点词,都会使用强调性停连,只是有的非常明显,有的却因为有其他因素的存在而隐蔽一些罢了。这与"重音"有关。

训练:

森林爷爷一点也不着慌。

(6)判断性停连。当边思索、判断,边说话的时候,往往会进行某种停连。朗读中,为了表现思索、判断的意味,就要在那些需要思索、判断的词句上运用判断性停连。停顿时,前边的那个音节应拖长些。停顿的时间因思索、判断的心理过程而定。有时,文字作品用破折号表示解释说明或语义的越近、转折。

例句:

大家都随着女教师的手指齐声地念起来:我们——是——中国人;我们——爱——我们的——祖国。

分析:最简单的判断性停连是表现区间字读音的情形。

注意:这种指到一个字词就读出来的情况,既不同于连贯的读一句话,也不是念一个一个单字。这里的判断性,表现在字形、字数,判断读什么音,表示什么意思,因此,肯定有对上下文的贯穿和对思想感情的抒发。那些比较复杂的判断性停连的运用,由于思索和判断的内容、状态、过程的不同而各异,必须具体分析、具体把握,不要完全受标点符号的限制。

训练：

啊！地狱？我很吃惊，只得支吾着。地狱？——论理，就该也有，——然而也未必，……谁来管这等事……

（7）转换性停连。在语句之间或语句之内，或顺流而下忽然逆上，或明亮清新忽而黯浊，或惊涛骇浪突然平静，或痛不欲生竟又大喜过望……为了表现这种语义、文势、感情，就要运用转换性停连。

例句：

清晨出发的时候，天气晴朗暖和，△没想到中午突然刮起了暴风，下起了大雪，气温急剧下降。

分析：

这种停顿，时间相应延长，具体把握要随势而变。为了显示天气突变在"暖和"之后要有一个转换性停顿。这里的停顿，既是"天气晴朗暖和"的舒适爽快的延续，又是对天气突变的一种准备和酝酿。突变之后，连接要迅速，其后的所有停顿时间都相对缩短。

训练：

① 风筝花花绿绿，各式各样，有"鹞鹰"，有"鹦鹉"，有"仙鹤"，有"蜈蚣"……可没有"大蜻蜓"。

② 前面有两条路：一条通往主力转移方向，走这条路可以很快追上连队，可是敌人跟在身后，容易暴露人民群众和连队主力；另一条是通向三面悬崖的莲花瓣、棋盘陀顶峰。走哪一条呢？为了保护人民群众和连队主力，班长斩钉截铁地说了一声"走！"带头向莲花瓣走去。

（8）生理性停连。为了表达出某种生理变化的影响而产生的停连，必须学会运用生理性停连。包括特定的哽咽、生命垂危时的叮咛、气喘吁吁的报告、个别人物的口吃……这些生理变化形式的停顿，在朗读中只给以必要的、象征性的表现而不过分强调模拟性。

例句：

这时候，他用力把我向上一顶，一下子把我甩到一边，大声说："快离开我，咱们两个不能都牺牲！……要……要记住△革命！"

分析：

在"……要……要"处显示生理性停连最为明显，"要记住革命"语气加重、语流拖长显示了对小战士的嘱托。

注意：

为了使生理性停连成为有声语言中积极的、有机的组成部分，朗读者因思想感情运动状态引起的具体的生理体验是不可缺少的。

训练：

她吓昏了，转身向着他说："我……我……我丢了佛莱思节夫人的项链。"

（9）回味性停连。在朗读过程中，有时读完一个词或词组，读完一个句子，要给听者以想象、回味的时间，因此，在那些需要展开想象和深入回味的词句后面进行必要的停顿是一种相当重要的技巧。

例句:

有一次,我从飞机的舷窗俯瞰珠江三角洲,在明净的苍穹下,纵观秀丽的景色,啊!真美啊! 水网和湖泊熠熠发光,△大地竟像是一幅碧绿的天鹅绒,▲公路好似刀切一样的笔直,一丘丘田△又好似棋盘般整齐。△

注意:

在各个并列性停顿之后,都要给人以想象回味的时间,停顿时间要适当延长,究竟延长多少,要以具体内容为主。容易听懂、想象回味的内容较少的,停顿可短;不易听清、想象回味内容较多的,停顿可长。

训练:

① 然后他待在那儿,头靠着墙壁,话也不说,只向我们做了一个手势:"散学了,——你们走吧。"

② 年轻时读向秀的《思旧赋》,很奇怪他为什么刚开头却又煞了尾。然而,现在我明白了!

(10) 灵活性停连。朗读应该生动引人,为此,在语义清晰、语言链条完整、思想感情运动状态活跃的基础上,常常运用灵活性停连,或移动停顿位置,或延缓、缩短停顿的时间,或增多、减少连接。这样做,纯属不违原作的技巧性处置,但由于改变了某些固定的处置,变给人以新鲜活泼的感觉。

例句:

我已经说过:我向来是不惮以最坏的恶意来推测中国人的。这回却很几点出于我的意料。一是△当局者竟会这样凶残,一是流言家△竟至如此之下劣,一是△中国的女性△临难△竟能如此之从容。

分析:

三句在同一位置停顿往往造成单调,如果停顿时间再相近就更易显得刻板。在准确表达原意的同时变换一下停顿的位置和时间显示了语流灵动,重点突出。由此可见灵活性停连的重要性。

以上谈到的十种停连的类型,在播讲中并不是孤立的,他们是交错使用、并行不悖、融会贯通的,只是因为具体语意、具体感情而以某种停连为主。并且在表达过程中会因内容的不同、稿件体裁的不同、播音员本人的素质不同,等等,技巧的运用也会千变万化,停连的运用绝不能生搬硬套。应该是把基本方法掌握后,在不断探索中、不断发展中前进。在运用时,我们既不要拘泥文字,又不要削足适履,要从思想感情的运动状态中去确定和把握。

停连的处理方式:

停顿方式:

(1)落停缓收。落停是指在一句话、一个层次或一篇文章结束后使用的。落停要求声音随着内容的需要进行,内容需要到此处收住,而声音也要处于落势放下来,然后缓缓收住,气息也正好在落收时用完,停的时间稍长,这适合于全篇稿件的结尾。如果在稿件当中使用落停,那么落停后接下一句时必须重新换气,头脑当中要想着后边所接的内容,采取声断意连的方式避免语义中断。

如:"盼望着,盼望着,东风来了,春天的脚步近了。"

(2)强停急收。从强停急收这几个字就可以看出,一般呈上扬趋势的语句差不多都用强收。这样的停连声音大些、气息支撑有力、唇舌力度较强。当在稿件中表达雄壮、自豪、坚定的语气时用强停急收。如果在稿件中运用强停急收,那么,在接下一句时就要放低一些。

如:"宫培波抱着嗤嗤冒烟的炸药包,以迅雷不及掩耳之势跃出哨位,奋不顾身地扑向敌人。三名美军被宫培波的举动吓破了胆,掉头就跑。"

连接方式:

(1)停而徐连。这种停连给人一种似停非停之感,一般常用"顿挫"来形容,这种顿挫主要以连接为主,因为顿挫有时不需要喘气或深呼吸,所以声挫气连一般用于较舒缓的内容之中。

如:"吴强还如数家珍地向我们介绍了附近哪个厂生产毛涤纶,价钱多少,哪个小企业今年发展最快,支书姓什么,厂长有什么脾气。"

(2)停后紧连。停后紧连一般用于有标点符号,内容又联系紧密的地方,这种停顿使停后迅速连接。

如:"老刘听到了一声似乎是树倒的声音。'不好,有人偷书了!'他大声喊道,一边喊一边追了上去。"

停连的一般规律:

停连的一般规律,源于生活语言,基于生理条件,但又有其艺术语言的特点。

(1)必须根据作品内容和具体语句安排停连,并以思想感情的运动状态为前提。我们不能无根据地乱停乱连,也不能只是读下去,不考虑停连。

(2)必须从"读"和"停"双方的需要考虑停连,不能只顾一面而忽视另一面。"读"是主导方面,但又不能随心所欲。

(3)文字作品的标点符号是朗读者进行停连安排的重要参考,但不能因此而捆住手脚,标点符号是为了看的,停顿和停连才是为了听的。我们应该大胆突破标点符号的束缚,另行取舍,力求精当,让有声语言的"标点符号"——停顿和连接取而代之!这是朗读时克服僵直念字,更准确地表达原作的有效武器。

(4)一般说来,句子越长,内容越丰富,停顿就越多;相反,句子越短,内容越浅显,停顿就越少。感情凝重深沉时,停顿较多;感情欢快急切时,连接较紧。其间诸多变化,少有捷径。

(5)只要有两个词相组合,就有停连问题。在组合中,停顿时间长,表示组合关系松动,或统领其后,其余味较浓。停顿时间短,表示前后关系较紧密,或受制于前,或要求速进。"此时无声胜有声"未免带有夸张色彩,但对于停顿作用的重要性还是强调出来了,停顿不是思想感情的空白和中断,恰当的停顿可以补足有声语言那未尽之意。

(6)停连必须同重音、语气、节奏一起共同完成朗读的声音化再创作,它是朗读的重要支柱,有人称它有一张"王牌",但它永远不是单独起作用的,永远不会是孤立存在的。

2. 重音

在播音中,那些根据语句目的、思想感情需要而给人以强调的词或短语就叫重音。停顿和连接,解决了作品内容构成的分合;重音,要解决作品内容词语关系的主次。为了更加清晰地明辨有声语言在播讲过程中的主次关系。同学们应该加强对重音的学习和把握。

语句目的与重音:

每篇作品都有主题,朗读作品都有目的,落实到语句中,语句也有目的,重音就是体现语句目的的重要手段。语句目的极为丰富,因具体作品、具体语境的上下文、具体表述而色彩各异,但从行之于声来看,可以分为两大类:

(1) 直说性目的,浅显易明,直接指向重点,重音比较明显,不需要更多推敲、着力开掘。重音一经突出,目的立即显露。

如:"六月一日是儿童节。"

"大自然真美呀?"

"她背着书包,高高兴兴地上学去了。"

分析:

在这三个例子中语句目的十分明显,不容易读错,也不容易听错。除非在特定环境中,重音可能会移动位置,一般理解和表达都会清楚无误。这种情况下,可以说只有感情是否丰满的问题,而没有思想是否复杂的问题。

(2) 隐含性目的就不同了,不但言在此而意在彼,甚至言犹在此,意竟在彼,有时简直是只能意会不可言传。那思想的深刻性、感情的丰富性,可以超越时空的界限,生发着永恒的美感体验。

如:"六月一日是儿童节"

分析:

这句话着意强调"儿童",造成了"什么"节日的清晰语意,这是强调"儿童",不再强调"儿童节",这个"节"已无强调的必要的基础。强调了"儿童"之后,并不只是简单地解决"什么"节地问题,它含有"不是建军节""不是端午节"等意味,而这种排他性,也许正是这句话的主旨所在。既然这句话的主旨并没有表现在文字词语上,当然不属于直说性目的。这就是我们所说的隐含性目的。

重要性:

隐含目的失去了文字的直观性,深入到作品的内部,需要我们进行多方面的考察,不可远远一望便妄下结论,或以一得之功草率从事。初学朗读,就要锻炼自己驾驭文字语言的能力,充分发挥每一个词语在有声语言中的作用,哪怕其中的蕴藏十分难以挖掘,也从不知难而退。

重音的选择:

(1) 语言的目的性要靠重点来体现,语句重音必须准确地为语言目的服务。确定重音的位置,把语句中的词语系列区分为重音与非重音,区分为主要重音、次要重音,这种主次感受是多层次的、复杂而细致的。任何简单化的做法都可能导致主次关系脱节,重音与非重音缺乏协调对比。

(2) 体现语句目的重音不宜过多,过多则使目的模糊。多重音造成的多目的令人捉磨不定。一般说来,每一个语句至少有一个重音。重音越精,语义越清,目的越明。

怎么确定重音的位置哪？由于长期的语言习惯，我们在运用有声语言的时候，或者在朗读一些浅近文章中的通俗语句的时候，便能够很容易的、不假思索地确定重音的位置。但是，对那些稍微艰深的书面语言，朗读时重音往往困惑不明。说到底我们对那些语句以致全篇作品还是理解不透。

我们要精细地分析语句的实质，联系上下文，明确语句目的。然后，根据遣词造句的具体情况确定重音位置。一般情况之下，重音位置有十种。

（1）并列性重音

作品中常有并列语句，词组和词因之而有并列性。并列关系使内容得以完整的表现。并列成分是相辅相成的有机并列，而最主要的并列成分便形成并列性重音。并列性重音体现内容中的不同角度、不同方面、不同情况、不同途径，但思想感情的趋向是一致的，没有反方向运动。

例句：

山朗润起来了，水涨起来了，太阳的脸红起来了。

分析：

此例句中有三个并列句，要显示它们的并列关系，一是要运用并列性停连，二是要运用并列性重音。"山、水、太阳的脸"为一组，"朗润、涨、红"为一组，这两组并列性重音，应以前一组为主，后一组为次，一经突出就表明"山、水、太阳的脸"都染上了春天的气息，语句目的很明确，重音又都在两个以上。

结论：

从这个例句中我们可以看出并列性重音不论是词与词、句与句或段与段之间，只要有并列关系，肯定会有并列性的词或词组。因此并列性重音要依据并列关系来确定。

训练：

利用纽扣、花边、花结对服装进行修饰。

（2）对比性重音

现实生活中，一些对立的事物，如美与丑、真与假、善与恶，都是相比较而存在的。根据这个规律，通过比较、对照，使事物的特征表现得更加突出，事物的形象更加鲜明。这样的构思，用语言表达出来，就是"对照式"结构。在这种对照式结构明显的句子中，我们找出对比性重音。

例句：

反动派，你看见一个倒下去，可也看得见千百个继起的。

分析：

这句话中，"一个"和"千百个"对比，"倒下去"和"继起的"对比，对比部分要着重强调"一""倒""千百""继起"。这两对对比性重音的关系可以分两层：第一层，"一个倒下去"是次要成分，"千百个继起的"是主要成分；第二层，"一"和"千百"是次要重音，"倒"和"继起"是主要重音。这样，语句中那坚定有力、气势磅礴的态度感情就会更深地融化进去，更强地表达出来。

属性：

对比性重音是一种相反相成的重音，不论从内容上、感受上、词语上、文气上必须是相反趋向的。

（3）呼应性重音

呼应性重音是揭示上下文呼应关系的一种有利方法。呼应性重音采取问答式呼应。

例句：

①领起综合式呼应性重音。

只见那颗颗珍珠有大如羊奶子头的,有小如红豆的,光华夺目、熠熠生辉。

分析：

这种分合式呼应,往往有领起、并列、总括这三个部分。重音就在它的领起词和并列词上。这种并列中的重音往往同等重要,处理起来不能分主次。

②问答式呼应性重音。

他还有一个美名,叫什么呢？叫"老抱子"。

（4）递进性重音

递进式重音要按稿件的结构发展而步步深入,来显示它的递进式关系。

联珠性重音：

决心上阵不利则守城,守城不利则巷战,巷战不利则短兵相接,短兵相接不利则自尽以殉国。

连续性重音：

您坐过乌篷船吗？……窄窄的船身,低低的船篷,船篷是用竹片夹着箬壳编成的。篷上用烟囱灰和着桐油漆成黑色,绍兴人把黑色叫成乌,它就叫乌篷船。

特点：递进式重音具有顺序性、新鲜性、链条直进性,抓住这一点,有利于我们准确地确定重音位置。

（5）转折性重音

转折性重音是通过对相反方向的内容变化的揭示表现说话者的意图。

例句：

① 孔雀很美丽,可是骄傲。

分析：

"美丽"是值得肯定的,"骄傲"是不值得肯定的,上下文恰恰相反,所以属于转折性重音。

②"轰"的一声,敌人坐上了"土飞机"。哨位完好无损,战友安然无恙,宫培波却被强大的气浪冲倒,昏了过去。

注意：转折性语句,由于语意上的差别,表现形式分为"重转"和"轻转"两种。因此,我们选择这类重音时也要注意具体内容的变化,不能千篇一律。

（6）肯定性重音

稿件中在表达对事物的肯定态度时,一般都用肯定性词语："是、不是、有、没有",等等。我们的有声语言不能单纯地看这些肯定性词语,而是要看整句话的意图是什么。一般有两种情况：一种是要肯定"是什么",一种是要肯定"是"还是"不是"。

例子：

① 27号,晴转阴,有霜冻。

② 最近几天,没有雷雨,天气以晴为主。

分析:

① 中的重音回答了"是什么"的问题,属于第一种情况。

② 的意图在于"有没有",属于第二种情况。这都是肯定性重音。

7. 强调性重音

所谓强调性重音,就是把句子中表达感情色彩的词或词组加以强调,以突出某种感情。

例句:

① 不该得的钱,一分钱也不要。

分析:

例句中的重音属于强调性重音。这种强调性重音在稿件中运用比较广泛。

② 我们是中国人,所以说中国话。

分析:

第二种重复性重音,也属于强调性重音。这种重音的存在说明所谓"重复词语不作重音"的说法是不准确的、不全面的。遇到这种情况,要抓住它们大胆的强调。

(8) 比喻性重音

有声语言表达中把那些比喻性词语作为重音,就叫比喻性重音。

例句:

① 这头牛个大,膘肥……四条腿像木头柱子一样。

分析:

这句把"牛腿"比成"木头柱子","木头柱子"这个重音,才能准确表达。

② 大运河穿过威尼斯,像反写的"S",这就是大街。另有小河道418条,这些就是小胡同。轮船像公共汽车,在大街上走。

解释:比喻性重音多是化抽象为形象的,因此,表达时要注意它的形象性,要具体的感受到它的形象性所在,才谈得上生动。

(9) 拟声性重音

象声词作为拟声性重音,在全句中起着"传神"的作用。

例句:

① 雨,哗哗地下着。

分析:

下雨的声音是用"哗哗"来模拟的。因此,象声词"哗哗"作为拟声性重音,可传全句之"神"。

② 轰的一声,敌人坐上了"土飞机"。

③ 屋瓦上响起了哗哗哗的声音,击打在人的心上。

(10) 反义性重音

为了突出相反含义而被作为重音,即反意性重音。

例句:

他们说中国是个贫困国家。

分析：

此句中"贫困"带有贬义，但我们不同意。为了表明我们的态度，要否定"贫困"所以用反意性重音。

重音的表达方法：

高低强弱法：

例："他把从五营带回来的一把蒜苗高高举了起来：'你们看，这是什么？这仅仅是蒜苗吗？不！它使我看到了一种精神，这种精神应该成为咱们炮兵旅的旅魂！于锡财称得上我们的旅宝。'从此，于锡财便获得了'旅宝'的美名。"

快慢停连法：

例："'瞪'表现了二虎子对日本鬼子的恨。鬼子呢？他一边说话，一边用眼光往男的一边溜，想看出谁是干部来。'溜'是斜着眼睛看，写出了鬼子贼头贼脑的样子。"

总结：以上列出了十种重音的位置，这十种重音不是孤立的而是互相补充、互相联系的。同时，如前所述这些并没有穷极所有的重音类型，它们只起引路的作用。更丰富的重音内容还需要播讲人在实践中不断探索和补充。

3. 语气

语气是思想感情运动状态支配下语句的声音形式。

如何认识和把握语气：

（1）具体的思想感情在语气中处支配地位，它是语气的灵魂。

（2）语气要通过具体的声音形式来体现。

（3）语气以句子为单位，也就是语气是通过一个个句子展现它的不同风采或个性特征的。

具体的思想感情：

所谓具体的思想感情，不是一个句子的问题，而应该置于整个思想感情的运作状态中，去具体把握，不能与全篇割裂开来，由于语句本身不同，语言环境不同，每个单个句子应呈现出具体色彩和分量。

语气的感情色彩，主要是指"语句所包含的是非和爱憎"。

（1）是非是指态度方面的具体性质。比如：是赞扬、支持、亲切、活泼，还是批评、反对、严肃、郑重，等等。

（2）爱憎是指感情方面的具体性质。比如是喜悦、热爱、焦急，还是悲伤、憎恨、冷漠，等等。

在把握具体语句的感情色彩时，应该做到准确贴切，丰富细腻。

例句：

"你可真是个好人啊！"

语气的分量是指"在把握语气感情色彩的基础上，区分是非、爱憎的不同分寸的'度'。"强调语气的分量，就是要求我们掌握语气感情的分寸、火候，表达时"不温不火，恰到好处"。语气的分量可以从两方面去把握：一是语气感情色彩本身的级差；一是外部相关因素影响下态度分寸方面，二者融合在一起，共同构成了语气的分量。

训练：（为了便于说明，我们将语气的分量分为重度、中度和轻度。）

（1）我再也不想见你。　很生气　非常生气　特别生气
（2）你真漂亮。　　　　很高兴　非常高兴　特别高兴
（3）你怎么来了？　　　喜宴上看到了非常不想看到的人

我们在前面说过，语气是以具体的句子为单位，应体现出"这一句"的个性色彩。但对于孤立存在的句子来说，其语气必是多样的，无法把握的。另外，不同的交流对象、交流方式等对语气也会产生影响。所以，我们在把握语气时，必须将语句置于具体的语言环境中，根据具体的语言环境来把握语气。

具体的声音形式：

当我们把握了语气的思想感情后，就必须用一定的声音形式表现出来。我们不能停留在内心体验这一阶段，而一定要找到恰当的方法来体现具体的思想感情，对其载体——声音形式的构成要素进行具体分析。

声音形式包括气息、声音、口腔状态三方面要素。这三方面多层次、多侧面的立体变化及多重组合构成了丰富多彩、千变万化的声音形式。

不同的感情色彩需要通过不同的声音形式来表现，在两者之间是有一定规律可循的。张颂先生在《朗读学》中对表现不同感情色彩、气息、声音、口腔状态的特点进行了如下概括：

感情色彩	声音形式
爱的感情	气徐声柔：口腔宽松，气息深长。
憎的感情	气足声硬：口腔紧窄，气息猛塞。
悲的感情	气沉声缓：口腔如负重，气息如尽竭。
喜的感情	气满声高：口腔似千里轻舟，气息似不绝清流。
惧的感情	气提声凝：口腔像冰封，气息像倒流。
欲的感情	气多声放：口腔积极敞开，气息力求畅达。
急的感情	气短声促：口腔似弓箭，飞剑流星；气息如穿梭。
冷的感情	气少声平：口腔松软，气息微弱。
怒的感情	气粗声重：口腔如鼓，气息如椽。
疑的感情	气细声黏：口腔欲松还紧，气息欲连还断。

训练：(同一句话用不同的声音形式说出多种语气色彩)
（1）我会永远记住他。
爱的色彩
恨的色彩
怀念的色彩
轻蔑的色彩
冷的色彩
悲的色彩
不耐烦的色彩
（2）这是怎么回事？
疑的色彩

惊讶的色彩
喜悦的色彩
不满的色彩
愤怒的色彩
紧张的色彩

（3）原来是他呀。
兴奋的色彩
失望的色彩
惊讶的色彩
憎恶的色彩
释然
冷的色彩

4. 节奏

节奏是有声语言运动的一种形式。在播音中，节奏应该是由全篇稿件生发出来的，播音员、主持人思想感情的波澜起伏所造成的抑扬顿挫、轻重缓急的声音形式的回环往复。

明确两个问题：

（1）节奏不能和语气混淆。语气是以语句为单位的，而节奏是以全篇为单位的。节奏是指全篇稿件的声音形式，而不是一句话、一个小层次的声音形式。在播一篇稿件的时候，既要在节奏上有统观全篇的能力，更要有驾驭每一句的语气，体现全篇基调的能力。

（2）节奏一定是某种声音形式的回环往复，而不是毫无规律的各种声音形式的拼合。

节奏的类型：

（1）轻快型。多扬少抑，多轻少重，语节少而词的密度大。基本语气、基本转换，都偏与轻快，重点句、段更为明显。

例1：盼望着，盼望着，东风来了，春天的脚步近了。

一切都像刚睡醒的样子，欣欣然张开了眼。山朗润起来了，水涨起来了，太阳的脸红起来了。

小草偷偷地从土里钻出来，嫩嫩的，绿绿的。园子里，田野里，瞧去，一大片一大片满是的。坐着，躺着，打两个滚，踢几脚球，赛几趟跑，捉几回迷藏。风轻悄悄的，草软绵绵的。——《春》

例2：她们奔着那不知道有几亩大小的荷花淀去，那一望无边际的密密层层的大荷叶，迎着阳光舒展开，就像铜墙铁壁一样。粉色荷花箭高高地挺出来，是监视白洋淀的哨兵吧！——《荷花淀》

（2）凝重型。语势较平稳、高强而着力、多抑少扬，语节多而词疏。基本语气、基本转换都显得凝重、重点句、段更为明显。

例1：大概是物以稀为贵罢。北京的白菜运往浙江，便用红头绳系住菜根，倒挂在水果店头，尊为"胶菜"；福建野生着的芦荟，一到北京就请进温室，且美其名曰"龙舌兰"。我到仙台也颇受了这样的优待，不但学校不收学费，几个职员还为我的食宿操心。我先是住在监狱旁边一个客店里的，初冬已经颇冷，蚊子却很多，后来用被盖了全身，用衣服包了头脸,只留两个鼻孔出气。在这呼吸不息的地方,蚊子竟无从插嘴,居然睡安稳了。饭食也不坏。但一位先生却以为这客店也包办囚人的饭食,我住在那里不相宜,几次三番,几次三番地说。我虽然觉得客店兼办囚人的饭食和我不相干,然而好意难却,也只得另寻相宜的住处了。于是搬到另一家,离监狱也很远,可惜每天总要喝难以下咽的芋梗汤。——《藤野先生》

例2:我看见这些情形,正在诧异,韩麦尔先生已经坐上椅子,像刚才对我说话那样,又柔和又严肃地对我们说:"我的孩子们,这是我最后一次给你们上课了。柏林已经来了命令,阿尔萨斯和洛林的学校只许教德语了。新老师明天就到。今天是你们最后一堂法语课,我希望你们多多用心学习。"

我听了这几句话,心里万分难过。啊,那些坏家伙,他们贴在镇公所布告牌上的,原来就是这么一回事!

我的最后一堂法语课!——《最后一课》

例3:庆历四年春,滕子京谪守巴陵郡。越明年,政通人和,百废具兴。乃重修岳阳楼,增其旧制,刻唐贤今人诗赋于其上。属予作文以记之。

予观夫巴陵胜状,在洞庭一湖。衔远山,吞长江,浩浩汤汤,横无际涯;朝晖夕阴,气象万千。此则岳阳楼之大观也。前人之述备矣。然则北通巫峡,南极潇湘,迁客骚人,多会于此,览物之情,得无异乎?——《岳阳楼记》

(3)低沉型。语势多为落潮类,句尾落点多显沉重,音节多长,声音偏暗,基本语气、转换,都带有沉缓的感受。

例2:天冷极了,下着雪,又快黑了。这是一年的最后一天——大年夜。在这又冷又黑的晚上,一个光着头赤着脚的小女孩在街上走着。她从家里出来的时候还穿着一双拖鞋,但是有什么用呢?那是一双很大的拖鞋——那么大,一向是她妈妈穿的。她穿过马路的时候,两辆马车飞快地冲过来,吓得她把鞋都跑掉了。一只怎么也找不着,另一只叫一个男孩捡起来拿着跑了。他说,将来他有了孩子可以拿它当摇篮。

(4)高亢型。语势多为起潮类,峰峰紧连,扬而更扬,势不可遏。语气、转换都趋于高昂或爽朗。

例1:白杨树是不平凡的树,它在西北极普遍,不被人重视,就跟北方的农民相似;它有极强的生命力,磨折不了,压迫不倒,也跟北方的农民相似。我赞美白杨树,就因为它不但象征了北方的农民,尤其象征了今天我们民族解放斗争中所不可缺的朴质,坚强,以及力求上进的精神。

让那些看不起民众、贱视民众、顽固的倒退的人们去赞美那贵族化的楠木(那也是直挺秀颀的),去鄙视这极常见、极易生长的白杨树吧,我要高声赞美白杨树!——《白杨礼赞》

例2:望三门,三门开:
"黄河之水天上来!"
神门险,鬼门窄,
人门以上百丈崖。
黄水劈门千声雷,

狂风万里走东海

例3：乌云越来越暗，越来越低，向海面直压下来，而波浪一边歌唱，一边冲向高空，去迎接那雷声。

雷声轰响。波浪在愤怒的飞沫中呼叫，跟狂风争鸣。看吧，狂风紧紧抱起一层层巨浪，恶狠狠地把它们甩到悬崖上，把这些大块的翡翠摔成尘雾和碎末。

海燕叫喊着，飞翔着，像黑色的闪电，箭一般地穿过乌云，翅膀掠起波浪的飞沫。

看吧，它飞舞着，像个精灵，——高傲的、黑色的暴风雨的精灵，——它在大笑，它又在号叫……它笑那些乌云，它因为欢乐而号叫！——《海燕》

（5）舒缓型。语势多扬而少坠，声较高而不着力，语节内较疏但不多顿，气流长而声清。语气、转换都较为舒展。

例1：时序刚刚过了秋分，就觉得突然增加了一些凉意。早晨到海边去散步，仿佛觉得那蔚蓝的大海，比前更加蓝了一些；天，也比前更加高远了一些。——《秋色赋》

（6）紧张型。多扬少抑，多重少轻，语节内密度大，气较促，音较短。语气转换都较为急促、紧张。

例1：
心口莫要这么厉害地跳，
灰尘呀莫把我眼睛挡住了……

手抓黄土我不放，
紧紧贴在心窝上。

……几回回梦里回延安，
双手搂定宝塔山。

千声万声呼唤你
——母亲延安就在这里！
树梢树枝树根根，
亲山亲水有亲人。

羊羔羔吃奶望着妈，
小米饭养活我长大。
——《回延安》

运用节奏的方法：

（1）欲抑先扬、欲扬先抑

（2）欲慢先快、欲快先慢

（3）欲重先轻、欲轻先重

（4）欲高先低、欲低先高

（5）欲停先连、欲连先停

(6) 凸显对比、控纵自如

停连、重音、语气、节奏的关系：

有区别又有联系，播音过程是语句循序渐进的过程，是语气的时间变化过程。我们一定要立足全篇，立足于各语句之间的内在联系，深刻理解感受每一句话的内涵、色彩和分量。这样就会使停连、重音融入到语流中，贯通于语气之内。而节奏也就在重点语气的回环往复之中自然显露。在播音中，重点要抓语气的表达用以带动重音，用以统领停连，用以显露节奏。

目前我们播音中明显的弱点就是语气不够鲜明、生动，突出的毛病是有固定腔调。这就集中表现在语气技巧的贫乏上。要想提高播音质量，必须在语气上下工夫。在语气上下工夫，就要把这四种基本技巧综合运用，而不要顾此失彼。

第四节 播音主持艺术基调的变化训练

一、节奏与基调的关系

基调作为全篇作品的思想感情的色彩和分量，作为理解与表达的和谐统一，必须通过节奏更好地显露出来。节奏的类型与转换方法，当然应该符合基调的统一和变化。同时，节奏的情况如何，又会反过来给基调以重大影响。

基调，在播读的准备、酝酿中已露端倪，节奏只有在播读进行中才从构思阶段脱胎出来，成为可感的有声语言的现实。

基调与节奏虽然都要通过语气来实现，特别是重点语句的语气来实现，但是侧重点和角度不同。基调统指思想感情运动状态形成的色彩和分量，节奏专指回环往复的声音形式的表现，在播读中二者互相依存，又各显其不同的功能。基调的总和性和节奏的技巧性终究不可混同，也是不可相互替代的。

例：一阵风｜把蜡烛｜吹灭了。∧月光｜照进｜窗子里，茅屋里的｜一切好像｜披上了｜银纱，显得｜格外｜清幽。贝多芬｜望了望｜站在他身旁的｜穷｜兄妹俩。借着｜清幽的｜月光，按起｜琴｜键来。

播音主持基调不是简单地指音调的高低，音量的强弱。基调是指稿件作品中总的感情色彩和分量以及播音员和主持人的具体态度。感情色彩有喜、怒、哀、乐之分，态度有肯定、否定、赞扬、批评之别，其中又有分寸火候的差异。播音员和主持人要从稿件作品的针对性和播出目的上去把握态度，更要从稿件中的人物、事件或者作者倾向及其风格特点等综合因素上，去揣摩稿件作品感情色彩总的特色。有造诣的播音员和主持人可以通过声音传达极为丰富的感情，产生巨大的，有时是震撼人心的感染力，为此，我们还要进行各种不同基调变化的基础训练。

二、基调变化基础训练

1. 清新舒展地(下面两则案例清新、舒展,充满了对大自然的爱)

发声要求:用偏小音量;声音柔和、抒情;气息深而长。

例1:春天——春意盎然、生机勃勃

春天,大地从寒冬里苏醒复活过来,被人们砍割过陈旧了的草木,又茁壮地抽出了嫩芽。不用人工栽培,它们就在风吹雨浇和阳光的普照下,生长起来。这时,遍野是望不到边的绿海,衬托着红的、白的、黄的、紫的……种种野生花卉,一阵湿润的微风吹来那浓郁的花粉青草的气息,直向人心里钻。无论谁,都会把嘴张大,深深地呼吸,像痛饮甘露似的感到陶醉,清爽。

例2:夏天——雨过天晴、空气清爽

一场夜雨,洗落了高原上的满天尘沙。天蓝的出奇,碧澄的湖水也为之逊色。天空燃烧着朝霞,像一簇簇盛开在山尖的红花,一群苍鹰刚健地在云边飞旋,越飞越高。清凉的晨风夹带着野花和奶子的香味儿,扑鼻而来,沁人心脾。啊,多美丽的早晨呀!

2. 高亢明亮地(下面两则案例有感染力、热情洋溢)

发声要求:声音要庄重大方,采用明亮的实声;吐字要力度均匀,字正腔圆,颗粒饱满,有穿透力;气息要稳定、扎实、托底。

例1:现场综艺节目开场白

各位领导、各位嘉宾、现场的观众朋友们:大家晚上好!两岸三地大型中秋文艺晚会现在开始!

例2:这一天终于来到了

看哪!人人脸上挂着喜悦的眼泪,个个兴高采烈。流水发出欢笑,山冈也显得年轻。他们在倾听,倾听,倾听着这震撼世界的声音:中华人民共和国成立了!中国人民从此站起来了!

3. 热情赞美地(下面两则案例充满了赞美之情)

发声要求:声音柔中有刚;咬字力度大而不塞;气息深而不断流。

例1:大庆的秋天——赞美大庆人

赞美你呀!大庆的秋天!你像神奇的彩笔挥洒而成的巨幅画卷,你秋日的景色竟是这样五彩缤纷。草地上,一片鹅黄,一片嫣红,一片靛蓝,一片蛋青……你浑似一片气势雄伟的锦绣文章,读着你不能不引人思索,思索着大庆人,思索着整个中国工人阶级,它的意志,他的力量,他的业绩,他的襟怀和理想……

例2:白杨礼赞——赞美白杨树

那是力争上游的一种树,笔直的干,笔直的枝。它的干呢,通常是丈把高,像是加以人工似的,一丈以内,绝无旁枝;它所有的丫枝呢,一律向上,而且紧紧靠拢,也像是加以人工似的,成为一束,绝无横斜逸出;它的宽大的叶子也是片片向上,几乎没有斜生的,更不用说倒垂了;它的皮,光滑而有银色的晕圈,微微泛出淡青色。这是虽在北方的风雪的压迫下却保持着倔强挺立的一种树!哪怕只有碗来粗细罢,它却努力向上发展,高到丈许,二丈,参天耸立,不折不挠,对抗着西北风。

这就是白杨树,西北极普通的一种树,然而绝不是平凡的树!

4. 义正词严地(下面两则案例较庄重严肃,就事论理,带有驳斥、反问色彩,态度义正词严)

发声要求:声音以实为主,实声为主,坚定有力;吐字颗粒饱满,字正腔圆;气息沉稳、扎实,有丹田气做支撑托声而出。(有理有力,切忌高喊!否则会声飘、气虚、字挤)

例1:"友邦惊诧"论

只要略有知觉的人就都知道:这回学生的请愿,是因为日本占据了辽吉,南京政府束手无策,单会去哀求国联,而国联却正和日本是一伙。读书呀,读书呀,不错,学生是应该读书的,但一面也要大人老爷们不至于葬送土地,这才能够安心读书。报上不是说过,东北大学逃散,冯庸大学逃散,日本兵看见学生模样的就枪毙吗?放下书包来请愿,真是已经可怜之至。不道国民党政府却在十二月十八日通电各地军政当局文里,又加上他们"捣毁机关,阻断交通,殴伤中委,拦劫汽车,攒击路人及公务人员,私逮刑讯,社会秩序,悉被破坏"的罪名,而且指出结果,说是"友邦人士,莫名惊诧,长此以往,国将不国"了!

好个"友邦人士"!日本帝国主义的兵队强占了辽吉,炮轰机关,他们不惊诧;阻断铁路,追炸客车,捕禁官吏,枪毙人民,他们不惊诧。中国国民党治下的连年内战,空前水灾,卖儿救穷,砍头示众,秘密杀戮,电刑逼供,他们也不惊诧。在学生的请愿中有一点纷扰,他们就惊诧了!

好个国民党政府的"友邦人士"!是些什么东西!

例2:电影《高山下的花环》雷军长台词片段

眼前这位"雷神爷"为何又甩帽?人们目瞪口呆!只见他在台上来回踱了两步又站定,双手掐腰。终于,炸雷般的喊声从麦克风传出:"我的大炮就要万炮轰鸣,我的铁甲就要隆隆开进!我的千军万马正要去杀敌!去拼命!去流血!可就在刚才,我的军里发生了一件奇闻怪事。我也打了几十年的仗,称得起是身经百战了吧,在百战中遇上这种事,我还是第一次!所以今天我的老毛病可能又要犯,可能又要摔帽子、骂娘!……有这么一位神通广大的贵妇人,了不起啊,很了不起呦!她竟有本事从千里之外把电话要到我的前沿指挥所。我想同志们都会知道的啊,在这种关键时刻,我的电话分分秒秒千金难买呀!……她来电话干什么呀?让我关照她的儿子,要我把她的儿子调回后方,把我的指挥所当做交易所了。他奶奶的,走后门竟走到我流血牺牲的战场上。(欲摔帽,强忍住)她的儿子何许人也?此人原是军机关的一个干事,眼下就在你们师、某连当指导员。我不管它是天老爷的夫人还是地老爷的太太,谁敢把后门走到我这流血牺牲的战场上,没二话,我雷某要让她的儿子第一个扛上炸药包,去炸碉堡!(摔帽)去炸碉堡!……"

5. 低沉悲痛地(下面两则案例是悲痛哀伤的色彩,心情沉痛)

发声要求:用声较暗弱、低沉、偏虚,胸腔共鸣偏多些;节奏偏慢,字音缓缓送出;有时声伴字、字伴气,哭泣而出,断断续续发音;气有时颤抖,有时叹息。

例1:悼念敬爱的周总理

总理的灵车徐徐开来。灵车四周挂着黑黄两色的挽幛,上面佩着大白花,庄严,肃穆。

人们怀着沉痛的心情,尾随着灵车移动。像是一个无声的指挥,老人、孩子、青年都不约而同地站直了身体,摘下了帽子,向灵车致敬,哭泣着,顾不上擦去腮边的泪水,舍不得眨一眨眼睛。人们心里都在深深地默念着:"敬爱的周总理,我们想念您啊,想念您!您永远活在我们心里,永远活在人民心中!"

例2:悼词

张刚遗体告别仪式在京举行。我国政法战线的杰出领导人张刚同志在为党和人民奋斗了六十多年后,安卧在鲜花丛中,终年八十七岁。

今天下午,党和国家领导人以及张刚同志的生前好友到八宝山革命公墓,向我党优秀党员、忠诚的共产主义战士、无产阶级革命家张刚同志遗体告别。张刚同志1927年1月参加共青团,同年转为中共党员,他几十年如一日,以顽强的革命意志和忘我的战斗精神去完成党在各个历史时期交给他的艰巨任务。

6. 轻松活泼地(下面两则案例比较活泼、欢快)

发声要求:用声较靠前,音高柔和;口腔状态较松弛,舌头较灵活;字音弹发快而饱满;气息灵活多变;抒情昂扬向上。发声状态较冷的同学可练此段以使颧肌提起增强热情、兴奋感。

例1:柳条儿青,柳条儿长

柳条儿青,柳条儿长,柳条儿随风在摇荡,摇来了春天,摇来了小鸟,摇得那湖水闪闪亮。

柳条儿青,柳条儿长,柳条儿随风在摇荡,我做支柳笛吹起来,嘀呖呖像小鸟儿在歌唱。

柳条儿青,柳条儿长,柳条儿随风在摇荡,请来春姑娘荡秋千,秋千挂在柳条儿上。

例2:太阳出来了

别嚷,快看哪!太阳露出头顶了,太阳露出眉毛和眼睛了!太阳跳出来了,太阳离开了大地,升起来了!升起来了!

7. 低沉压抑地(下段内容比较忧伤、凄苦)

发声要求:用声较暗弱、偏沉;字伴着叹息发出,咬字迟滞;气息沉缓,伴有句中顿挫或句间歇停等。

例1:《苦菜花》片段

月牙儿,像把梳子挂在半空。人们都说月亮是位最善良、最好伤心和最易受感动的姑娘。谁有什么不幸和哀愁,她总是怜悯地注视着你,有时还会流下泪来!想必她这时是不忍心去看那不幸的人们吧?所以才掩住半个脸;但她那朦胧的淡光,还是同情地从窗户棂间射进来。黑暗的屋子,也变得灰白起来。

例2:黑暗的旧社会

黑暗的旧中国,地是黑沉沉的地,天是黑沉沉的天。灾难深重的人民哪,你身上带着沉重的锁链,头上压着三座大山,你一次又一次的呼喊,一次又一次的战斗;可是啊,夜漫漫、路漫漫,长夜难明赤县天……

8. 骄傲自豪地(下面两段内容自豪、抒情、歌颂大草原、歌颂大好山河)

发声要求:声音要宽厚明亮、开阔抒情;吐字清晰饱满,圆润集中,语势昂扬舒展;气息深厚、扎实、通畅。

例1:大草原

多么平坦,多么宽敞,无边无际的原野,从眼前的四面八方伸展开去,伸展开去,直到那渺茫的尽头,远与天接。望着你,怎能不心旷神怡,豁然开朗!你啊,襟怀坦荡,气度恢弘的草原!

例2:辽阔大地

大地辽阔,原野漫漫,太空蔚蓝,从天上来的滔滔黄河成了哺育我们中华民族的伟大摇篮。

9. 深沉宁静地(下面两段内容平和、宁静)

发声要求:声音偏暗,虚和柔和;吐字清晰,颗粒性强;节奏偏慢、动用音长;气息深匀,弱控制力较强。

这种基调与低沉悲痛的和低沉压抑的有相似之处,但有本质的区别。

例1:明月

将圆未圆的明月,渐渐升到高空。一片透明的灰云,淡淡地遮住月光,田野上面,仿佛笼起一片轻烟,股股脱脱,如同坠入梦境。晚云飘过之后,田野上烟消雾散,水一样的清光,冲洗着柔和的秋夜。

例2:夜过北海桥

明月照着一湖春水,湖面缀满灯影繁星,热情而深情的北海,此刻你显得多么美丽宁静。我从桥上走过,脚步放得很轻很轻,我怕惊动你的沉思和凝想——你在构思着一个金色的黎明!

10. 精神振奋地(下面内容激动人心、鼓舞人心、振奋人心)

发声要求:声音以实为主,高亢明亮;咬字的力度强,清晰度高,清脆响亮;气息深厚、扎实,有丹田支点;节奏明快,昂扬向上。

例1:为祖国争光

中华体育健儿近日连连为祖国争光,他们在一系列国际比赛中表现的精神风貌和高超技艺多么激动人心啊!

我们中华民族有自立于民族之林的能力。

"团结起来,振兴中华!"

这是十几亿人民的共同心声。

例2:卫星发射成功

我国成功发射了一组空间物理探测卫星。这是我国首次用一枚运载火箭发射三颗卫星。卫星准确入轨,各系统工作正常,已不断地向地面发送各种科学探测和试验数据。

11. 深切缅怀地(下面内容是深情的回忆和怀念无产阶级革命家的文章)

发声要求:用声偏暗,较沉低,要柔和;吐字音节要长,清晰度要高,节奏缓慢,声音吐字伴随着回忆的感情线滚动送出,含蓄的,如珠如流;气息深沉、舒缓、均匀。

例:小白花

那是1997年,已经四月初了,冬天好像还没有过去,北风刮得很紧。

一个星期天的下午,爸爸妈妈拉着我的手向天安门广场走去,我们的胸前都戴着一朵小白花。

天安门广场上,花堆成了山,人汇成了海。我们随着送花圈的队伍,缓缓地走向人民英雄纪念碑。密密层层的花圈,把纪念碑四周的汉白玉栏杆都遮住了。一层层的人肃立着,谁也不作声,脸上都挂着晶莹的泪珠。

我们走到纪念碑南边。爸爸低声告诉我,碑上面的金字是周恩来爷爷亲笔写的。爸爸脱下了帽子,妈妈摘下了头巾。他们低下头向周爷爷默哀。我也低下了头,轻轻地说:"敬爱的周爷爷,我们想念您,您永远活在我们心中。"说着,我忍不住哭了,妈妈拉着我的手,向纪念碑下边的松树林里走去。

松树上好像积了厚厚的雪,松枝上系着几千朵小白花。我们也把胸前的小白花摘下来,系在树枝上。

天渐渐暗下来,北风刮得更紧了。我们默默地离开了天安门广场。

12. 热情风趣地

下面这篇小故事《中计》主要是歌颂军民鱼水情的,激发人们自觉做好事。故事风趣、幽默,在表现大爷、大娘"设计"和"解计"的过程中,充分体现了军民一家情意深的场面,故事短小精悍,但很感染人。故事中出现的三个人物要求用不同的声音色彩分别表现各自的"神态"。

大爷的性格较粗犷、豪放,用声应偏后松弛、粗亮通畅,吐字应字正腔圆、颗粒性强,气息深厚、扎实;语言富有幽默感。

大娘的声音稍偏后、发扁,字真句拙,呈扁长枣弧型,气息较浅,稍提嗓门儿。

小洪的声音偏前、明亮、稍发颤,吐字快而硬,气息肤浅、不够均匀。

这样一来,讲述就易绘声绘色,听者也觉得津津有味了。

例:中计

七月初的一天,在辽宁省海城县一个山村里。住在张大伯家的某部侦察排的战士们刚刚起床,就看见房东张大爷气冲冲地走进屋来。张大爷绷着脸问道:"昨天,你们谁进了我家东菜园,把菜弄得乱七八糟?"一句话把全排战士都问怔了,互相看了看,谁也没有吭声。

这时候,有一个小战士脸一下子红到了耳根。他叫洪松彪,是今年才入伍的新战士。原来,昨晚上是他悄悄跑到菜地里,帮张大爷干活的。小洪心里直打鼓,他想,是不是我铲地的时候伤了苗?是不是水浇多了淹了菜?小洪越来越不安。这时候,张大娘又跑进来火上浇油地说:"老头子,别跟他们说了,咱们去找指导员说个清楚。"话音未落,就拉着张大爷的袖子往外走。

刚刚十八岁的洪松彪,哪见过这个场面呀。小伙子沉不住气了,马上开口说:"大爷、大娘别发火,昨天是我跑到菜地里去的。我看你们二老年纪大,大爷成天忙着队上的事儿,顾不了家,就抽空帮你们干了点活。谁知道我不会干,给你们添了麻烦,真对不起你们,有多大损失我一定赔。"说着伸手掏钱包。

张大爷看到这个情景,倒哈哈大笑起来。大娘也跟着笑起来。疼爱地拉着小洪的手说:"孩子你受委屈了。"小洪纳闷地抬起头看看两位老人,老大爷得意地说:"孩子,你中计了,从打你们到我们村来搞训练,给大家伙干了那么多好事。可我们就是不知道谁干的,昨晚上我和你大娘一合计呀,就想出这个小计策来。果不出我所料,你们还真中计了。"

全排战士这才恍然大悟,和张大爷张大娘一起笑了起来,洪松彪,这个虎头虎脑的小伙子却像个大姑娘似的,羞涩地低下了头……

13. 启发诱导地(下面两则案例热情的启发、引导青年勤于思考,勇于实践)

发声要求:用声以实为主,亲切、柔和,态度要积极、热情、诚恳;吐字清晰度要高,气息要饱满;气息要长,舒缓、平和。

例1:树立共产主义人生观

亲爱的朋友们,任何一个人有志气的青年,都希望自己的青春能够闪闪发光,都希望自己的一生能够活得有意义,成为一个对社会历史前进有所贡献的人,而不至成为历史的累赘,历史的罪人。如果是这样,你就应该坚定的树立起共产主义革命人生观,按照这样的革命人生观,安排好自己的人生。

保尔说的好:"人,最宝贵的是生命。生命对每个人只有一次!这仅有的一次生命,应当怎样度过呢?每当回忆往事的时候,能够不为虚度年华而悔恨,不因碌碌无为而羞耻。在临死的时候,他能够说——我的整个生命和全部经历都已经献给了世界上最壮丽的事业,为人类解放而进行的斗争!"让我们用这句光闪夺目的话,来激发和鞭策自己吧,成为一个无悔于我们时代的高尚的人。

例2:九层之台,起于垒土

九层之台,起于垒土。打基础要按序而进。无论是德育、智育、体育、美育、技术教育,都要由浅入深、由低级到高级不断发展。革命先烈李大钊讲的好:"凡是都要脚踏实地去做,不鹜空想,不张于嘘声,而唯以求实的态度做踏实的工作。以此态度求学,则真理可明,以此态度做事,则功业可就。"

14. 坚定昂扬地(下面两段表达了革命者向着胜利的坚定信念和不可动摇的决心)

发声要求:用声由弱渐强,吐字由偏弱逐渐变强;吐字有力,气息扎实;气息,例1由偏细的气量逐渐扎实托底,例2由始至终的声音结实。

例1:我的自白书

任脚下响着沉重的铁镣,

任你把皮鞭举得高高,

我不需要什么自白,

哪怕胸口对着带血的刺刀!

人,不能低下高贵的头,

只有怕死鬼才乞求"自由";

毒刑拷打算得了什么,

死亡也无法叫我开口!

对着死亡我放声大笑，

魔鬼的宫殿在笑声中动摇；

这就是我——一个共产党员的自白，

高唱凯歌埋葬蒋家王朝！

例2：找大部队

风，呼呼地刮着。雨，哗哗地下着。黑暗笼罩着大地。"要记住革命！"——我想起他牺牲前说的话。对，要记住革命！我抬起头来，透过无边的风雨，透过无边的黑暗，我仿佛看见了一条光明大路，这条大路一直通向遥远的陕北。我鼓起勇气，迈开大步，向着部队前进的方向走去。

15. 亲切自然地（下段内容是服务性稿件，训练时要求亲切、自然、口语化，有直接交流感）

发声要求：用声以实声为主，较弱，要亲切、柔和；吐字清晰流畅；气息气量偏小，舒缓、平和，运用要灵活。

有对朋友讲述的感觉，让人喜欢，非常愿意听，非常想知道你的内容里所讲的知识。生活常识的介绍，科普知识的宣传，导游词等服务性的文字多属于这类。讲课一般也用这样的基调。

例：哭的用处

只要有什么细小的东西落入眼里就会引起流泪，甚至葱的气味，也会催人泪下。一般情况下，每分钟人眨眼十三次左右。眨眼，就是让眼皮压迫泪水，把落入眼里的小异体冲洗到眼角。然后，再流到鼻腔内排出，泪水的成分包括：油质、黏蛋白、水状液以及盐、糖、蛋白质，人体每天约产生四分之三到一克的泪水，大部分都是眨眼时蒸发了。泪水既可使人的眼皮能够和谐地在眼球上自由活动，又可杀死细菌。

流泪最多的情况是哭。哭，是一种安全、健康的发泄自己的强烈情感的方法。否则，强压于体内，它终究要以其他带有危险性的方式表现出来。某医生见过一起病例，一个内向的女人，遇到感情大波动时，常常会全身起疙瘩，而有一次，她大哭了一场则没有事。医生还发现，由于父母不让婴孩啼哭，孩子就经常用哮喘的方式来引起父母的注意。实际上，啼哭是婴孩发育的一个组成部分。哭，不仅可以扩大婴孩的肺活量，而且还可以增强将来用以说、唱的肌肉组织，并且也是学会说话以前，婴孩向大人表达思想的一种方式。

不知为什么，社会上存在着一个不成文的规定：成人不应该大哭。哭，经常被解释成软弱的表现。实际上，在遭遇最大不幸时大哭一场，这是对人体不幸的自然反应。如果你不愿意哭或不会哭，那么精神上或身体上就会出点毛病。专家们大都认为，眼泪是一剂天赐的良药。

16. 庄重严肃地（下面内容气氛郑重、严肃）

发声要求：用声偏厚，以实声为主，音色偏高些；吐字力度要强，干脆利落，清晰度高，颗粒性强，每个字都像枣核一样，吐字归韵要好，没有吃字、丢字、拉字的现象，让人听着清晰；节奏要明快，不拖泥带水，态度要严正明朗。

一般这种基调都用在新闻播音上，在朗诵中用的不是很多。

例：外交部新闻发言人今天下午发表谈话说，中国政府和人民对南非军队6月14日入侵博茨瓦纳首都哈博罗内表示极大的愤慨和强烈的谴责。

　　发言人指出,南非当局对博茨瓦纳的袭击不是一个孤立的事件。事实一再证明,南非当局顽固地坚持破坏邻国稳定和种族主义政策是南部非洲局势动荡、不安的根源。

　　他说:南非当局种种倒行逆施,只会激起非洲国家和人民更加强烈地反抗和更大的义愤。博茨瓦纳、安哥拉和莫桑比克等非洲前线国家反对种族主义、维护国家主权和领导完整。支持纳米比亚人民争取独立的斗争,得到全世界所有主持正义的国家和人民的同情和支持。中国政府和人民将一如既往,坚定地站在非洲国家和人民一边,坚决支持他们的正义斗争。

17. 批评教育地(下面新闻属于批评性,也比较严肃)

　　发声要求:用声以实声为主,音色偏中,句子要清楚,刚中有柔;吐字力度稍强,态度要鲜明;气量有小幅度的变化。多用于批评类的新闻。

　　例1:北京市标准计量局前天公布,三季度对本市38个企业生产的无线电元件、棉纱、中学课本、铁皮玩具、自动化仪表、啤酒等11类52种产品的质量监督抽查中,有39种产品合格,13种产品不合格,合格率为75%。

　　从抽查结果来看,中学课本的质量问题较严重,抽查的8个企业的中学课本只有北京印刷一厂的合格。存在的问题主要是坏字、丢字以致图字粘连、粘坏,无法阅读;在装订方面更为严重,有破页、坏钉、折角以及前后颠倒、散本等。

　　例2:比入选奇迹更重要的是保护

　　中国长城学会的考察结果表明,明代万里长城有较好墙体的部分只剩下不到20%,有明显可见遗址部分已不到30%,很多地段的长城已经不复存在。仅剩的古长城破损现象也很严重。由于生态环境的侵蚀加之人为因素的破坏、随意性的工程建设、旅游开发和农耕生产等不规范行为,进一步加重了长城的受损程度。更为严重的是,由于文物开发经营与保护管理的体制性矛盾,导致长城城墙遍体鳞伤,已岌岌可危。如北京八达岭长城上游客的"签名"挤满城砖,几乎没有一块无字砖。在世界古遗迹基金会公布的2004年度全球100处最濒危遗址名单中,中国的长城就因自然破坏以及游客过多、破损严重而入选。

　　现在,为了达到入选"新七大奇迹"的目的,中国长城学会拉选票鼓励更多关心长城的人进行最后一搏,其用心良苦不言而喻。但万里长城不是为"新七大奇迹"而生,她是代表中华民族的精神脊梁而存在的!面对只剩断壁残垣、日渐缩短,且被旅游开发弄得不堪重负的长城,长城学会不是重点提倡保护,而是为了长城参加"新七大奇迹"选秀而"焦虑",这岂不成谈资笑料?假如长城最终当选为"新七大奇迹",但如果保护工作跟不上,当选"新七大奇迹"的意义又能有多大呢?

　　长城学会与其为长城入选"新七大奇迹"拉选票,不如动员社会力量为保护长城出资、出力、出主意,贯彻落实好《长城保护条例》,共同促进全社会呵护好中华大地上的这条承载千年灿烂文化的巨龙,让她继续保持千年雄风,不要使这一凸显独特文化和艺术魅力的人类文化遗存在人们的遗憾和叹息声中消失。

18. 悲愤激昂地(下面内容感情激愤)

　　发声要求:用声偏刚,较宽厚,胸腔共鸣多一些;吐字力度强,既有力量,又有口腔的立度,两个力度都是很强的,颗粒饱满,字正腔圆,个别句子,牙关偏紧;气息深厚、扎实,变化幅度比较大。

例1:岳飞的《满江红》

怒发冲冠,凭阑处,潇潇雨歇。抬望眼,仰天长啸,壮怀激烈。三十功名尘与土,八千里路云和月。莫等闲,白了少年头,空悲切。靖康耻,犹未雪;臣子恨,何时灭!驾长车,踏破贺兰山缺。壮士饥餐胡虏肉,笑谈渴饮匈奴血。待从头,收拾旧山河,朝天阙。

例2:为了真理和自由

一九三二年上海的一个深秋,

乌云翻滚带得人气难透……

在那暗无天日的社会里,

地主的心肠狠,资本家更凶残!

工人们日夜劳累卖命,却餐餐喝着稀粥,

衣不裹体,食不饱腹……

细雨洒在他们的脸上,

寒风卷起他们的衣袖。

为了把真理探求,

他们热血沸腾心潮涌,浑身传暖流。

年轻的工人们,带着满身的尘垢,

为了真理和自由,到处奔走……

为了真理和自由,

他们不怕镣铐皮鞭抽,

不怕流血抛头颅,

真理在胸精神抖!

亿万青年黑暗中奋勇战斗,

血泊里挺胸昂首!

漫天的云啊,快化作那滚滚的铁流,

将旧世界彻底毁灭、冲走……

19. 热情歌颂地(下面案例是歌颂平凡人的不平凡事迹,我们要由衷的赞扬)

发声要求:要求用声较深沉,柔中有刚;吐字力度强,语速较慢,重音突出;气息控制有幅度变化,较深厚;要有发自内心的敬佩之情。

例:护士

每一个患者在病魔的折磨中,都感到护士的亲切和温暖,她为你的痛苦而焦虑,为你的痊愈而欢欣。接进来的时候,和你一样愁眉不展,送出去的时候,和你一样笑容满面。她为了生命的安全,为了别人的欢乐,走遍各个房间,踏过一道道门槛,日夜不眠,汗水成串。她不为名,不图利,用自己的生命热情协助大夫,使许多生命垂危的人,起死回生,转危为安。她默默无闻地为患者贡献出自己的青春、智慧和心血。护士的这种高尚品德,我们各行各业的人们,无不肃然起敬。

20. 热烈欢呼地（下面两则案例比较振奋，激动人心）

发声要求：用声偏高、明亮、开阔而豪放、有气魄；吐字力度大，口腔开度大；气息深厚，气量强弱控制有大幅度变化，切忌提挤着嗓子高喊。

例1：新纪录

随着暴风雨般的掌声，陈镜开踏上了举重台。

他在杠铃面前又作了一次深深的呼吸，全场安静的只听见电影摄影机卷动胶片的"吱""吱"声，三千多人都能清楚听见自己的心在猛烈跳动。一瞬间，他把杠铃提起来了，翻在胸前锁骨前面，他猛然一举，只听见一声吼叫，一百五十一点五公斤，几乎比陈镜开的体重重三倍的杠铃高高地举在头顶。

新的世界纪录又诞生了……

例2：香港十年

在香港回归祖国十周年之际，央视推出了一系列特别节目，用影像记录了香港十年间走过的风雨历程，使观众全方位、多视角、有深度地领略了香港的真实风貌，观众不禁为香港喝彩、为祖国骄傲！香港回归的十年是"一国两制"伟大构想变为有效实践的十年，是"港人治港"全面贯彻落实的十年，是香港繁荣发展的十年。《香港十年》集世界之精华，树国人之榜样，据人类之精英，创中国之未来。作为中国人，我们为香港骄傲自豪，更为祖国骄傲自豪！我们有理由相信：香港明天会更好！

这里需要说明的是，以上20种基调不是可以涵盖所有文字的。一定要根据文字所表达的情感去用心把握。总的基调把握好了之后，文字中间也还有一些小的变化，不能拿来一篇文章就往某个基调上套，一个基调到底，而忽略了文字局部的情感基调的变化。朗诵者要多多的接触生活，对生活的体会越深，生活阅历越丰富，知识面越广，他的朗诵水平就越高。我们在练习基调的过程中，要选择不同体裁和基调的文章，不同基调的句子和选段，这样才能把各种基调掌握得多一些，在朗诵的过程中才能运用得更自如。通过练习各种基调，就能够不断提高呼吸、共鸣、用声、咬字等方面的控制能力，使得声音产生多种多样的色彩，以适合我们所朗诵的不同文体、不同体裁的要求。

第五章　模拟主持

第一节　基本概念与考核要点

一、基本概念

模拟主持是播音主持专业考生经常会遇到的一种面试形式,其基本要求大致为:在规定时间内,根据要求主持一段由考生事先准备的、相对完整的节目。

具体说来,就是在虚拟的情境之下模仿广播电视节目中主持人的工作状态,依靠已有的背景材料,适当运用广播电视手段完成一段节目的主持。要求完整,有两种以上广播电视表现手段,有一定的评论性语言。

二、考核要点

模拟主持是一个报考播音与主持艺术专业的考生综合素质的最高体现,涵盖了多方面的考核内容:语音、语调、发声、语言组织、思维、逻辑、个性、形体、表情、姿态……几乎所有需要考核的项目都可以在这一个考试中体现出来,所以面面俱到是不可能的,顾此失彼是不可取的,十全十美是不存在的,而主考老师每项都给考生打分更是不现实的。

事实上,就像我们初次见到一个人的时候,第一印象很重要。风度翩翩、谈吐高雅,对于这样一个人,我们不会去挑剔他(她)脸上有颗痣,或者有几个字发音不准确的。同样的道理,在模拟主持这个环节,面对考官,我们不是要把每个方面都去照顾到,因为那样会将我们的注意力分散在一些细枝末节上,而是应该考虑如何扬长避短,让考官记住我们最闪光的地方,同时巧妙地把自己最不擅长的部分有效地掩饰起来。

比如一个喜欢体育的男生,字音不够到位,那一定不要选择一板一眼播音吐字的新闻播报节目,而应该选择一个能体现自身知识积累和独到见解的体育栏目,通过比较生活化的语言表达来给考官留下一个睿智而亲和的印象。这是应考的艺术,更是我们日后走上播音主持岗位最大的一个从业技巧！当然,说要扬长避短,并不等于我们不擅长的基本功部分就可以放弃,就像老话说的:"台上三分钟,台下十年功。"这短短几分钟的模拟主持考查的就是我们日常的积累。自己薄弱的部分要在平时积极地补救,自然而然地提高,但是到了考试的时候,就只需要去考虑你最出彩的地方了。

第二节　提高节目主持人口才技巧

一、主持人口语活动方式

主持人口语活动方式一般包括有稿播音和无稿播音两大类,具体表现有三种形式。

（1）将编好的文字稿件转化成有声语言,如新闻节目的播报或其他信息的播报、评论文章的播报、栏目中短篇的解说,等等。

（2）以写好的串联词为主干,穿插活跃现场气氛的即兴发挥,通常在各种综艺节目和竞赛节目中出现。

（3）以采访或谈话为核心,主持人的提问、应对、串联、衔接、评述都以即兴口语为主,一般主持人事先在脑子里要打好了腹稿或提纲,再根据现场情况的变化而变化。

二、主持人口语表达的要求

（一）要能够讲标准的普通话

国家语言文字工作委员会、国家教育委员会、广播电影电视部1994年10月30日联合颁布了《关于开展普通话水平测试工作的决定》（以下简称《决定》）,《决定》里明确指出,县级以上含县级广播电台电视台的播音员、节目主持人应该达到普通话一级水平,这一要求已列入广播电视部部颁岗位规范,并逐步实行持普通话等级合格证上岗制度。

作为一个主持人,有着推广普通话的义务。目前,一些电台的节目主持人本来有一口流利、纯正的普通话,可主持节目时却硬要模仿港台味道,打乱语法表达方式,让人听了浑身起鸡皮疙瘩。其实,真正的港台人是很羡慕和渴望讲好普通话的。广播电视的传播对象众多,要想让众多的听观众接受节目的内容,就一定要用大众通用的规范语言。节目主持人的语音应符合现代汉语规范化、标准化的要求,不读别字音,用词准确,语句通顺,条理清楚,合乎逻辑,避免用方言俗语。

（二）语言要通俗易懂

主持人面对的受众比较广泛,受众的年龄、兴趣、文化层次等都有所不同。要使更多的人能够接受你所传达的意思,就必须要求主持人的语言通俗、易于接受。

主持人的语言需要经过加工提炼,在传情达意上要求明确、清楚、自然、大方,让人一听就懂。将口语的句式简短、通俗易懂和书面语的精准融为一体的精粹口语是主持人追求的目标。中央电视台节目主持人敬一丹的《一丹话题》节目中《教师流失》这一节目的结束语就恰到好处地运用了这种语言：

"我想起小的时候，第一次听到'流失'这一词是在一部科教片里，记得那部科教片是记录泥石流的，伴随着泥石流爆发的可怕画面，我第一次听到了'流失'这一词，从此，一听到这个词，似乎就有一种不祥之兆。那么眼前的教师流失对教育来说恐怕也不是一个好兆头，土壤流失了，秧苗怎么办？教师流失了，教育怎么办？今天教育搞不好，明天我们的经济又将怎么样呢？冰心老人曾经痛心疾首地说，我们不能坐视堂堂中华民族在二十一世纪变成文化的沙漠。我想，有的沙漠恐怕也是由绿洲一点一点变成沙漠，绿洲一点一点流失，于是就成了沙漠，从这个意义上说，眼前的教师流失是不是一个值得我们关注的信号呢？"

台湾华视新闻主持人李砚秋是台湾最佳主持人之一。1991年华东发水灾的时候，她到大陆来采访，她在一次新闻报道的结尾，站在齐腰深的水里说：

"自从大禹治水以来，历经几千年中国人还在同洪水搏斗，但是老天爷在发怒的时候就要找这块土地泄愤，土地无知，洪水无情，但苍生何辜，面对这片疮痍，真让中国人对中国人感到慨叹。"

以上两段话既有书面语言的文采，又有明白通畅、通俗易懂的口语特点。

（三）语言要机智得体

在节目主持过程中经常会遇到事先没有预想到的情况，在完全没有准备的情况下，只有思维敏捷、反映灵活才可能做到应对得体，出口成章。这种即兴应变能力，是与平时知识的积累、文化的储备有直接关系的。比如人们所喜爱的节目主持人杨澜，在广州主持的一次文艺晚会上，因为中途谢幕退场的时候，不小心踩空台阶，滚到台下，这时候台下的观众哗然，只见杨澜一跃而起，面带笑容镇定地对观众说："真是人有失足，马有失蹄，我刚才的狮子滚绣球滚得不够熟练吧。看来这次演出的台阶还不那么好下呢。但是台上的节目会很精彩，不信，大家瞧她们。"话音刚落，全场爆发出热烈的掌声。这样的应对确实是非常机智的，这确实跟她本人各方面的修养分不开。

（四）语言风格要有个性

主持人的个性语言是节目魅力和个人魅力的源泉。个性魅力对于提高主持人节目传播效果有重要的作用。比如优秀节目主持人白岩松，总是以他饱满的热情、厚积薄发的功底和深入浅出的表达技巧，或侃侃而谈，或画龙点睛略加评点，或灵敏反映机智贴切，语流畅达极具风采，使观众在思想文化等方面受益的同时也体味到语言的魅力。这样的主持人自然能够得到受众的认可、喜爱、敬佩和信赖。娱乐节目名主持李咏一直是以幽默自然、妙语连珠、雅俗共赏的语言风格备受观众的喜爱。此外，还有以性格特点为风格突出主持个性的，如豪放的主持人主持节目一般比较激荡；谦逊的主持人主持的节目比较含蓄；博学的主持人的节目喜欢旁征博引；活泼的主持人的节目轻松热烈；幽默的主持人的节目一般都比较风趣诙谐等。另外，主持人的音色、吐字习惯、表达方式的不同，也能客观的显示口语的个性。

（五）语言要朴实自然

为了能够与受众有更好的交流与沟通，主持人在主持节目时语言需要朴实得体，亲切自然。尤其是谈话类节目，如果主持人的表现高人一等、盛气凌人，不耐烦的感情溢于言表，不礼貌的言辞不时冒出，都会使他失去受众。

另外语气的松紧疏密、语速的快慢要灵活富于变化。

三、明确主持人口语表达的注意事项

（1）不要乱用语气助词、连词等。有的主持人语言粗糙，常说出带有语病的句子，不合语法的现象尤为突出。经常无原则使用"啊、吧、呢、吗"等语气助词，以"那么"开头等，已成为许多主持人的通病。

（2）不要不懂装懂。有的主持人政治水平低，有的格调低，却要打肿脸充胖子，不懂装懂，结果错误百出，捉襟见肘。

（3）主持人口语应讲求艺术性。主持人的口语有宣传作用，宣传就要讲究艺术性，不能简单灌输和生硬说教，应该追求美感，讲究吸引人的魅力，这样才能提高节目的收听率和收视率。

第三节　做一个好主持人

广播电视节目主持人不仅要会讲比较纯正的普通话，声音亲切自然，悦耳动听，而且还要口齿伶俐，善于表达；播讲时声音抑扬顿挫，富于变化。谈主持人的风采也罢，主持人的个性也罢，甩不开、剥不离的仍是主持人的语言功夫、语言特色。

怎样做一个好主持人？

高招一：要有兴趣，要有信心

读者郑缇萦：我很想学好普通话，想问问你是怎么样学普通话的？

维嘉：首先你要有兴趣。一件事情一旦是自己想做的，就一点都不会觉得辛苦，每次都会愿意去做。兴趣所在是最大的，也是最重要的。学好普通话是做一名好主持人的基础。其次要对自己有信心。再次是平时要多说，在说的时候注意征求一下别人的意见，问一下旁边的人自己哪里说得好，哪里说得不好。最后就是多看看字典，我们平时就经常捧个字典。总之，学普通话没有特别的窍门，就像学英语一样，要多读多练。

高招二：要懂得让别人开口说话

读者韦静怡：我在校广播电台的时候就开始就当主持人，我想问一下，该如何调动现场气氛?

维嘉:你的个性一定要张扬,要把那些陌生人当做熟悉的朋友,这样他们就能感受到你的感染力。同时,主持人不光是靠说话来表现自己,还要懂得让别人开口说话,就像了解别人需要什么一样,你应该学会让现场的观众开口说话,把他们的情绪调动起来。

高招三:真诚和自然最重要

读者王使:怎么样才能在那么多主持人中脱颖而出?

维嘉:我觉得不要去刻意追求一种风格,别出心裁也好,奇思妙想也好,什么都不如真诚和自然来得重要。你看湖南卫视的主持人每个人都有自己的风格,但他们有个共性,就是都很真诚、很快乐,无论在讲话、沟通,还是主持方面上,他们都是在真诚的、从心底里快乐地表达自己。如果你很真诚,人家会觉得你很有亲和力,像邻家哥哥、邻家姐姐一样。你想想,如果你让观众感觉像一个身边的人、一个大家的代言人,并把话说到他们的心窝里去,那么他们马上就会对你有好感。人家会想,这个人说出了我心里的感受、我心里所想的。

高招四:每个地方的人都有他们自己的特点

读者王微:杭州人性格比较温和,你说他们适合做主持人吗?

维嘉:每个人都是个体,主持人也有不同的类型。杭州有它自己的特点,它的主持人可以是温和型的、娓娓道来型的。既然杭州是偏柔一点的城市,那么杭州的女孩子可以把这方面的优势表现出来,和节目结合起来,这样就能自成一派。

一个优秀的主持人应用自身魅力去感染每一位观众。

一个好主持人:可以与观众用心交流!可以用眼神使观众开心!用最真实的自己出现舞台,用最清新的心情与观众对话。

一、主持入门篇

主持人的功能:串场(承上启下,例如:若上一场戏剧为歌仔戏,就可点出歌仔戏几个笑点,再引出下一剧的特色)、笑果、互动、介绍、暖场、场控(负责处理突发状况,掌控流程)、应变。

二、主持类型

司仪也是主持人的一种。

正式——观众好接受,性质较一致。注意事项:眼睛需平视、扫场,腰要打直,站姿应多注意。

非正式——用多元化的包装,采用较活泼的方式。

会议的主持——应注意规则的遵守、气氛的掌控及立场的公正性。

三、平日的锻炼

台风、站姿、手势、视线、扫场、小动作。
个人风格:段句、速度。
声音正音:咬字要清楚;断句:注意速度、节奏。
power:情绪的表达。
不偏台、不背台。
表情、肢体——夸张但不做作。
主持稿:不黄不黑、不伤人。

四、功力的提升

人:观众(身份、背景)。
事:目的、气氛、特色。
时:适活动、适疲倦。
地:地板、阶梯、露天。
物:麦克风、其他资源。
了解节目内容,随机活泼。

五、主持的实战

拿麦克风以不是惯用手的那只为主。
男生可以将手放于腹部或背后。
女生要交叉站,重心要平均。
当两个主持人同时在场上时以靠内侧的手拿麦克风。
把握机会,多练习。

(一)化异乱同,组合错位

甲乙两种事物性质原本不同,却因某一相似交际之处而混为一谈,那么,在本该用甲的地方而用上了乙,这种错位组合势必导致荒诞不经。故意交际化异乱同,组合错位,这是幽默"创作者"的惯用技法。

1. 生拉硬扯

两个事物原本风马牛不相及,偏要搜出一星半点的皮相相似,肆意穿凿为有内在联系。一次婚礼上,人们一定要新郎回答为什么爱上了新娘,他说:"我不知道,这可能铸成大错。当初我只是爱上了她的酒窝,因为我贪杯,可我现在要同她整个人结婚了。"酒窝交际跟贪杯本来毫无瓜葛,新郎却硬借"酒窝"的"酒"字跟贪杯即"嗜酒"的"酒"字相似来建立起因果关系,从逻辑上讲,无疑是荒唐之至的;但这种极其得体的幽默既绕开了大讲恋爱史的诸多不便,又博得了嘉宾们的哄堂大笑,增添了婚礼的喜庆气氛,这真是"不经"中自有"经"在。

2. 处事僵化

世间万物都处于相互联系之中,一切均随时间、地点、条件的改变而改变,同样的话语在不同的场合会有不同的含义,在此时此地行之有效的做法原封不动地用于彼时彼地难免碰壁。但如果有意为之,效果则是奇妙的。有位老太太坐在警察局里全神贯注地读一本书,浑身战栗着。有人问她出了什么事,她笑笑说:"没有什么,我一个人在家看这本鬼故事,怕得要命,所以到这里来,有警察保护。"在警察局固然有安全感,但这仅仅适用于免遭人身伤害,这位老太太读鬼故事而异常害怕则属于一种心理感受,她到警察局来寻求保护解除害怕,无疑是驴唇不对马嘴。这不是不分场合、对象,处事僵化酿成的幽默吗?充满情趣,又蕴含智慧。

3. 语意挪移

在具体的交际活动中,语言的能指和所指有时候不一致,但角色一般均能正确理解,彼此配合也十分默契。这时,如果一方有意地无视语言特定所指,就会造成语意的挪移,交际活动亦随之产生另一种效果。村里有位老人过九十九岁生日,人们前来祝贺。村长高兴地向老人道喜:"老寿伯,衷心地祝贺你。我希望能给你庆贺百岁大寿。"老人很仔细地打量了村长一番,然后说:"为什么不能呢?你身体好像很结实。"村长所说的"我希望能给你庆贺百岁大寿"分明是预祝老人能活百岁的意思,而老人却故意理解成"村长希望自己能再活一年"。经过老人的语意挪移,话语中无疑增添了情趣和智慧。

(二)明修栈道,暗度陈仓

在感知和思维过程中,我们常常会因为主要路径特别明显而滑过另一条可供选择的路径。明修栈道、暗度陈仓的方法正是钻了这种"注意滑过"的空子。具体方法有以下几种:

1. 目标相左

心理学表明,即便是对同一事物,由于注意目标的不同,感知的结果也必有差异。比如,有人向邻居提出:"请你把唱机借给我一个晚上好吗?""当然可以,你要欣赏音乐吗?""不,"他回答说,"今晚我要安安稳稳地睡一觉。"唱机可放音乐,这在我们的经验中已经形成了稳定的联系,所以一见有人要借唱机,就条件反射似的联想到他要听音乐,而邻居的发问更加强化了我们的这一注意定向。结果呢?竟是为了安静睡觉!这种情趣的产生不就是源于注意目标相左吗?

2. 夸饰逾度

抽取对象特征是感知或思维的重要一步。如果特征如实呈现,自无意外可言;若扭曲反应,便有新奇趣味之感。因此,对事物的特征作极度夸饰亦为情趣追求意外的方法之一。有人这样向医生叙述自己双耳被烫的经过:"我正在烫熨斗时,电话铃响了,我一不留神,错把熨斗当话筒去贴在左耳上了……当时我急于叫救护车,打电话时又把熨斗当话筒去贴在右耳上了。"你看,将熨斗当做话筒,烫了一次不算,还要再来一次,岂不滑天下之大稽!然而,我们在笑过之后又会觉得:这不是对粗枝大叶的绝妙讽刺吗?这样说话不是智慧的表现吗?

3. 反应乖张

感知或思维的最后一步是对照记忆经验作出反应,而这反应又总是或隐或显地受着种种既定规范的支配。如果反应悖于常情,就会使人觉得意外。登山时,导游提醒游客:"当心了,这儿很容易跌跤,一摔就会掉到万丈深沟里去,不过……"他继续平静地说,"如果你真的跌跤了,下落的时候不要忘了朝右边看,你会欣赏到在这儿看不到的景色。"导游临末所补的几句实在有趣,给人以轻松感。

(三)话中有话,弦外有音

说话时本义分明在彼,却偏偏言此,由于其间的某种伴生关系或特定关联,让人由此而悟到彼,这就平添了一层曲折,因而显得含蓄幽默。幽默中的婉曲形式常见的有:

1. 反义正说

对于"你和你的丈夫之间有什么共同之处"这个问题,有人这样回答:"我们俩都是在同一天结婚的。"乍一看,我们会奇怪:结婚原是夫妻双方共同的行为,而回答者竟一本正经地将它作为他们夫妻之间的共同点,这不是等于什么也没有讲的大废话?可再一想,不对了,这是在讲他们夫妻在理想、爱好、个性等方面毫无共同点哩。你看,这不是在智慧中又体现出情趣的妙语吗?

2. 指桑骂槐

一个用膳者用手捏着一条鱼的尾巴,把它从盘子里提起来,冲食堂负责人喊道:"喂,你过来问问这条鱼吧,它的肉上哪儿去啦!"另一位买香酥鸡的,发现没有鸡腿,也叫了起来:"上帝呀!这只鸡没有腿!它怎么跑到我这儿来了呢?"不难设想,在场的用膳者初听时难免一愣:这两位怎么想起要煮熟了的鱼和鸡来回答问题呢?这时,在食堂用膳常遭克扣的经验会使他们马上明白过来,并报以赞赏的笑声。反过来如果这两个人直来直去提出质量问题,还谈什么话语中的情趣和智慧呢?

(四)将计就计,倒赚入彀

此法同样可以使话语充满情趣和智慧,它多用于角色交锋之中。可分为言辞推演和做法仿效两种。

1. 言辞推演

当一方出语带刺,甚至公然辱骂时,另一方并不正面反击,而是将对方所说巧加推演引申,在不动声色中倒赚对方入彀。阿凡提害眼病,看不见东西。国王偏要叫他来看这个看那个,还取笑他道:"你不论看什么,都把一件东西看成两件,是吗?你本来只有一头毛驴,现在可有两头了,阔起来了,哈哈!""真是这样,陛下!"阿凡提说,"比如我现在看你,就有四条腿,跟我的毛驴一模一样!"国王幸灾乐祸于阿凡提害眼病,出语可谓极尽刻薄。对此阿凡提非但没有恼火,反而表示赞同,原来阿凡提不过是以国王戏弄他的言辞为前提作了一番推演引申,就把对方射来的箭掷还给了对方,而且对方还丝毫腾挪不得。这等谈话机锋能不叫人击掌赞叹吗?

2. 做法仿效

一方的做法不当引起另一方的不满,但另一方并不立即诉诸言辞,而是按照对方的行事逻辑,故意制造一种情境,诱使对方堕入彀中,当他发出责难时,另一方则摊出底牌,这种方法同样可以使话语充满情趣和智慧。比如,某工人下班后在当地酒馆泡到十点多钟才回家。还坐在桌旁等他的妻子毫不盘问责备,反而殷勤劝饭劝酒。他早已酒醉饭饱,自然不想再吃,便去睡觉。凌晨三点半,闹钟大作,他匆匆起床,开灯一看钟面,不禁大为恼火。其妻心平气和地说:"要是你下班后要四小时返回家中,我想上班也需要同样的时间;我不希望你迟到。"不言而喻,妻子对于丈夫迟归的底是了然的,但她偏不挑明,而是设法让他尝尝凌晨起床的滋味以示惩罚。面对这种"请君入瓮"的妙招,丈夫在摇头苦笑的同时,也会佩服妻子的多智。

第六章　即兴评述

第一节　材料分析

一、政策出台

第一肯定政策出台的意义。(例如:"限塑令","杭州推行自行车"。)
(1) 由政策联系背景,与现在的改变,由此道明政策出台原因。
(2) 政策出台后在实施中的成效,影响或是利与弊。
(3) 有弊端或是难以实施的地方,结合实际,提出自己的看法。
(例如:"综上所述,我认为这个政策还是有着其长远意义/或……")

二、一个事件引发的争议

(1) 将此争议点明。
(2) 争议原因,前因后果。(引背景)
(3) 由此你联想到的相关事例,从深度和广度上延伸。
(4) 总结观点。

三、给出一句话分析

分析谚语、格言、古语等。(例如:"不以规矩,不成方圆""细节决定成败"。)
(1) 解释含义。
(2) 举例说明。(例子:一古一今较好。)
(3) 结合当今社会,此语是否试用,一分为二看待。
(4) 总结观点。

四、没有包含明确观点的话（例如："得与失""我的幸福观"。）

(1) 举例论证！例子具有说服力。
(2) 如果是主观性强的题目，从自身找事例更具有说服力。

第二节 评述注意

一、评述注意事项及学习技巧

(1) 在论证过程中，通过举事例，借用名人名言或专家言论使评述具有说服力及权威性。
(2) 由论点、论据、论证三个要素组成，具有政策性、针对性、准确性。观点需要在论证前亮明。
(3) 学会用"第一、第二"等类似的词语帮助你的评述更具条理性。
(4) 学会延伸，从广度及深度两方面延伸，使评述更加深刻全面。
(5) 语速适中，吐字清楚。

评述要求：观点明确；条理清晰；会举例子；语言流畅、精炼。

1. 强行记忆，边想边说

首先是把分观点和大的结构记住，然后再强行记忆分观点的小观点和小结构。

说的时候，一边想一边说，不要试图去背准备时的原话，而要去说准备时观点的意思。如果记忆不深或紧张，容易"卡壳"，但说意思却容易使大脑处于活跃状态，还容易产生新的思想火花，使即兴评述增色。另外，也不要用一种流利和生动的"演讲调"，这样容易给主考一种事先押中了题临场背诵的感觉。不用担心说得不精彩或不流畅，精彩和流畅都是相对而言的。偶有哆嗦、重复、不顺畅，包括词语的不太准确，在即兴口语表达中都是正常现象，关键是要言之有物、言之有序，像说话就可以了。

2. 联系实际，巧用例证

即兴评述是要应考者谈谈对某一问题的看法，而不是让应考者做一篇理论文章或学术演讲，因此，不必把问题想得太复杂、太抽象、太"理论化"。有的考生不明此道，一开始就拉一个很大的架势，一上来就说了一堆堂皇而又空洞的话，反而显得华而不实。联系实际，是最好的方法，是联系自己的实际，联系自己身边人的实际，联系自己所熟悉的社会环境的实际，谈自己最为熟悉的、最有感受的人和事，容易有感而发，入情入理。可以多准备一些生动的例子，正面的、反面的、古今中外的、名家名人的、自己的和自己熟悉的人的实例。特别是当思维和语言不太顺畅时，或一时想不起准备的提纲时，都可以信手拈来一个生动的例子,一方面可增加论证的力度,另一方面可边说边理清思路。当然,也不可把评述搞成例子的堆砌,关键是要用得好,用得不留痕迹。

3. 自信连贯,一气呵成

即兴评述的成功与否,与应考者的自信心强弱有直接关系。准备得再好,怯场不自信也难以出色发挥。加上即兴评述的考试一般都是在电视演播室的环境下进行,有的考生第一次进入这样的环境,在聚光灯下,面对摄像机镜头,的确容易紧张。因此,自信心就显得更为重要。可以用"把收听对象设想成不同意你观点的人"的方法来调动自己的评述欲望,"我有理""我一定要说服你",可以增强评述的主动性、说服性。另外,尽量使评述连贯、流利,即使一时"无话可说",也要"硬着头皮往下说",尽量不要让语流出现"断线""卡壳",因为这种"断线""卡壳"会加剧思维的空白和心理的紧张,咬紧牙关,坚定信念,就一定能够渡过暂时的难关,一气呵成,完成评述。

4. 自拟题目早练习

临参加考试之前一两个月,课余或学习之余,拿出一点时间,自拟一个题目,先准备几分钟,再评述几分钟。开始可以准备时间稍长一些,如调至20分钟,然后说上3至5分钟。随着练习的增加和经验的积累,准备时间可以逐渐缩短。关键是要熟悉这套程序和方法。可以请自己的家人或同学帮助自己练习,请他们做你的听众,事后,帮你分析不足,挑毛病。当你练了二十多个题目以后,你就会发现自己即兴评述的能力就已经大大提高了。

二、即兴评述如何开头

(一) 典故法

在某些试题的背后,常常会存在一些典故,像这句话的出处、形成原因、由来根源、内涵故事,等等。在评述开头如果能将这些有根有据地娓娓道来,既能使开头显得有学识有见地,同时又能为接下来的评述奠定确凿的基础,博得主考老师的欣赏。

当你对这题目里包含的典故并不十分把握,有点模棱两可的意思的时候,一定要当心,宁可选用其他的方式开头,也不能为了一鸣惊人而仍然要去选择这种方法。一定要在有完全把握的情况下才能选用这种开头方法。

(二) 开门见山法

所谓开门见山法,顾名思义,就是在开头直接解释题目的意义,包括字面上的意义和深层的内涵。这种方法的优势在于能够迅速导入正题,干净利落,不拖沓。如果考生对试题背后的历史典故模糊不清时,最好不要冒险,可以转而使用这种方法开头。

我们试以"君子坦荡荡,小人常戚戚"为例。

"君子坦荡荡,小人常戚戚"这句话出自《名贤集》,它的意思是:正人君子襟怀坦荡,思想乐观,而小人总是心胸狭窄,忧虑重重。由此可以看出,做一个君子可比做小人要快乐多了……

使用这种方法开头时要注意,很多题目的意义并不是一重的,所以我们在分析题目时不能够仅仅停留在表面上,最好能够比较充分和全面地分析题目的含义,看看主考老师出这个题目的最终目的是考察你对哪一层含义的理解程度。

(三) 提出问题法

这种开头方法最大的优势在于能够通过问题引起各位主考老师的注意力,使大家对考生的评述产生浓厚的兴趣。其中,提出问题法还可以分为自问自答和现场设问两种方式。所谓自问自答,其实也是一种设问,只不过问者和答者都是考生自己。就是指考生根据所抽试题有针对性地提出问题,随即答出答案,通过答案标明主旨立意,以便后面继续阐述自己观点。

我们以"学如逆水行舟,不进则退"为例来说明自问自答法。

我想首先问大家一个问题,假设一下,如果我们乘坐一条小船逆着水流而上却没有人去用力划桨的话,会出现什么情况呢?对了,船肯定会顺流而退,让我们无法到达预定的彼岸。学习就是这样的一个过程,这正印证了那句脍炙人口的老话:"学如逆水行舟,不进则退。"……

需要注意的是,运用自问自答式时所提出的问题,往往都是不言自明的,考生此时提出问题并不是为了难倒主考老师或者是真的为了寻求一个答案,而只是为了将在座各位的思路引导到你的评述之中。

现场设问这种方法虽然也是设问,但是和自问自答有所不同。我们先来看这样一个例子:

有一个考生一进考场就问了主考老师一个问题:"请问各位老师,人是从哪里开始衰老的?"主考老师活跃起来,有的说大脑,有的说心脏,有的说大腿,还有的说肚皮,答案各异,妙趣横生。这位考生微笑着摇摇头,最后主考老师安静下来,考生才说出他的答案:"我看——有的人是从屁股开始衰老的。"老师们露出笑容,急于听他怎么解释。他顿了一顿,说:"现在有些部门的领导不深入实际,整天泡在'会海'里,坐而论道,屁股可受苦了!既要负担上身的重压,又要与板凳摩擦,够劳累的了,如此一来,岂不是屁股先老吗?"原来,他抽到的试题是有关当前一些领导工作作风不踏实现象的探讨。

在这个例子中,考生用提问的方式制造了一个悬念,调动了听者的积极性,使得场面气氛活跃起来,抓住了听者的注意力。在听的人百思不得其解的时候,他又给出了一个出人意料的答案,制造了第二个悬念,从而控制了听者的思想和情绪。应该说,这样的开头是比较受欢迎的,同时也需要考生具备一定的语言技巧。

三、即兴评述的五个要点

(一) 掌握题意

拿到一篇稿子,我们首先要认真品读每一个环节,即:事件的中心思想、时间、地点、人物、事件的关键词,等等。如果给你的是一句话,你就立刻产生联想,比如:"你最难忘的一件事",你的脑海里可能立刻就有了一件事的回顾,但不要急于说出,而是要结合当时的(考试)现场情景,设置如何导入,就是如何把这个难忘的事通过合适的陈述手法说出来。

切忌单刀直入,这样显得太没经验。

(二) 提炼中心

阅读掌握事件的基本情况后,大家要善于提炼事件的中心思想。提炼的方法可选择事件的不同侧面,由不同特点进而提炼中心。有了中心思想这块基石,就可以添砖加瓦建大厦了。

(三) 学会延伸

就是依据事件本身,从特点出发,引申开去,一是把事件的意义尽量向深度广度延伸,要尽量说透、说深、说厚实,带有真理式的力度。二是把事件的延伸过渡到现实生活中,结合社会现象、自然现象或某一发展规律,将话题带入生活,将话题活化。如果想取得意想不到的效果,必须摆脱现象的迷惑,而是用专家的语气,从事件的根源出发,透过现象看本质。

(四) 发表己见

通过话题延伸,陈述自己的观点或专家的观点,引发听众思考,从中得到借鉴,达到评论话题的目的。发表己见时要认真严肃,尽量用真理式的话语或名人名言来牵引,用不可动摇之论据,使评述更具权威性,比如:用"俗话说、一位名人说过、通过采访得知、专家学者说等等"引出结尾。总之,发表己见时要真理与感染力并重,没有感染力的评述是不成功的评述。

(五) 语言特色

语言表达要流畅,语句要尽量凝练、准确。

第七章　新闻播报

第一节　理论概要

一、广播的基本常识

广播是通过无线电波传送声音的大众传播媒介。

无线电广播发明于1906年,以加拿大人费森登在美国的一次实验为标志。

美国匹兹堡KDKA电台成为世界上第一座正式电台。

中国的广播事业发轫于20世纪20年代。

1923年1月,美国人奥斯邦在上海开办"大陆报——中国无线电公司广播电台"。

1926年10月1日,在奉系军阀支持下,在哈尔滨,广播无线电台开始播音,这是中国人自办的第一座广播电台。

1927年3月,上海建立新新公司广播电台,被视为中国民营广播电台之始。

1928年8月,国民党官办的"中央广播电台"在南京开始播音。

抗日战争时期,1940年12月30日,延安新华广播电台开始播音,标志着新的中国人民广播事业的诞生。

世界各国的广播电视几乎都以新闻和文艺两大节目形态为主要支柱。

广播电视节目按内容可分为:新闻性节目;文艺性节目;教育性节目;服务性节目。

播音属于语言应用范畴,它最早运用于广播,随即通用于电视。

狭义的播音由专职播音员承担,广义的播音包括非专职播音人员(记者、编辑等)的有声语言传播。

20世纪20年代末,西方广播中已出现新闻节目的主持人,同时,也出现了杂志型节目的主持人。

节目主持人的职责不仅是被动的播音者,而且是节目的总体策划者、设计者、组织者,也是主播。

广播电视的节目主持人是联系节目与听众的纽带和桥梁,是节目或栏目制作群体的形象代表。

二、新闻基本常识

"新闻"一词在我国古已有之。据考证,"新闻"一词最早出现在唐朝。从史料《新唐书》《南楚新闻》,以及南宋《朝野类要》的记载中不难看出,从我国早期使用"新闻"一词的情况看,它主要指传说、传闻、故事、奇闻逸事等等,和现在我们所说的"新闻"有很大不同。

在西方最早使用News一词,据记载是在1423年。一个词可以概括新闻的特点,这个词就是News。为什么英文把新闻称作News?有两种解释:一说这是由北(North)、东(East)、西(West)、南(South)四个字的第一个字母拼起来的,表明新闻是"四面八方消息的集合";一说是由新(New)这个词的意思引申出来的。综合这两种说法,News就是新的、东南西北发生的事情,这就是新闻。

尽管古今中外对"新闻"一词根源的探究结果所有不同,但是不可否认的是"新闻"一词虽然经过了长期演化,仍都有"新鲜事情""新鲜报道"的基本含义。

现在"新闻"一词在新闻传播学中主要有三方面含义:一是新闻的定义;二是各种新闻体裁的报道形式的总称;三是专指消息这种体裁。

现代新闻学从西方传入中国后,关于新闻的定义业界有很多界定。得到我国新闻界公认的是陆定一1943年在《我们对于新闻学的基本观点》一文中提出的定义,即"新近发生的或正在发生的一部分事实的报道"。这个定义被广泛采用并产生了很大影响。这个定义简洁而科学地道出了新闻的本质含义。一是,坚持了唯物主义的新闻本源观;二是,指出了新闻是关于事实的报道;三是,明确了新闻是新近发生的事实的报道;四是,具有普适性。

新闻概念有广义与狭义之分。广义的新闻,是消息、通讯、特写、速写、报告文学、采访手记、群众来信等多种新闻文体的总称;狭义的新闻则专指消息。

(一)新闻的特点

新闻稿件是播音创作的文字依据,首先我们就要对新闻稿件的特点有所了解,为我们有声语言表达打下基础。新闻,是对新近发生的事实的报道,那么新闻稿件具有些什么特点呢?

真实性——新闻报道的内容一定是真实可信。

新鲜性——新闻报道的事实是新近或正在发生的事实。

简短性——新闻稿件的篇幅短小,语言精练,是对新闻事实简明的概述。

典型性——新闻报道的事实是具有一定的新闻价值的事实,具有代表性,受到人们的普遍关注。

及时性——新闻稿件要用最简短的语言传播尽可能多的单位信息,反应敏捷,传播速度迅速。

例1:

本台消息:眼下,不少南宁市民都喜欢去"批发点"购买商品,从香皂、牙膏、卫生纸等日常用品,到水果、烟酒、饮料等副食品。批发,已悄悄走入南宁的千家万户。以前逢年过节或走亲访友才买点水果,想批发,商店也不会干,可现在水果成了人们平时少不了的消费品,一次批个一两箱,既便宜也省的天天买。一些较高档的消费品,如八宝粥、健力宝等,也已走进批发的行列。与此相适应,南宁已开设多家大型仓储式商场,并形成数条商品批发一条街。据了解,灵活的市场机制使很多经营者实行批零结合,批发数量没有硬性规定,购买越多越便宜,一般批发比零售低10%以上,有的甚至达30%～40%。

例2:

本台消息:千万游人为青岛宜人的风景所倾倒。如今,该市又增添了一道美丽的风景——四方区嘉禾路上的施美化妆品商店。这个个体小店,以"文明经商"名动青岛。

"施美"店主叫陆桂珍,今年58岁,青岛开展"百城万店无假货"后,陆桂珍一家立即闻风而动,认真进行自查。结果,在自查中发现有价值3000多元的化妆品已经或即将超过保质期。有好心邻居劝她:"保质期哪有那么绝对的?超过一天半天没关系。"陆桂珍说:"既有保质期一说,就不能有半点马虎,化妆品关系到消费者的健康。不能为了赚钱骗人,丧良心。有经济损失不要紧,只要人勤快,店有信誉,就不愁没生意。"

这件事在青岛市引起很大反响,人民群众对陆桂珍一家表示钦佩,许多个体工商户表示要向她学习。

(二)新闻的形式

新闻,是指报纸、电台、电视台经常使用的记录社会、传播信息、反映时代的一种文体。它的种类很多,这里只介绍使用频率最高的消息和通讯。

(三)新闻的结构

新闻的结构形式包括:导语、背景、主体、结尾四个部分。

(四)新闻的播报

播报新闻是广播电视传媒中播音员、主持人最主要的工作内容之一。

新闻稿件的特点对新闻播音产生规定性影响。

"用事实说话,以新感人"概括了新闻播音的特点。

新闻播音的基本要求是:

(1)叙事清楚,逻辑严密。新闻是对新近发生的事实的报道,因此,把新闻事件叙述清楚是我们新闻播报首要的任务,也是最基本的要求。这就需要我们在新闻播报的过程中,语音清晰,处理好语句的停连重音,层次分明,语意抱团,分清主次,才能使新闻事实表达清楚,让观众一听就明白。

(2)新鲜感强,以新感人。新闻报道的内容是新近发生的,传播很及时,具有很强的新鲜性,因此在播报新闻的时候,一定要注意体现出这种新鲜感。这就要求我们在播报时,语言节奏明快,字音饱满有力度,气息的弹发跳跃感明显。

(五)新闻播报的语言特征及相关技巧

1. 准确规范

播音语言是经过加工的生活语言,不等同于日常说话。要求普通话标准规整,干净利落,这是由稿件的新闻性决定的,要求在最短的时间内把一篇稿件的内容表达清楚,具有感染力。

2. 朴实无华

新闻稿件的文字语言简练,没有过多的形容词,所以新闻的有声语言表达也应该是朴实大方的。无论是在声音还是在感情上都没有必要进行夸张和渲染,这是新闻的真实性的要求。

3. 圆润饱满

新闻稿件的文字内容是通过播音员的声音传播出去的,受众是从播音员的有声语言中来了解和感受新闻稿件的内容。因此,要清晰准确地传达稿件内容,就要让我们的声音饱满有力度,具有穿透力,而且圆润动听,具有吸引力,给受众带去美的享受。

4. 简洁明快

由于要在单位时间里播出尽可能多的新闻信息,满足受众的需要,因此要求播音员的有声语言也要在单位时间里容纳更多的音节。但要注意,这是相对的,不是绝对的快,否则会影响到受众对稿件内容的理解。这主要是要求我们在播报表达时,要少停多连,语意抱团,紧凑有序,具有节奏感。

(五)新闻有声语言表达的样式

新闻播报的样式是由新闻稿件的内容和形式来决定的,反过来又为其特定的内容和形式服务。下面我们就简单地介绍一下播音语言的三种样式。

1. 宣读式

郑重宣告。对规整性的要求最高,口腔控制的力度最大,气息控制最强,口腔控制力度最大,语流的速度最慢。既有发布新闻的新鲜感,又有发布重要消息的严肃感和持重感。适用于公告、通告、讣告、名单、命令等。要求:气息沉稳、匀畅;声音通畅、坚实洪亮,不强调音色多变;口腔控制的力度较大,字正腔圆。

2. 播报式

规整自如。它是新闻播音中使用频率最高的一种,适用范围很广。既有报道新闻的准确简捷,又吸收了自然语势的轻松自如,是介于宣读式和谈话式中间的一种"半书面半口语"的语言样式。

3. 谈话式

轻松自如。它的适用范围不如播报式多。在新闻语言的准确简捷的前提下,尽可能多地保留了口语化的轻松自如。

第二节　典型问题训练

一、标准结构

新闻消息的结构形式包括：导语、背景、主体、结尾四个部分。
（1）确定导语的语句重心，避免语势平直架起。
（2）主体部分要突出重点，形成语流曲线，忌讳摆单句。（摆单句容易成一片散沙或一团乱麻）
（3）明确背景材料的用途，充分发挥内在语的作用。
（4）结尾要呼应全篇，语气自然过渡转换，句尾蹲住。

二、新闻背景与导向

了解新闻背景（社会实际情况，党的方针政策，政府法令法规），明确针对性、培养新闻敏感（把握新闻），提高自身新闻素质。

三、导语的处理

新闻稿件的导语，是指每一条新闻的第一句话或者是第一个自然段，揭示了新闻的要点，突出新闻的精华。在有声语言的表达上，也具有很重要的作用，它起到一个引导的作用，引导受众收听或收看新闻的全部内容，提起受众想了解新闻详细内容的兴趣。所以，对新闻导语部分的处理要得当，以免造成受众的流失。

对新闻稿件导语的处理，要注意的是重音的处理以及语势的起伏。语句的重音切忌太多，因为太多的重音选择反而没有了重点，一定要精选重音，找准声音的着力点，使整个语句的走势有起伏变化，引起听众、观众的兴趣，切忌语势僵直。那么下面我们就来分析一下，《清朝瓷器昨拍出世界最高价》这篇新闻的导语部分应该怎么处理，先来看稿件：

例：
新华社香港5月7日电（记者李凯）　香港苏富比今天在此间举行中国瓷器及工艺品拍卖会。一件清朝雍正年制的粉彩蝠桃"福寿"橄榄瓶以4150万港元价格成交，创清朝瓷器拍卖价格世界最高纪录。

据介绍，同时期这类花瓶多以青花设计，粉彩设计花瓶尚属首次发现。橄榄瓶表面点缀着象征福寿的桃与蝙蝠，做工精致、细密。优雅的瓶体上繁花硕果的设计体现了粉彩作品的魅力。

苏富比中国及东南亚区执行董事司徒河伟介绍说，这件瓷器在美国及亚洲地区展览时已受到收藏家的青睐。拍卖一开始价格即迅速脱升,以致很多收藏家都没有机会投标。

全文的第一自然段是导语,大概的意思就是说清朝时期的一个花瓶以4150万港元被拍卖,是由时间、地点、人物、事件、结果这五个新闻要素组成。时间是5月7号,地点是在香港,新闻事件的人物就是一家叫做"苏富比"的拍卖公司,事件就是苏富比拍卖公司以4150万港元的高价拍卖成交了一件清朝雍正年制的粉彩蝠桃"福寿"橄榄瓶,结果是拍卖的价格创世界最高纪录。那么在处理导语的时候,就要注意重音的选择,一定要少要精,比如这篇新闻的导语只需在播讲的时候强调"4150万港元"和"最高"就行了,然后将"苏富比"以及橄榄瓶作为次重音也是可以的。另外,语势上,第一句话平起,慢慢地形成一个向上走的趋势,到"4150万港元"的时候形成第一个小高潮。然后又平走最后在"最高纪录"的时候达到最高潮,然后再稳中结束。这一导语语势就呈波浪形,起伏有变化。反之如果直地架起,就很难引起听众观众收听收看的兴趣了。

四、主体的内部层次及主次

新闻的主体部分,就是新闻的主要部分,是对导语中所提出的最重要、最新鲜的事实作进一步的阐述,使观众对新闻事实有一个完整具体的认识。因此,要处理好主体内部的层次和主次,才能把主体部分叙述清楚,让听众、观众能清楚地了解新闻事实,达到宣传的目的。

(一)对主体内部层次的处理

要注意层次内部的集中,也就是我们平时常说的语意要"抱团",加强句与句之间的关联,少停多连。另外,还要注意,层次间语气的转换和衔接,避免平直无变化。

(二)对主体部分主次的处理

要注意运用对疏密变化的调节来区分主次,对不重要的内容往往加快速度放平语势,在清楚表达的前提下一带而过;对重要的内容,就要放慢速度扬起语势,加重语气,说透说清,给受众造成一种"反差"以引起他们的关注。来看《我国成为市场经济国家》这篇新闻,对它的主体部分的层次和主次做一个分析。

例:

新华社4月13日电 一项最新的研究结果显示,按照国际公认的标准测定,我国是发展中的市场经济国家,而不是一些国家所视为的"非市场经济国家",2001年市场经济发展程度为69%。

商务部进出口公平贸易局委托北京师范大学经济与资源管理所做的《2003中国市场经济发展报告》日前完成。这项研究从我国经济现实出发,同时考虑指标的国际可比性,以政府行为规范化、经济主体自由化、生产要素市场化、贸易环境公平化和金融参数合理化等作为测度体系,认为2001年市场经济发展程度为69%,随着经济体制改革的内在要求和加入世贸组织承诺的外在推动,市场化程度在2002年度得到了进一步提升。

北京师范大学经济与资源管理所所长李小西说,60%是判断一个国家是否为市场经济国家的临界水平,中国达到69%的市场经济水平,无疑是市场经济国家。

商务部进出口公平贸易局局长王世春说,是否为市场经济,是反倾销调查确定倾销幅度一个重要的概念。目前,被视为"非市场经济国家"已成为我国在应诉国外对华反倾销案中的一个重要难题。这项成果对继续扩大我国的对外贸易和谋求公平公正的贸易地位将产生积极影响。

这条新闻是由四个自然段构成的。第一自然段为新闻的导语,第二、三自然段为新闻的主体,第四自然段是由新闻的主体加结尾构成的。下面来对这篇新闻稿件的主体部分进行层次的划分,然后找出主次。主体是由二、三、四这三个自然段构成。主要介绍了这项研究成果的研究程序及其原因。

主体的第一层次就是第二自然段,它主要对导语中的"何人",即什么人做的研究,什么人得出的这个结论进行了阐述,并且详细叙述了研究的步骤。

主体的第二层次是第三自然段,通过北京师范大学专家李小西的话,介绍了"结论"得出的依据是什么。

主体的第三层次是稿件的第四自然段。通过商务部进出口公平贸易局局长王世春的话对导语中没有涉及的"什么原因"进行了介绍。

在主体部分的第一层次由谁研究的这个项目和第二个层次即研究出结论的依据是什么和为什么要找出它的依据来比较而言,应该说,为什么要找出它的依据是比较重要的。所以主要层次应该是第四自然段,次要层次是第三自然段和第二自然段。

那么我们在处理这样一篇新闻稿件的主体时,首先要让每一个层次内的语意抱团,比如,第二自然段也就是第二个层次,只有两句话,分别又是第二个层次内部的两个小层次,那么在表达的时候,就要让两个层次相对的作为新闻稿件中的具体情节处理。在一些近似于新闻专稿的消息类稿件中,有对新闻事件发生发展的过程的较详细的叙述,但我们一定不要过分追求语言表达的"绘声绘色"的感觉,要把握住简要概述的语言风格,否则会影响到新闻的节奏感和整体的把握。

五、客观报道显示出的态度

报道强调客观真实,是对新闻事实的尊重,是取得受众信任的基础。
(1) 含而不露。
(2) 不偏不倚。

六、态度情感与控制

从宣传目的出发,恰当地控制感情,有分寸地把握文字和有声语言的表达。

七、新闻中数字的处理

数字的绝对值是对事物本质的量化纪录和反应。
(1) 读清读准,不出现错误。

（2）给数字着色，这是处理新闻稿件中数字最重要的一点。就是说，要根据新闻事实来赋予数字或大或小，或轻或重的不同的色彩，对听众、观众起到提示的作用，便于受众了解数字真正的含义，引起他们的思考。

还要注意对数字着色要有选择。在一篇新闻稿件中如果有多处出现了数字，就要精选有价值的、最直观的数字来给予着色，这样才不会使整条新闻变得杂乱、累赘，使有声语言的表达简洁明快。

例1：昨天，距大运会落幕还有4天。中国选手再夺4金3银3铜，以25金连续三天居奖牌榜之首，俄罗斯、韩国分别以21金、19金居二三位。

在这篇新闻稿中，需要强调的是"25"，以及"4、3、3"，但后者作为次重音强调就行了。这里要选取最易理解最易记忆的数字来着色。"25"和"4、3、3"都应多着色，因为它们体现了中国运动员的拼搏精神以及实力，其他的数字就可以弱化处理以明确消息的主题。

例2：外经贸部昨天援引世界贸易组织最新统计数字说，2001年中国货物进出口额在世界贸易中的排名由2000年的第七位上升至第六位，进出口总额达到5098亿美元。

本篇稿件只需强调数字"六"就可以了，以表明中国货物进出口额良好的发展态势，突出主题。

八、专业性、技术性强的稿件处理

首先做到"真正搞懂"，而后才是播清、播顺、播得在行、播得有兴致。要跨过"外行"门槛，仔细琢磨稿件，诚恳向人求教。最忌讳半知不解或一知半解。

九、长句处理

首先，要在搞清楚语句的意思和语法关系的基础上，处理好停与连，以免造成语意的含混。为了使长句子的语意清楚又连贯，常常是停声不停气，也就是说，采用一种似停非停似连非连的方法，以语流曲线的细微变化来表现语句关系。

其次，要精选重音，以免由于重音过多而使听众、观众的注意力分散而不能清楚地了解新闻事实，也可以避免因重音过多而破坏了新闻节奏的明快感，还可以节省气息，使语流通畅自如。

最后，要注意语势的承上启下，加大语流的起伏变化，突出语句目的。

例：这是"大洋一号"/在全面改装成为具有世界一流水平综合性科学考察船后的/首次航行，也是我国首次进行/横穿太平洋的综合性远洋科学考察，/航行里程将超过5万千米，|科考过程中/还将首次使用/我国自行设计制造的水下机器人等多种先进设备。

这一句话主要就是说大洋一号要进行横穿太平洋的综合性科考，那么该强突出的作用，否则强调太多就突现不出来重音了。另外，这个句子的停连要依据其意思、语法关系合理地进行分解。在语势上，第一分句和第二分句、第三分句之间都是向上扬的，让听的人明白一个意思还没完，到第三分句完时就使用降调，以提示一个小意群的结束，第四分句开始时再向上扬起到降调结束，这样层次感才清楚。

此次远洋科考任务/是由中国大洋矿产资源研究开发协会组织实施的,主要使命是/在国际海底区域进行以富钴结壳、多金属结核等资源为重点的/勘察和深海技术开发试验工作。

　　这一长句子的重音是"国际""勘查""深海"。因为听众对谁来组织实施的不是很关注,对深奥的科学技术方面的名词术语也不是很清楚,也不会很关心,而对我们的科考船进入了"国际"海域进行考察。并在"深海"作业这样易于了解的事实比较关注。突出这几个词说明了"被别人承认""科学技术具有世界先进水平",可以引起他们的注意,达到播出目的。在"等资源为重点的"后面的顿挫,使"勘察""深海"两个重音显现出来。"勘查和深海"之间的"和"字前后就不要有停顿,以免破坏原有的意思。

十、快读处理

　　在当前信息社会中,人们对信息的需要越来越强烈,新闻是人们获取信息的重要途径。人们对信息的量的要求,促使了新闻播音要有一定的速度,要清楚明快。最初新闻的播音速度在每分钟 180 字到 200 字之间,现在随着社会的发展,播音的速度也明显加快,达到 250 字到 300 字之间,甚至有些已经超过了 300 字。如此速度不但超越了听众收听反应的极限,而且使播音员在播读稿件的时候对稿件的内容没有感觉,无法达到宣传的目的。

　　新闻播报的提速一定要"有度",即播报速度的加快不能超过让人说清楚听清楚的极限。收听新闻的观众对听到的内容要有所反应是需要一定的时间的。速度太快,不仅让听的人反应不过来,同时也会使播报者的语音与思维脱节。一味的"快""赶",平均压缩音节,没有度的任意提速,都会降低语音的清晰度,语流僵直,气息上提,处于"见字出声"的被动状态,造成播报的新闻内容浮浅不清楚。因此播报速度的"有度"提速就要:打破标点符号的限制,在对整体内容的把握下少停多连。由于文字语言的表达和有声语言的表达是有一定的区别的,"停连"就是有声语言表达中的标点符号。新闻稿件播报中的停连要符合生理和心理的需要,要让人听懂。

　　用语气的转折和起伏来区分层次,突出重点。由于受众是靠线性传播来接收信息的,声音稍纵即逝,所以只有加强对比,引起受众的注意才能让听众听清楚稿件的内容。

　　利用语流的疏密变化,加大层次间以及语句内部的主次对比,也就是说,舒展主要的,带过次要的。但"带过"不能简单地理解为快速读过,而是要在整体的控制下相对的"带过"。

　　下面通过一篇新闻稿件的分析来具体体会一下提速的方法。

　　例:

　　新华社消息:∨截至昨天,⌒齐齐哈尔市近日发生的/侵华日军遗弃在华的化学毒剂泄露事件/已确认受害人数为/36 人,∨——其中门诊治疗 7 人,——另有 29 人接受住院治疗。

　　据集中收治本次事故患者的解放军 203 医院介绍,⌒本次事故的受害者入院时均不同程度地出现了/皮肤糜烂、头晕、恶心、呕吐、双目刺痛等临床症状,∨⌒但到昨天为止,

⌒除仍有三名与毒剂有密切接触的患者出现了/白细胞减少、骨髓造血功能减弱、呼吸困难等症状,病情严重之外,⌒多数患者的病情已经稳定。按照权威的看法,患者的潜伏期可能是几小时甚至几个月。

注:V是偷气、抢气的气口,/是顿挫,⌒是曲连,——是平连。在第一段每一分句间语势都是相连的,语尾不往下滑,直到一层意思结束。在"36人"与"其中""另有"之间也应该是平连,语调平收,以说明情况。重音只强调"侵华日军""36"。用"发生的"后的顿挫是来突现"侵华日军"这个重音以引起听众的注意。用"事件"后的顿挫以及"带过""已确认"的"已"字,扬起"确认"二字,来突出泄漏事件所造成的危害程度及其后果,以强调"36"人,突出主题。"介绍"与"本次"之间作连接的处理,表现的是总分关系的意群,不可分解。"出现了"与"皮肤"之间的连接主要是为指出病情的发作表现,是并列的关系。"症状"与"但"之间的连接是要说明这些人的整体病况。"稳定"作为重音来处理。"稳定"与"但"之间的连接是为了表示毒剂伤人的发展趋势。这样的停连重音的处理,才能既清楚地播报新闻,又能在停少连多的情况下提高播报速度。

十一、新闻内部的配合及播报对手的配合

(1)从内容出发,顾及稿件内在联系,条序差异向围绕的中心集中。

(2)从播报对手角度,要在表达样式和声音的高低、语流的速度、音色的搭配等各个方面使形式协调统一,相辅相成。

十二、具体情节的处理

对具体情节的处理,一定要把握"感而不入"的境界。在播报新闻的时候,我们在把握住新闻稿件新鲜点的基础上,要切身地去感受,有了真实的感受而形成播讲的愿望,才能播讲清楚。但是,作为一篇消息播出,重要的是对事实的叙述报道与信息的传递,因此,必须注意新闻的节奏感,并且与消息类新闻的整体相协调。所以,要做到"感而不入",也就是说,要有真切的感受,但不要陷进去,否则将会影响到对稿件的整体把握。下面就这篇《四川江油蒙面歹徒挟人质抢银行》的稿件来做一个分析。

例:

记者黄志富成都报道 前日下午5时10分左右,一名身份不明的劫匪身绑炸药,外穿雨衣,头用一肉色丝袜套住,劫持一名年轻女子突然闯入江油市金轮干道解放碑附近的建设银行企图抢劫。江油警方与劫匪相持两小时后,劫匪被击毙,人质安然无恙。

据当时在该行取款的一位杨姓男子介绍,当时是下午5时10分左右,他和一些人正在办理取存款业务,突然从门外闯进来一个头部用肉色丝袜套住、穿着一件雨衣的小个子男子和一个吓得浑身发抖的年轻女子,那个大约1.5米多高的男子,看样子有30多岁,他一手抓住那个年轻女子,一边凶狠地对营业厅里的顾客吆喝道:"出去,出去。"随后又对银行柜台里的几个营业员喊道:"快把钱拿出来!不然我就拉响炸药,同归于尽!"杨氏男子说,他在往门外跑的时候,隐约看见那个歹徒腰上捆着炸药包,那件雨衣有些小,穿在身上

紧巴巴的。在警戒线边,记者看见两个中年男女正在门外街上痛哭,打听得知,他们就是被劫持的女青年的父母。事发前,他们一家正从太白公园外经过,冷不防被劫匪抓走女儿,后又挟持着进了营业大厅。

接到报警,江油市公安局立即调集各警种赶到了现场。与此同时警方开始与歹徒周旋对话,解救人质。在一个多小时的僵持中,劫匪的态度一直很狂妄。

下午6时40分,现场民警在应急小组的布置下,为了保证人质和现场上万名围观群众的安全,最后一次要求歹徒释放人质,走出营业厅投降。在劝说无效后,随着一声枪响,狙击手一枪击中劫匪的太阳穴,劫匪当场毙命,人质安然无恙。7时,现场公安人员开始陆续撤离现场。

目前,江油市警方正在对此案进行深入调查。

这篇新闻稿件主要是通过叙述和描写来报道这一新闻事件的,而且描写的篇幅相对要多一些,较为详细。稍不留意,就会过多地去渲染这些细节,使消息类的播报偏向了通讯的播报,就显得整体不协调,节奏混乱。因为消息类的稿件主要是用客观叙述的方法及时地传递新闻信息,不同于通讯稿件是借鉴文学手法来描绘新闻事实。所以在播报时,一定要分清消息类和通讯类新闻稿件的播报样式。在某些消息类稿件中,有对细节的描写,是为了让受众能更详细真切地了解事件的发生发展过程,但这并不是消息类稿件报道的主要的目的,主要的还是让人们知道有这样一件事情的发生。所以在播报时,就要把握住"感而不入"的境界,不要陷入特有的情节里不能自拔,感情控制不自如,应该把语气控制在概述的样式中。

消息中的描写语句,比如"头部用肉丝袜套住、穿着一件雨衣的小个子男子""大约1.5多高""看样子有30多岁""那件雨衣有些小,穿在身上紧巴巴的"以及"他一手抓住那个年轻女子,一边凶狠地对营业厅里的顾客吆喝道:'出去,出去。'"随后又对银行柜台里的营业员喊道:"快把钱拿出来!不然我就拉响炸药,同归于尽!"等等,这些非常形象的描写,在播报时都要特别注意。不要过于着眼于细节,而忽略从整体上把握它。

第三节 新闻文稿分类与播读训练

一、公文(时政新闻)

咬字稍紧、感情平淡、语速稍慢。

例:中新网11月14日电 据中国政府网消息,国务院总理温家宝14号主持召开国务院常务会议,研究部署稳定市场供应和保障困难群众生活工作。

会议认为,今年以来国际市场粮油高涨,粮食减产,国内部分生产资料和消费品价格上升,特别是猪肉、食用油和柴油、液化气等价格上涨较多。国务院对此高度重视,及时采取措施,扶持生猪、油料生产和奶业发展,控制玉米深加工业盲目发展,增加公益性行业补贴,提高低收入人群社会保障标准,保证了市场基本平稳。

会议指出,我国粮食连续四年丰收,库存充足,国内消费品供应总体上能够满足需求,工业品价格基本稳定,目前的物价上涨是结构性的,但价格水平上涨的压力较大。当前和今后一段时期,要在继续加强和改善宏观调控,切实防止经济增长由偏快转为过热的基础上,进一步采取措施,发展生产,保障供给,基本稳定价格总水平,妥善安排人民群众生活,维护市场和社会稳定。

二、评论新闻

加自己的感受,语速偏慢,感情起伏较大,咬字也稍紧。

例:在北京等地的街头,到处可以看到以超女为形象代言的浏阳河酒"想唱就唱,想喝就喝"的广告牌,这句被认为很有创意的广告语是否违反了相关法律规定?记者就此事进行了采访。

据了解,我国对烟草、酒类、医药类产品广告向来有严格的管理规定,1996年1月1日起开始实施的《酒类广告管理办法》第七条第一款中规定:"酒类产品广告中不得出现鼓动、倡导、引诱人们饮酒,或则宣传人们无节制饮酒的内容。"

目前,工商管理部门对此事未予表态,称未经审核不能做出结论。如果接到相关举报,工商管理部门会对此事进行核查。本台也将继续关注此事的进程。

三、消息类(快讯)

语速偏快、连贯性强、声音偏高。

例:北京时间11月14日19时30分,中超收官大战深圳上清饮队在主场迎战最有希望夺冠的长春亚泰队,结果长春亚泰队在上半时就由埃尔维斯、王万鹏和达扎吉连进4球锁定胜局,并最终以4-1的比分取得了本场比赛的胜利。虽然在同时进行的比赛中北京国安队也在主场取胜,但是长春亚泰仍然以1分的优势夺得了本赛季的中超联赛冠军。

四、知识背景(解说)

语速稍慢,语气带解说,要有内行的感觉。

例:为进一步规范交通行政执法车辆管理,福建省交通厅今日出台了一些有关加强公路监督专用车管理工作的规定。省交通厅有关官员说,根据最新规定,我省严禁将公路监督检查专用车辆停放在休闲、娱乐场所;严禁非执法车辆喷印公路监督检查专用车辆标志或安装公路监督的标志和示警灯;严禁擅自更改或拆卸已经统一规范的公路监督检查专用车辆的标志和示警灯,已经更改或拆卸的要在2007年12月30日前恢复原貌。另外,未取得《公路监督检查专用车辆示警灯使用证》,喷印各类车辆标志、安装示警灯的执法车辆,要在12月30日前予以恢复,消除车辆标志、拆卸示警灯。

快速准备新闻应注意以下几点:

（1）由于时间紧迫可以在快速备稿时出声，一是让吐字发声器官调动起来，二是可以让不顺的地方凸现出来，以便及早发现从文字稿件转化为口语中存在的问题。

（2）要准备一本最新版本的权威汉语词典，随时可以翻阅查找字词的读音和解释。养成翻阅字典的习惯是非常必要的，只要是字音稍有不确定就一定要查找确认，绝不能心有侥幸，否则将贻笑大方。

更为重要的是平时多练基本功，多看报，多关注新闻动态，基本上消息有相对稳定的格式和写作方法，如果此类稿件接触得多了，哪怕是急稿，也会准确地脱口而出。总之，在没有充分时间准备的情况下，平时广博的知识储备以及丰富经验的积累，能够很有效地辅助完成快速备稿。

第四节　副语言及其运用

语言对于人际交往很重要，但是如果把人际交往的手段和技巧仅仅归结为语言，那就太简单化了。事实上，人们时常自觉不自觉的通过目光、面部表情、身体姿态、穿着打扮、接触方式、空间距离等体态语言来表达自己的感情和意愿，这些并非语言，但却在交流中起着甚至更为重要的作用，我们将其归为副语言。

心理学研究结果表明，从人们获取信息的渠道来看，只有11%的信息是通过听觉获得的，83%通过视觉获得。由此，心理学家提出一个公式：情感表达＝7%的言词＋39%的声音＋55%的表情动作。可见，抒情何必三寸舌。眼波一漾，眉峰一耸，嘴角一咧，都是导隐衷、诉幽情的绝妙手段。体态语言能有效地弥补语言表达的不足，防止因语言表达而带来的误解。也许你曾有过这样的经历：你犯了一点错误，父母的直言训斥令你恼羞成怒，但是当你看到父母爱抚、安慰的眼神时，你就变得心平气和了许多，因为你从那眼神读出了他们对你的关爱。

英国心理学家米歇尔等人曾做过一个实验，他们发现：当语言信号和非语言信号不一致时，人们更加相信的是非语言信号所代表的意义。你在生活中曾有过这样的实际体会吗？假如你去一个朋友家做客，你们谈了很多话，时间已经是午夜12点钟了，你表示该告辞了。朋友说："难得来一趟，再坐一会嘛！"但就在他说话的同时，他抬头望了一下墙上的闹钟，又长长地打了一个呵欠。想想，你是继续坐下去呢，还是知趣离去？

这种负载着一定信息并辅助实现有声语言共同完成和完善表达任务的非语言因素，在语言学上称之为副语言。副语言中最为重要的是体态语言。体态语言，又名举止神态语言（Body Language），俗称手势、表情，它与口头语言均为传情达意的手段。有时，体态语言是一种不可或缺的形式。体态语言主要有头部运动、面部表情、各种眼神、身体姿态、手势和足部运动等非语言因素。

一、副语言的界定

副语言包括眼神、面部表情、体态、服饰、时空感觉显示,等等。时空感觉显示是指广播中话筒的距离变化,筋肉感觉造成的气息、声音状态;电视中灯光强弱,镜头焦距,背景中季节、环境气氛显示等,都是副语言的运用。

在电视新闻播音创作中,副语言主要是由体态系统和境态系统组成的表情达意、传递信息的符号系统。体态系统,由传播主体的面目表情、身体动作以及服饰着装等组成。境态系统,由和传播主体活动相关的传播环境构成。

二、副语言的作用

副语言具有特殊的交际功能,在日常生活中如此,在电视新闻播音主持中更能突显其重要作用。在电视新闻播音创作中,副语言具有补充言语信息,替代言语信息,强调言语信息,否定言语信息,重复言语信息,调节言语信息等功能和作用。

"准确、精巧、简洁而清晰地运用副语言交际艺术的关键,在于摸清副语言习俗的一般特征,亦即它的普遍规律。"只有明确了副语言的作用,把握了副语言的规律,才能更好地为电视新闻播音主持锦上添花。

三、副语言的体现规律

副语言的功能特征在播音创作中具有其体现规律。我们应该注意掌握其特征,把握其体现规律,使其更好地为播音创作服务。

(1) 利用共通性,扩大交流面。
(2) 注意传承性,体现民族性。
(3) 运用符号性,增强表义性。
(4) 利用模糊性,加强引导性。
(5) 利用可塑性,增强创造性。
(6) 利用伴随性,加强协同性。
(7) 利用集成性,把握整体性。
(8) 运用形象性,增强可感性。

四、副语言的设计

在说话的过程中,副语言具有特殊的表达功能,但它毕竟只是完成表达任务的手段,而不是最终目标。对于口语表达来说,副语言具有辅助作用,在谈话过程中处于从属地位。正是这种从属地位决定了副语言的设计和运用必须由表达的内容、情绪、对象等因素来决定。由此,副语言的设计必须遵循以下几个基本原则:

(1) 要服从内容表达的需要。
(2) 要服从情绪表现的需要。
(3) 要服从对象、场合的需要。
(4) 要服从审美的需要。

五、正确使用副语言

副语言的运用旨在协助有声语言更好地表达自己的思想感情,因而必须做到:

(一) 自然得体

自然,是副语言的首要要求。动作要自然,自然见真诚。有的人说话时,动作生硬、刻板如木偶;有的人则刻意表演,动作和姿态总是那样做作,像在"背台词"。这都使人觉得别扭、不真实、缺乏诚意。有人说:"宁要自然的雅拙,不要做作的乖巧。"这不无道理。

(二) 简洁明了

动作要大众化,举手投足要符合一般生活习惯,简洁明了,易于被人们看懂和接受。不要搞的繁琐复杂、拖泥带水,不要龇牙咧嘴、手舞足蹈。否则,不仅会喧宾夺主,妨碍有声语言的正常表达,也让听的人眼花缭乱,不知所云。要克服不良的习惯动作,避免无意义的多余手势。

(三) 适度适宜

所谓适度,即要求动作要适量,以不影响听者对你说话的注意力为度,不要用的过多。有的人做的动作比说的话还多。所谓适宜,就是要求动作必须与说话的内容、情绪、气氛协调一致,不故作姿态、故弄玄虚,甚至手口不一。

(四) 富有变化

说话时,适当的重复动作是完全必要的,它往往能重现或强调原来的情绪。但不能总是重复一个动作,如果一种表情,一种手势贯穿始终,未免显得单调乏味、死板。因此,要善于随着内容和情绪的变化而适当地变换动作和姿态,以使表达变得生动活泼、富有魅力。

第八章　艺考礼仪指导

对于每位考生来说，具备过硬的专业素质是获得较好成绩的关键，而掌握一定的应试技巧，或许还会为你的考试锦上添花。或许，在你刚刚进入考场的一瞬间，你的一举一动就已进入考官的视线，考官也开始在打量你了……

第一节　体态

一、体态及作用

体态是指身体的姿势，也就是我们平常所说的站姿、坐姿、走姿以及手势等。在专业考试中，这一点也是同样要引起重视的。对一个人的第一印象大多是从这个人的体态上来的，而第一印象在对一个人的评价中又会起很大的作用。当考生一走进考场的那一刻起，你的一举一动就在主考老师的视野范围内了，要让主考老师对你有一个好的印象，好的评价，那么一定要注意这些体态语言，要充分地展示自己自信向上的一面，才能得到一个较满意的印象分。那么，接下来我们就讲一讲什么是正确积极的体态，又怎样来加强这方面的训练。

二、体态

（一）正确的站姿

一般来说，现在的专业考试，考生大多采取站姿或坐姿，相对来说，站姿更能体现一个考生的整体面貌，而且交流起来也更加的灵活丰富。那么，怎样的站姿才算是有利于我们的有声语言表达呢？

正确的基本站姿应该首先是身体的各个部位都是放松的，不是僵直的，但要注意这里的放松不是松懈，而是积极的放松状态。具体来讲就是：头部自然摆正，眼睛平视前方，不左右偏也不仰头或低头，不要俯视也不要仰视，俯视会让人觉得你在藐视对方，显得傲慢不平和；而仰视又会给人很卑微的感觉，缺乏自信。自然摆正的头部姿势也有利于我们的发声，如果昂头，就会使下巴不自觉地前伸，挤捏嗓子，使声音比较刺耳不圆润；如果低头，下巴会往后缩，牙关打不开，造成压嗓说话，使声音发扁发闷，卡在喉咙里出不来，字音不清楚。还会因为头部的位置不对，造成咽腔的形状改变而使声音得不到很好的共鸣，影响声音的美感。所以，头一定要放正，眼睛平视前方。

肩部自然下垂，不要耸肩也不要故意压肩，应该是放松的，可以自由活动的。如果肩部紧张，会很容易造成气息上提，声音飘虚。

胸部自然舒展，不要使劲故意地去挺胸，也不要过于含胸，只是微微有点含胸就行了。故意挺胸会让人觉得很不自然，很做作，端着架子不自如，过于含胸又会让人觉得很拘谨很自卑、没自信。而且，不管是故意挺胸还是含胸都会造成气息不通畅，使声音控制不能自如。背部要挺直，决不能驼背。腰部要立起来，不要松松塌塌的，这样会给人很没精神的感觉，一点儿不积极向上，容易显得老态。

腹部有绷紧的感觉就行了，也就是说要有控制的感觉。但不是故意往里收或毫无控制地往外凸，如果这样就会给人一种很紧张、很僵硬的感觉。

脚可以稍微分开一点与肩同宽，或者一前一后，成丁字形站立。这样既给人很端庄很踏实的感觉，还有利于语言表达，因为这样站立，将身体的重心均匀分配或放在丁字步的前脚上，比较稳，容易让小腹自然有紧绷感，易于自如地控制气息。如果把脚分得很开，或者把重心偏移到一边斜着站，都会让人觉得不雅不认真，吊儿郎当，整体会显得很懈怠，还不利于气息的运用。

（二）正确的坐姿

坐姿也是在考试中很常用的一种姿态。与站姿不同的是，站姿是将重心落在脚的前部，而坐姿是将重心落在臀部。头部、肩部、胸部、腰背部跟站姿都是一样的要求，但坐姿也有它要注意的问题。

手臂自然平放在桌上，不要光用手臂的力量来支撑身体，支撑我们身体的还是腰背部，否则会造成耸肩，使头颈后缩，给人一种紧张拘束、畏畏缩缩，没自信的感觉，而且肩部紧张又使气息上提，不顺畅，有碍于发声。

臀部应该坐在椅子的前 1/3 处，不要坐满臀，这样容易使背部挺不直，腰立不起来，使不上劲。重心落在臀部上，给人很稳的感觉。另外在背直重心稳的前提下，身体可以略微前倾，给人一种积极交流的感觉，脚自然着地就可以了。

（三）正确的走姿

走姿对于每一个考生来说也是至关重要的，因为你给主考老师的第一印象就是从你踏进考场走到主考老师面前开始的，所以不能忽视走姿存在的问题。

总的来说，优美自信的走姿是平稳轻盈的，一定不能拖拖沓沓，让人觉得你没精打采，表现不出良好的精神面貌。行走中，对头部、肩部、胸部、腰背部的基本要求也是与站姿、坐姿要求是一致的，另外还要注意的是：双臂以肩关节为轴，上臂带动下臂协调地前后摆动。不要随意地甩手臂，或者在身体前部摆动，这样都不雅观，显得很随便。

膝盖正对前方，以胯带动膝关节再带动小腿向前迈进，注意两脚行走时的距离最好只相隔五公分,如果太近就成"内八字",如果隔得太远就不雅观。腿部还要注意的一点就是,行走中,向前迈的腿的重心应该落在脚后跟,不要用前脚掌着地,这样很难使腰背直立。另外,后面的腿的膝关节内侧应该是伸展的,这样可以使后面的脚跟自然带起,显得干净利落。

我们提倡用腰部走路。也就是说重心的移动以腰部为轴,用腰部的力量来带动腿部向前迈进。这样不仅不会使身体上半部随便晃动,在保持平稳感的同时还会给人很轻盈很有活力的感觉,充满自信。

(四) 恰当的手势

手势也是一种辅助表达的手段,可以用来帮助我们传递信息,增进交流,在考试中很多考生都会涉及。但是要注意与内容的协调,手势本身的自然舒展以及明确简练。

有的考生有很多习惯性的动作,不管是什么样的稿件都不自觉地使用习惯的手势来辅助表达。有的在播读新闻稿件的时候也用比较夸张的手势。有的就是那一两个动作重复地在稿件的播读中使用,不管内容发展到哪儿都一样地使用。这些都是不可取的。在手势的运用中,一定要注意与内容紧密结合起来,否则就会显得多余,还会影响有声语言的信息传递的效果。有的考生显得很做作、僵硬。这可能是由于紧张或者是本身身体的习惯性的僵直造成的。这样的手势会让人觉得很拘谨,没有交流感,反而暴露出自己的不太沉稳的心理状态。如果手势表现不自然不舒展,还会加重自己的紧张心理,所以首先要在放松的状态下用手势来辅助语言的表达,才会起到积极的作用。

还有的考生用的手势特别多特别杂,可以说有点手舞足蹈了。这由多种原因造成,有可能是考生一紧张,就忘词,然后就不停地用手势来帮助回忆或者是掩饰,显得更乱;还有的平时说话就用手势比较多,成了习惯,所以到考场上还是习惯性地使用过多的手势来配合语言表达;还有的根本不知道该用什么手势来表达。所以一上考场,想到用手势的时候就犹犹豫豫的,不知道该选择什么样的手势来表现,很放不开,畏畏缩缩,不干净利落,倒干扰了有声语言的表达和交流。

第二节 体态的训练

一、站姿训练

靠墙站立法:就是说,身体背靠着墙,让后脑勺、肩胛骨、臀部、脚后跟都能与墙面呈点的接触,这样就能体会到正确的站立时的身体各部位的感觉了。之后,可以每天练习,比如每天靠墙站立二十分钟,或者分时间段来练习体会站立的感觉。

俯卧支撑法:这种方法还对我们练习腹肌力量很有帮助,因为我们的播音发声也涉及腹肌的力量控制。具体来说就是,先让身体面朝下俯卧,然后用手肘和脚前掌支撑起身体,使身体除小臂、手肘部和脚前掌与地面接触外,身体的其他部位都离开地面并与地面平行,注意肩要放松,胸不要往里含,要和地面平行,腰背也是一样,要有支撑住身体的力度,保持身体平直的紧张度。这样保持一会儿,坚持不了的时候就恢复俯卧的姿势,然后不断地做三到五次。这样有助于加强我们的腰、背、腹的力量,让身体有支撑感,可以让我们在站、坐、行的时候能收腹、立腰、直背,获得支撑身体的力量和感觉,特别是平时有习惯性含胸、驼背、弯腰问题的考生,更要加强这方面的训练。

收腹立腰站立法:做这个练习,主要就是要让自己有一个向上的感觉。就好像头顶中间有一根绳子从上面拉着你,然后肩放松下沉,腰背自然挺立,双手叉腰,有整个身体往中间收拢成一根棍的感觉,而且要觉得身体长了五厘米,还在努力地往上长,让背部、腰部、腹部、臀部都向中间收紧,有很强的绷紧的感觉。这样站立一分钟左右就休息一下,然后反复地练习几遍,对挺拔我们的身姿非常有效。

二、坐姿训练

由于对坐姿的要求基本上和对站姿的要求是一致的,所以练习站姿的方法也同样是适用于坐姿的训练。只是对于坐姿来说,更重要的是注意一些细节的地方,比如坐的时候坐在靠椅子的前1/3处;双膝要靠拢,不要分开,特别是不要跷二郎腿,不要做随意地抖动双腿等。否则会给人一种很不认真、很不端庄、没修养的感觉,让你的印象分大打折扣。另外介绍几种方法:

(1) 背对训练镜,练习入座动作。入座时,走到座位前面再转身,转身后右脚向后退半步,然后轻稳地落座,收右脚。要求动作轻盈舒缓,从容自如。

(2) 面对训练镜,练习入座动作。以站立在座位左侧为例,先左腿向前迈一步,右腿跟上并向右侧迈一步,走到座位前,然后左腿并右腿,接着右脚后退半步,轻稳落座;入座后右腿并左腿成端坐姿势,双手在虎口处交叉,右手在上,轻放在一侧的大腿上。

(3) 面对训练镜,练习腿部脚部造型。在上身姿势正确的基础上,练习腿部的造型,按要领逐一练习双腿垂直式(正襟危坐式)、垂腿开膝式、双腿叠放式、双腿斜放式、双腿交叉式、双腿内收式、前伸后曲式、大腿叠放式等坐姿。

(4) 面对训练镜,练习离座动作。离座起立时,右腿先向后退半步,然后上身直立站起,收右腿。从左侧还原到入座前的位置。

三、走姿训练

练习平衡感:做这样的练习有助于纠正我们在走路的时候不由自主地左右晃动,或者是弯腰驼背,脊椎不直。具体的做法是,把一本书或者是一个小垫子,放在头顶上,视线落在前方四米左右的地方,手可以叉腰也可以自然下垂前后摆动,坚持走一段距离,休息一下再反复练习。

修正线条:这一练习可以让我们走姿变得优美。在地上放一条宽五公分左右的带子,迈出去的脚只能让脚跟内侧碰到带子,如果踩到带子上就变成外八字了,臀部还会外翘,显得没有活力。

四、手势训练

在平时的时候,多考虑一下手势运用的问题。用稿件来带动练习,什么样稿件内容该用什么样的手势,平时要去思考,多做自我设计,多观察一下优秀得体的一些主持人的手势,丰富自己的表达。

有的考生在手势运用上的问题在于一到紧张或兴奋的时候就手足无措,好像手不听自己的使唤了,这就是对手势缺乏控制,不能很好地有意识地支配手的动作。具体的做法是,将两手手心相对合掌于胸前,开始想象"有一粒种子埋在土中";接着,双手手心微开,想象幼芽萌发出来了,以手尖表示嫩芽;接下来,手指微开,想象花蕾开始绽放了,脸上同时要露出笑容;然后,将意念传达到指尖,让花开放三分;再然后,想象花开了五分,开了七分,同时脸上的笑容也随之越来越灿烂;最后,将手指打到最开,但手掌间还是要合拢,感觉花儿已全然盛开,笑容也最灿烂。做这个练习,一定要慢慢地做,用心去体会,有意识地支配手的动作,达到对手势的自如运用。

第三节 艺考化妆造型

在艺术考试中,适当地运用化妆品、化妆工具对人的面部、五官等部位进行渲染整理,再搭配以合适的服装造型是一项必需的准备功课。成功的化妆能唤起考生的潜在活力,增强自信心,使人精神焕发,搭配得体的服装,能够增强立体印象,调整形色,掩饰缺陷,使考生的外在形象更加和谐自然,有助于凸显考生的气质,提升吸引力,增强感染力,从而给主考官留下深刻印象,达到加分目的。

一、女士常规化妆步骤与技巧

1. 底妆是一切美丽的基础

整体妆容的干净、自然来源于底妆的精致、完美和良好的持久度。要拥有一个完美的底妆,首先要选择一款合适的粉底。正确使用粉底可以调整肤色,掩盖瑕疵,使皮肤呈现自然而颜色均匀的效果。粉底的类型很多,粉底液、粉底膏、遮瑕膏等,粉底的数值越大,颜色越深,使用时与肤色色差不要过大,应选择与肤色接近的粉底,要注意脸与颈部的衔接。根据不同场合,不同肤质,要选择不同质地的底妆产品。在用粉底之前,可以先使用护肤产品,让皮肤保持湿润状态,使妆容更加持久,更利于粉底均匀,贴合地附着在脸上。

在一些重要场合化合适的妆,是一种礼貌,相反,妆容不得体会留下不良的印象。如果是面试、约会等相对正式的场合,选择轻薄的粉底液,顺着毛孔方向用手或者化妆刷把粉底液均匀扑满面部,匀亮肤色足以,粉要均匀。如果是上镜或者摄影,则需要选择较粉底液厚重的粉底霜或者粉底膏用海绵粉扑,由里往外均匀扑粉,以达到更好的遮瑕效果,皮肤条件较好的女士,为了达到更自然的效果,也可以粉底液搭配粉底霜使用,粉底液打底,粉底霜或遮瑕膏局部遮瑕。遮瑕膏可以遮黑眼圈、红色粉刺印、雀斑、色斑等,除此之外,遮瑕膏还可以令眼部周围变明亮,做高光使面部轮廓更加立体。遮瑕膏由于其密度较高,只要薄薄涂上一层就已足够,并用手指仔细推匀。

2. 定妆

定妆,主要是为了使妆面柔和,帮助妆容持久不易泛油光,是保证妆面的干净度的重要保证。定妆工具有定妆粉、粉饼、粉扑、余粉刷。散粉、蜜粉统称定妆粉,在湿润的粉底之后,扑上定妆粉,达到定妆效果,不至于过快脱妆。淡妆或肤质较干的情况,可选择少定妆或不定妆,如果是粉底霜打底,或者上镜,则需要厚重定妆。定妆时使用粉扑或余粉刷沾上适当的定妆粉轻柔开来,轻轻按压,固定妆面,切忌摩擦,以免破坏妆面。要重点注意鼻翼、嘴唇、眼睛周围,因为脱妆首先就是由这些部位开始的。

3. 双眼皮

眼为五官之首,而双眼皮能让眼睛看起来更加的明亮有神。宽而自然的双眼皮让人看起来很精神,如果本身双眼皮已经很对称则可以不贴,贴完不舒服或者很明显的不自然,最好放弃。双眼皮最基础的贴法是沿着天然眼折线卡着贴,加宽加深双眼皮。

4. 描画眼线

描画眼线是让眼睛看上去大而有神的必备环节之一,勾勒眼线可以使眼部轮廓更加清晰明亮,且可以从视觉效果上改变眼睛的形状。眼线分好多种,每一种都要遵循一个原则,就是线条流畅,贴近睫毛根部,想要更自然的效果,就在连接睫毛根部的间隙,化一条细的内眼线。初学者最好使用笔芯较软的眼线笔,选择与眼珠颜色接近的颜色,沿着眼型勾勒就可以表达出自然的神韵。眼线液可以使眼线更持久而不宜脱落。

5. 睫毛

细长弯曲、乌黑浓密的睫毛可以增添眼睛的神韵,使眼睛看起来更加妩媚。使用假睫毛可以弥补真睫毛不够浓密纤长的缺点。如果是上镜或摄影,可以选择较为自然的密短睫毛,还要与真睫毛充分贴合,如果是面试考试,尽量不要使用假睫毛。可以选择弧度较好的睫毛夹贴近睫毛根部夹起,让睫毛呈现自然卷翘的状态,然后从根部呈Z字形往外刷睫毛膏,睫毛要根根分明,不能出现结块及簇状现象。

6. 眼妆

眼妆是面部妆容的重中之重,眼影可以赋予眼部立体感,不同的眼影会带来不同的视觉效果。在艺考中眼影应尽量选择大地色系,妆面也尽量选择哑光质地的浅咖色,范围仅需略为高出双眼皮线即可,颜色要自然晕开,不能出现眼影成块现象,应试妆容不要太过浓重的眼影,淡淡打底色就可以。

7. 眉毛

眉毛也是以自然为主。首先使用修眉工具整理出眉形,标准是眉头到眉峰的长度约为眉长的2/3,眉峰到眉尾的长度为眉长的1/3,眉尾不能低于眉头。比较建议使用眉粉晕染,结合眉笔,底线实,上线虚,颜色过渡分明且自然,眉峰稍稍高,不要太弯,太挑,会显得尖酸刻薄,眉尾不要过低,会显得没精神。

8. 腮红

腮红,也叫胭脂,是修饰脸型、美化肤色的最佳工具,使用后会使面颊呈现健康红润的颜色。不同肤色需选择不同色系的腮红,圆形、扇形、颊侧等不同形状画法的腮红可以修饰不同脸型。腮红的涂抹不可低于鼻尖,以眼球外侧为基准向外扫向太阳穴下发的发际线,也就是腮红刷蘸取适量的胭脂,微笑以便找出颧骨的位置,然后将腮红轻轻向上斜刷,再用粉扑或化妆棉抹去过量的胭脂。

9. 嘴唇

美丽的嘴唇可以提现出一个人的可爱、性感、帅气、洒脱。女性的魅力是会在唇角间轻轻流露出来,一颦一笑展现出独特的个人气质。正确运用唇膏、唇彩、唇线笔、遮瑕膏修饰唇形。唇色较深的考生,可以先用粉底液或遮瑕膏先进行简单遮盖,再根据不同场合适当图上唇彩或唇膏,考试妆容也可以涂上闪亮的润唇膏。如果是摄影、上镜、约会,要根据衣服,搭配适当的口红,切忌夸张!

10. 高光和暗影

整个妆面基本完成,最后是修容部分,分为高光和暗影。高光和暗影都是为了修正脸型,让脸部看上去立体,轮廓分明。高光一般用在 T 区、鼻梁、颧骨、眉骨、下巴、日常妆、考试妆。面试妆不要选择珠光;主持上镜妆则可以多些提亮。暗影一般是在下颌角,针对下颌角宽大的女士,用暗影斜刷均匀扫开。需要注意的是,使用高光和暗影的部位要与肤色有过渡,切忌涂成一块。

11. 补妆

脸部妆容只能保持一定时间,时间过长,脸部分泌油脂、出汗都会造成脱妆,需要进行补妆。脱妆后切勿使用粉扑直接按压在出油处,也千万不要用面巾纸直接擦拭,此举容易将粉末、汗水、污垢混于一处,造成彩妆糊成一团。补妆时用面巾纸或吸油纸轻轻按压吸去汗渍和油脂,动作一定要轻柔,用力过大会造成毛孔粗大。然后使用粉饼用于定妆,用粉扑沾粉轻轻按压,棉签也是补妆必备,可以擦掉一些细小部分的晕妆。随身携带一支常用色系的唇彩或唇膏。也可带上一瓶面部喷雾,轻轻喷到面部,自然风干,既能使肌肤补水,又可使妆容更服帖、更持久。

二、女士发型技巧

考生发型需正式、端庄,以突出正面效果为主。发型要整齐,适当使用美发产品,发型要蓬松整齐,不能过于老气,考生主要以展现活力为主。发型与脸型的配合十分重要,搭配得当可以拉长脸型或弥补缺陷,表现出考生的性格、气质,使人更具魅力。

1. 圆形脸

圆形脸会给人以温柔可爱的感觉,只需将两侧头发稍作修饰向前就可以了,但不宜做太短的发型;椭圆脸型是比较标准的脸型,可以随意搭配多种发型,均能达到和谐效果。

2. 方形脸

方形脸因缺乏柔和感，应注意发型偏柔和为宜，头发可以有点小波浪，或将刘海修剪为斜向，可以削弱方正硬朗的感觉。长碎发、长直披发、长秀芝发型等较为适合；长方脸型需避免将脸部完全露出，使用刘海遮挡，或加强两边头发蓬松感，均可起到修饰脸型作用。

3. 三角脸型

正三角脸型适合中长发，留薄薄一层刘海，烫发根使头发顶部蓬松自然，使较窄的上额部显得丰满，但下部的头发要做一定的收缩，这样发型可以遮挡较宽的腮部，使面部比例和谐；倒三角脸型适当增加两边毛发的蓬松度就可以了。

4. 菱形脸

这种脸型因颧骨高宽，会显得严肃，容易有年龄感，发型上要注意增加额头部位头发的蓬松度拉宽额头，适合留刘海，可以做短碎发、外翻发型。

三、男士化妆技巧

由于男性的肤质较粗糙，汗斑、痘痕会影响面容，因而化妆是为了"掩饰"。男士的妆容要求自然顺眼，与其原本的肤色匹配，而且要不着痕迹。为达到自然、阳刚的化妆效果，男士化妆的技巧比女士更讲究、更细致。女生的妆化得浓一点不至于有反效果，但男生稍微化得有偏差就会弄巧成拙，破坏形象。

1. 底妆

首先是选择合适的粉底，通常要选与自己肤色相近或稍深的，比较多的人会选棕色系，还要注意场合的需要。另外，干性皮肤的人最好选用粉底液，较油性的就应选用中性的干粉。擦粉底的手法多用敲和印，只要薄薄的一层就好，不要像女士那样"浓妆艳抹"。考生要了解自己的脸型，脸圆的人上粉时要从脸颊往耳后扫，让脸看起来瘦一点；轮廓不分明的就要在下巴位置擦颜色较深的粉底，不过要注意过渡自然。最后用粉扑把定妆粉轻印在脸上，保持妆容在较长时间内透明自然。

2. 眉目

"浓眉大眼"是男生的特点，眉画得不好就会破坏整个妆容。由于男士的眉毛本身大多属于浓密型，画眉时采用补的手法让眉毛看起来均匀平整即可。明亮的眼睛最迷人，所以眼部修饰是男士妆容的重点，其原则是让眼睛炯炯有神。在睡眠不足导致眼睛疲惫时可以用咖啡色的眼线笔勾画一下就可起到"提神""明目"的效果。睫毛要理顺，可以适当使用睫毛膏定型。遮盖眼袋、黑眼圈也很重要，大多使用浅色干粉提亮或补平，从视觉上弱化凸出的眼袋。眉头、下巴处使用高光粉提亮，使五官更加立体，鼻梁处使用高光，会很好突出鼻子的高度，看起来轮廓分明。

3. 画唇

男士化妆不能画唇线，唇部也不许多加修饰。涂抹润唇膏使嘴唇保持水润，没有干燥脱皮效果即可。唇色不好可以涂自然肉色的唇膏，切忌太红润和有亮度。

4. 遮瑕

用遮瑕膏掩盖日晒斑、痘痕、雀斑。

这样一个自然优雅的男妆就大功告成了。

四、男士发型技巧

男士发型梳理制作的方法比较简单,用吹风机配合梳子进行,一手拿吹风机,一手拿梳子,用吹风机的热风配合梳子各种动作,使头发按发式要求造型和成型。梳理制作中梳子运用的基本方法有压、别、挑、拉、推等多种。

1. 压

压的作用是使头发平服。将梳子斜插在头发内,用梳背把头发压住,使吹风机的热风从梳齿间渗透入头发,而将头发吹平服,一般用于头路两旁和发式轮廓边缘处。用手掌(或包住毛巾)压住头发发梢处然后适当离开发梢,吹风机对着手掌与头发的空间,将三分之二的热风分吹在手掌上,立即将手掌上的热气压向头发,压时手掌略带弧形,使压平服的发梢略带弧形。一般用于修饰轮廓部位头发,使轮廓饱满圆润。

2. 别

别是为了把头发吹成微弯的状态。梳齿沿着头皮向下移动,使头发向内倾斜,操作时在手腕的带动下将头发微微别弯,吹风口对着梳齿吹,使发梢贴向头皮,增加头发的弹性,使头发呈弧形。主要用于头缝处小边部分,或顶部轮廓周围的发梢部分,发涡局部也可使用此方法。

3. 挑

用梳子挑起一片头发向上提,吹风口对着梳齿送风,吹成微微隆起的形状,使发根站立,是发干弯曲的基本梳理方法。操作时先将梳齿自上而下插入头发,使梳齿向外,配合吹风,梳子微微向上提,使梳齿内头发弯成半圆弧状,这样会使头发蓬松,发根站立,头发弯曲且富有弹性。主要用于头路大边和顶部头发,使之具有丰满圆润感。

4. 拉

又称拖,是用梳子带住头发移动,是头发平服的基本梳理方法。操作时梳子梳起头发自上而下,由前向后拉梳,吹风机随着梳子移动地送风,使梳住的头发平服。一般用于中近轮廓线处头发。

5. 推

用梳子推梳住头发,使局部头发向下凸起形成一道道波纹隆起的基本梳理方法。操作时梳子从前向后插入头发,略向后梳,然后将梳子做180°翻转,用梳背压住头发,梳齿仍带住头发,将这股头发向前推,使头发隆起,吹风机对着隆起的头发送风,使其固定。一般用于梳理波浪。

以上基本方法,是在吹风配合下进行的,要根据发式需要灵活运用,压与别适用头路两侧及后部轮廓,挑拉推多用于前部。

梳理制作是在吹风机配合下进行的,如何掌握吹风机的温度、角度、距离、时间,也有一定技巧性,主要有以下几点:

(1) 吹风口不能对着头皮吹:吹风机配合梳子梳理制作,风口与头发要保持一定距离,与头皮保持一定角度,使热风全部吹在头发上,配合梳子技巧,使头发成型。

(2) 正确掌握送风时间:吹风机送风的时间要掌握,要根据发质、发丝卷曲形状而决定,时间要恰到好处,过多使头发僵硬失去自然状态,过少发丝不能成型和持久。

(3) 使用定型剂时吹风方法要改变:使用定型剂后,头发容易成型,吹风时间可以缩短。

五、男士发型设计:

(1) 直发男子适用发缕稍长、层次分明的飘逸乱发,可凸显男士豪放、狂野张扬的个性,又有温文尔雅含蓄的一面。

(2) 自由波浪适合卷发男子,别具艺术家气息。此款发型要求发丝柔软、服帖,容易打理。拥有一头长而蓬松的卷发男人总是显得桀骜不驯,别具阳刚、野性之美。

(3) 头发较少的男士可以使用酷爽寸头,展现完美脸部轮廓,凸显男士硬朗线条。

(4) 文质彬彬的男士可以将两侧和后脑部头发剪短,前额至头顶的发丝剪成约5—6厘米的尖齿状,整个人会更显精神但又不失平和朴素,典型成熟稳重男士发型。

定型产品可使用定型啫喱、发蜡等。定型啫喱轻轻均匀的喷洒到头发上即可,最多喷洒4—5次,不宜过量。定型啫喱可以增加头发的浓密度,使头发更显光泽,轻松制造出蓬松感。发蜡使用注意一定是要在干发状态下,用手指挖出适量大小,在手上揉搓均匀后,抹到需要定型的头发部分上。发蜡可以给头发极佳的质感,更可随意调整造型,给了发型更大的变形空间。

第四节 主持人服装搭配技巧

服装是一种含蓄的语言符号,精心设计的服装不仅体现了设计者的艺术品位与追求,也体现了穿着者的思想与个性。对于主持人来说,其选择服装的颜色、质地、款式均成为主持人情感信息的传播途径。因而如何选择合适的服装也是一门重要的功课。

一、服装搭配类型

1. 典雅稳重型

工艺考究、做工精良、裁剪合体的西装、套装或礼服,搭配惊喜的妆容即可营造出典雅稳重型的主持人风格,一般适用于新闻主播、大型传统晚会主持人,给观众以成熟稳重、典雅大方的印象。

2. 随意时尚型

没有固定搭配,又赶在潮流的前端,营造出时尚、活泼的氛围,无论是T恤衫、牛仔裤还是运动装、卡通造型都可随意驾驭,这是娱乐节目主持人的特质。永远轻松、生机勃勃而又至情随性是他们留给观众最深的印象。

二、影响服装搭配的因素

1. 肤色

肤色是影响人选择服装色彩的一个重要因素,服装色彩与肤色对比越强烈,肤色变化就越大。亚洲人肤色偏黄,应避免使用绿色和紫色,适宜选择暖灰色调、纯度适中的蓝色调,可以使用鲜亮色彩的配饰来点缀。偏白肤色的人可以与多种色彩搭配,但不宜配纯白色,容易使面色苍白无血色。肤色偏红切忌穿着鲜艳的绿色调,适合色彩鲜艳度降低的服装,暖色调慎用。肤色偏黑的人不宜选择颜色过浅的服装,适合色调较深、纯度较高的颜色。

2. 服装色与妆色

服装色与妆色也关系密切。女性的妆色变化多端,服装用色也毫无限制,但作为主持人频繁出现在公众的面前,受众群体希望看到的是仪表出众、着装得体、整体和谐的形象,因此服装色彩与妆色的搭配也不可忽视。

三、服装搭配技巧

(1)如大红色般色彩鲜艳明快、装饰性较强的服装,相配的妆色也应浓艳,层次感强,脸部还可以适量加上亮粉,形成光彩照人的效果。

(2)服装色彩亮度高但纯度低,即服装色浅并偏灰,包括米色、白色等,这些服装色显得淡雅而高贵,相配的妆色相应要以柔和、自然为宜,不宜浓妆,以浅色为主。

(3)服装色彩纯度和明度都低,即深暗色彩,对于这类色调偏暖的服装,配以浅棕色调的妆色,偏冷的服装色彩选择灰棕为主的妆色。

(4)穿着黑、白、灰的服装时,妆色也应使用中性色。

(5)对于男主持人来说,因为妆色多以健康色如琥珀色为主,接近自然本色,可以适应各种服装色。

第九章　历届模拟主持即兴评述

第一节　中学生素质

1. 生活富裕了是否还需要节俭？
2. 谈谈雷锋精神。
3. 自然就是美。
4. 公民素质与社会道德。
5. 身体健康与心理健康。
6. 你如何理解"压力就是动力"。
7. 时间能改变一切。
8. 律人不如律己。
9. 争当主角。
10. 细节决定成败。
11. 谈谈你对诚信的看法。
12. 你如何看待拾金不昧。
13. 当机遇来临时，你是否有能力把握？
14. 在银行等公共场合都设置了"一米线"来规范秩序，但一些人并不能很好地遵守，对此你有什么看法。
15. 你如何理解"世界上最美丽的语言是微笑"。
16. 你如何理解"态度决定一切"。
17. 你认为企业用人应该以才为先还是以德为先。
18. 我们应该怎样杜绝盗版。
19. 谈谈你的财富观。
20. 谈谈拜金主义的危害。
21. "金钱不是万能的，没有金钱是万万不能的"这种说法是否正确？
22. 请谈谈怎样解决城市交通阻塞问题。

23. 假如你是班长……
24. 竞争与合作哪个更重要？
25. 打假主要靠消费者还是靠执法者？
26. 一次非同寻常的考试。
27. 个人能力与团体合作。
28. 如何看待欺骗。
29. 昨天·今天·明天。
30. 学会放弃。
31. 你如何看待承诺。
32. 假如你有一百万。
33. 拒绝诱惑。
34. 生活需要经常清点。
35. 简单与精彩。
36. 现代社会文才与口才哪个重要？
37. 谈谈你对节约的看法。
38. 我所了解的鲁迅。
39. 语文学习有没有窍门？
40. 由朋友而想到人际关系。

第二节　时事·政治

1. 为什么说党的十七大是在我国改革发展关键阶段召开的一次十分重要的大会？
2. 为什么说新时期最鲜明的特点是改革开放？
3. 为什么说中国特色社会主义事业是完全正确的？
4. 为什么说科学发展观第一要义是发展？
5. 如何理解科学发展观？
6. 如何理解扩大社会主义民主，保障人民权益和社会公平正义？
7. 怎样加快推进以改善民生为重点的社会建设？
8. 由"转变经济增长方式"变为"转变经济发展方式"的意义是什么？
9. 为什么说中国特色社会主义伟大旗帜是当代中国发展进步的旗帜、是全党全国各族人民团结奋斗的旗帜？
10. 党章修改的目的、意义是什么？
11. 谈谈你对伊朗核问题的看法。
13. 如何坚持原则与发扬民主？
14. WTO带给中国的是什么。
15. 谈谈你对目前大学生就业难现象的看法。

16. 你对男女就业机会不平等现象如何看待。
17. 谈谈青藏铁路开通的意义。
18. 前不久,某西餐店开办到故宫博物院里,引起了很大的争议,谈谈你的看法。
19. 据媒体报道,在我国的某些大城市,一些商家开始要求员工对顾客进行"跪式服务",引起了很大的争议,谈谈你的看法。
20. 社会上有人称"80后"是垮掉的一代,谈谈你的看法。
21. 2006年是长征胜利70周年。70年前,中国共产党领导红军将士完成了震惊世界的长征,开辟了中国革命继往开来的光明道路,奠定了中国革命胜利前进的重要基础。谈谈你对长征精神的理解。
22. 据新华社报道,北京市质量技术监督局2月25日通报了近期厨房家具产品质量监督抽查结果。此次共抽查北京43家企业的43种产品,有16种厨房家具产品质量不合格。谈谈你的看法。
23. 郭敬明抄袭一案败诉,他本人拒不道歉,一部分"粉丝"也继续声援他。你认为这种现象说明了什么。
24. 谈谈你关于世界和平的一个愿望。
25. 谈谈你对构建和谐社会的认识。
26. 你认为道德与法制哪个重要。
27. 谈谈你对"留守儿童""空巢老人"现象的看法。
28. 谈谈你对城市建设"千城一面"现象的看法。
29. 谈谈反腐败与社会发展的关系。
30. 全球经济一体化是否会导致文化一体化?
31. 你认为西部开发引资与引知哪个更重要。
32. 谈谈你对燃放烟花爆竹由禁止到限制的理解。
33. 你怎样看待煤矿生产中的事故频发现象?
34. 某工厂禁止蓝领工人乘坐载人电梯,而只准乘坐货梯,你怎样看。
35. 东北2000人为重症女孩圆梦——到北京看升国旗,你有什么看法。
36. 你认为当今的世界和平吗?
37. 谈谈你对全球反恐的看法。
38. 谈谈拜佛热现象。
39. 谈谈创新和继承的关系。
40. 谈谈你对"天天3·15"这句话的理解。
41. 你如何看待中国年味儿越来越淡的现象?
42. 谈谈你眼中的河南人形象。
43. 谈谈你对大学生为求职而整容的看法。
44. 谈谈你对人造美女的看法。
45. 你如何看待公车私用现象?
46. 你怎样看待"保卫春节"的口号。
47. 谈谈东西方文化的差异。

第三节　人生感悟

1. 幸福是什么？
2. 谈谈你对成人与成才的看法。
3. 你怎样看待时间与生命。
4. 谈谈你对自信与自负的理解。
5. 谈谈你对网恋的看法。
6. 谈谈你对早恋的看法。
7. 你对代沟怎么看？
8. 你怎样理解"大爱无言"？
9. 你是如何理解"慈母手中线，游子身上衣"的？
10. 你最想感谢的一个人。
11. 你理想中父母与孩子之间的关系是怎样的？
12. 谈谈你选择知心朋友的标准。
13. 我的同桌。
14. 我最敬佩的一个人。
15. 谈谈青年人的责任感。
16. 我的家。
17. 你怎样理解"可怜天下父母心"这句话？
18. 谈谈如何学会感恩。
19. 谈谈你对俗语"棍棒底下出孝子"的看法。
20. 你如何看待"家和万事兴"？
21. 你如何看待"君子之交淡如水"？
22. 谈谈你对"出门靠朋友，在家靠父母"这句话的理解。
23. 你认为生命的价值是什么。
24. 果真是穷人的孩子早当家吗？
25. 假如我是小草。
26. 谈谈你对严父慈母的看法。
27. 对我影响最深的一个人。
28. 我最感动的时刻。
29. 那一刻，我读懂了母亲。
30. 走向成熟。
31. 感谢挫折。
32. 论友谊。
33. 你如何看待尊老敬老。

34. 你会怎样对待人生中的顺境和逆境。
35. 假如你已经七十岁了。
36. 我最感动的一件事。
37. 我最难忘的一件事。
38. 让我遗憾的一件事。
39. 当你受到表扬时。
40. 当你受到批评时。
41. 论成败
42. 谈谈你对"舍得"这个词的理解。
43. 我看"美"与"丑"。
44. 请阐述理解与实践的关系。
45. 你认为生命与信仰哪个更可贵。
46. 剧终人散是人生经常遇到的现象,你对此有何看法?
47. 谈谈你对"短暂"与"永恒"的理解。
48. 谈谈你对中国传统文化的理解。
49. 你最崇尚的职业是什么?
50. 漫话时间
51. 航天精神给我们的启示。
52. 距离真的产生美吗?
53. 洪战辉精神
54. 门
55. 美丽与魅力
56. 对手与伙伴
57. 谈谈你对"远亲不如近邻"的看法。
58. 理解万岁
59. 你如何看待理想与现实?
60. 触动你心灵的一件事。
61. 你认为"天下无贼"的理想能够实现吗?
62. 有人认为现代社会人与人之间的关系越来越淡漠,你怎样看。
63. 在你童年生活中,最难忘的记忆是什么。
64. 你认为最有意义的一次旅行。
65. 生活中我们缺少什么。
66. 你如何理解"郁闷"?
67. 我想飞
68. 母亲·蜡烛·台灯

第四节 名言解读

1. "宝剑锋从磨砺出,梅花香自苦寒来"
2. "没有规矩,不成方圆"
3. 说新论旧
4. 罪恶衍生罪恶,谎言创造谎言
5. "开卷有益"
6. "酒香不怕巷子深"
7. 方与圆
8. 传统与现代
9. 知退者进
10. 知识改变命运
11. "鱼与熊掌不可兼得"
12. "天将降大任于斯人也,必先苦其心志,劳其筋骨……"
13. "千里之行,始于足下"
14. "宁为玉碎,不为瓦全"
15. "不经历风雨,怎么见彩虹"
16. 越是民族的,就越是世界的
17. 自由是相对的
18. "读书破万卷,下笔如有神"
19. "业精于勤而荒于嬉"
20. "学而不思则罔,思而不学则殆"
21. 天才与成功
22. "有志者事竟成"
23. "厚积而薄发"
24. "愚公移山"
25. "近朱者赤,近墨者黑"
26. "第一个形容女人像花的人是天才,第二个形容女人像花的人是庸才,第三个形容女人像花的人是蠢才"
27. "生活中不是缺少美,而是缺少发现美的眼睛"
28. "水能载舟,亦能覆舟"
29. "路遥知马力,日久见人心"
30. "失败为成功之母"
31. "优秀是一种习惯"
32. 再长的路,一步步也能走完;再短的路,不迈开双脚也无法到达

33. "生于忧患,死于安乐"
34. "三人行,必有我师"
35. "一年之计在于春,一日之计在于晨"
36. "诚信为本,一诺千金"
37. "千里之堤,溃于蚁穴"
38. 守株待兔
39. "不以成败论英雄"
40. "年轻,没有什么不可以"
41. "知识就是力量"
42. "种瓜得瓜,种豆得豆"
43. "知足常乐"
44. "求人不如求己"
45. "独木不成林,单弦不成音"
46. "树挪死,人挪活"
47. "远水解不了近渴"
48. "行成于思毁于随"
49. "成功＝艰苦劳动＋正确方法＋少说空话"
50. "我爱我师,我更爱真理"
51. "狭路相逢勇者胜"
52. "天才就是无止境刻苦勤奋的能力"
53. 灵感不过是顽强的劳动而获得的奖赏。
54. 把活着的每一天看作生命的最后一天。
55. 世界上最广阔的是海洋,比海洋更广阔的是天空,比天空更广阔的是人的胸怀。
56. "志当存高远"
57. 先相信你自己,然后别人才会相信你。
58. "读万卷书,行万里路"
59. "一分耕耘,一分收获"
60. "绳锯木断,水滴石穿"
61. "智者千虑,必有一失;愚者千虑,必有一得"
62. "生活的理想,就是为了理想的生活"
63. 心想事成
64. "好奇害死猫"
65. "不想当将军的士兵不是好士兵"
66. "人无远虑,必有近忧"
67. "墙内开花墙外香"
68. "三个和尚没水喝"
69. "送人玫瑰,手留余香"
70. "吃得苦中苦,方为人上人"

71. "塞翁失马,焉知非福"
72. "常在河边走,哪能不湿鞋"
73. 真诚·尊重·宽容
74. 曲径通幽
75. 红灯·绿灯
76. "不以利害移操守"
77. 个人·集体
78. 掩耳盗铃
79. 龟兔赛跑
80. 慎独
81. 沉默是金
82. "书中自有黄金屋,书中自有颜如玉"
83. "天生我材必有用"
84. "无志者常立志,有志者立长志"
85. "高处不胜寒"
86. "真金不怕火炼"
87. 知易行难,还是知难行易?
88. "是金子总是会发光的"
89. "皇帝的女儿不愁嫁"
90. "一切皆有可能"
91. 随波逐流
92. "万丈高楼平地起"
93. "没有猎狼的勇气就不要牧羊"
94. "父母在,不远游,游必有方"
95. 居安思危
96. 邯郸学步有何错?
97. 揠苗助长该赞赏

第五节 文艺·体育

1. 2008年北京奥运会将至,身为中国人,你最想做的是什么。
2. 奥运福娃给我的联想。
3. 你认为奥运带给中国最多的是什么。
4. 谈谈你对体育赛事中所追求的"友谊第一,比赛第二"精神的看法。
5. 谈一谈你对"绿色奥运"的理解。
6. 如何理解2008北京奥运提出的"同一个世界,同一个梦想"?

7. 姚明已经成为中国体育界的骄傲，你从他身上学到了什么。

8. 3月12日，全国政协十届五次会议举行第四次全体会议，文化部原部长王蒙委员作了《同一个世界同一个梦想》的发言，他"尖锐"批评了我国运动员在奥运会赛场上的一些不文明表现，并指出了运动员获胜感言往往相对粗糙。他的发言迅速在网上引来争议。请你谈谈你的看法。

9. 我眼中的刘翔

10. 有人说奥运会是"和平的战争"，谈谈你的看法。

11. 谈谈你对名人做广告的看法。

12. 足球与黑哨

13. 刘翔与中国体育

14. 谈谈你对中国足球的看法。

15. 谈谈你对"科技奥运"的理解。

16. 谈谈你对"人文奥运"的理解。

17. 谈谈你对"经典"的理解。

18. 谈谈你最喜欢的一句格言。

19. 谈谈你喜欢的一种艺术形式。

20. 请你谈谈引进好莱坞大片对我国电影市场有哪些影响。

21. 谈谈你最喜欢的音乐。

22. 谈谈你最喜欢的一本书。

23. 谈谈你最欣赏的一位歌手。

24. 谈谈你最难忘的一幅照片。

25. 谈谈你最喜欢的一位画家。

26. 请你谈谈冯小刚导演的贺岁影片。

第六节　校园一瞥

1. 你怎样看待中国目前的高考机制？

2. 谈谈你眼中的应试教育和素质教育。

3. 你认为学校是否应该分好班和差班？

4. 你如何看待我国目前存在的中学生出国热现象？

5. 某媒体前不久报道：某幼儿园按照孩子所缴纳费用的多少来分班，交钱多的上A班，交钱少的上B班，谈谈你对此事件的看法。

6. 据相关部门报道，很多在校期间接受了国家资助贷款的大学生，毕业之后并没有及时偿还贷款，原因并不是无钱还款，而是把钱花在了其他方面。谈谈你对这一现象的看法。

7. 据某媒体报道，今年春季开学，全国高校将在270万名2006级本科学生中普遍开设"中国近现代史纲要"课,而且是大一学生的必修课。谈谈你对这一新闻的看法。

8. 你认为当今大学生是应该先"就业"还是先"择业"?
9. 你认为对我国的儿童来说国学教育和英语教育哪个更重要?
10. 谈谈你对社会上流行的"高考移民"现象的看法。
11. 谈谈你对目前出现的家长陪读现象的看法。
12. 如何看待学生中存在的"高分低能"现象?
13. 许多学校组织学生签名承诺诚信考试,你怎样看?
14. 你怎样看待科技进步与社会发展?
15. 大学生学习应以专为主还是以博为主?
16. 学习之余,很多家长都会送孩子上各种各样的培训班,你对此有什么想法?
17. 考试是发掘人才的唯一途径吗?
18. 请你谈谈成才与逆境的关系。
19. 如果给你一个时空穿梭机,你想去哪个时代看一看?
20. 请你谈谈高中生是否应该经常参加社会公益活动。
21. 谈谈你心目中的大学生活。
22. 谈谈你对"课桌文化"的看法。
23. 感受高三
24. 中学生打工的利与弊。
25. 论高考后的消费热。
26. 你认为什么样的老师是好老师?
27. 论"学"与"玩"的关系。
28. 谈谈你对学生干部的理解。
29. 谈谈你对近年来报考艺术类的考生人数剧增的认识。
30. 近年来,报考艺术专业的中学生日趋增多,但是有些考生缺乏系统的专业学习,有些甚至从未经过专业训练,只是在临考前几个月"快速充电"。你如何看待这种临时抱佛脚的做法?
31. 从近年来高考报名情况来看,艺术专业异常火爆,你如何看待这一现象?
32. 李宇春是 2005 年湖南卫视《超级女声》总冠军,你喜欢她吗? 说出你的理由。
33. 许多中学生在过新年时都会收到一笔数目不小的压岁钱。你认为中学生应该如何正确使用压岁钱?
34. 目前网络上流行"恶搞",《一个馒头引发的血案》、"网络小胖"等都是恶搞的结果,你对"恶搞"怎么看?
35. 如今人们过年,短信拜年代替了传统贺卡,你认为是进步还是倒退?
36. "时尚"一词成了现在年轻人的流行语,追求时尚,喜欢时尚成了年轻人的时尚,谈谈你对"时尚"的看法。
37. 有人把国歌设置为手机铃声,你怎么看?
38. 谈谈你对"芙蓉姐姐""天仙妹妹"等网络红人的看法。
39. 现在,"情人节""圣诞节"这些西方的节日逐渐进入中国,并且很受年轻人喜欢。

你如何看待"洋节"？

40. 很多人崇尚名牌，你认为品牌是否就是产品质量的保证？

41. 博客是一种网络日志，你有自己的博客吗？谈谈你对博客的认识。

42. 现在电视节目中流行一股"造星"风，《超级女声》《我型我秀》你方出罢我登场。谈谈你的看法。

43. 你如何看待"名人出书热"？

44. 有人把一些经典文化用通俗易懂的方式解读定义为"文化快餐"。你如何看待"文化快餐"？

45. 就疯狂追星族杨丽娟因追逐刘德华未果害老父跳海身亡事件，谈谈对"追星族"的认识。

46. 谈谈你对"流行"的看法。

47. 网络语言的大量流行会影响汉语言的纯洁性吗？请谈谈你的看法。

48. 你有"偶像"么？谈谈你对"偶像的力量"的理解。

49. 我希望遇见的班主任。

50. 女孩子的哭。

51. 我理想中的师生关系。

52. 某地开了一个"淑女学堂"，谈谈你的看法。

53. 深圳一中学，校长为了整顿校容校貌，制定出"禁止女生留长发"的校规。某一初中教师整顿学生发型，强行用剪刀剪掉一女生长发，导致该女生跳楼自杀。谈谈你对这些事的看法。

54. 高中生摆谢师宴，谈谈你的看法。

55. 高考该不该取消？

56. 研究生当环卫工人，谈谈你的看法。

57. 21世纪的青年应该如何面对未来的竞争。

58. 谈谈你对大学生"考研热"的看法。

59. 身教重于言传。

60. 站在大学门口。

61. 谈谈你对越来越多的中学生拥有手机现象的看法。

62. 谈谈你对学生之间相互攀比现象的看法。

63. 你对青少年沉溺网络有什么看法。

64. 谈谈你对家长给孩子物质奖励现象的看法。

65. 文凭和能力哪个重要？

第七节　我们的地球

1. 非典带给人们的启示。
2. 你怎样看待禽流感？
3. 中学生应该为环境保护事业做些什么。
4. 谈谈你喜欢的季节和天气。
5. 谈谈你向往的地方。
6. 谈谈家乡最让你骄傲的地方。
7. 你认为环保主要是观念问题还是技术问题？
8. 旅游开发与环境保护。
9. 请你谈谈转基因食品的利与弊。
10. 人是大自然的保护者还是破坏者？
11. 你如何看待文明养狗？
12. 谈谈你喜爱的一种动物。
13. 谈谈你喜爱的一种植物。
14. 人与自然。
15. 克隆技术的应用将造福还是殃及人类？
16. 网络使地球变小了。
17. 警惕大自然的报复。
18. 俯视大地
19. 大海
20. 假如出现克隆人……
21. 水的联想
22. 如果有时间机器
23. 青蛙的自述

第八节　影视与广告

1. 请你评析一档电视娱乐节目。
2. 电视暴力对未成年人的影响。
3. 请你谈谈电视节目的"媚俗化"倾向。
4. 电视广告的可信度。
5. 你怎样看待虚假新闻。

6. 你喜欢《感动中国》这档节目吗？为什么？
7. 假如我是春晚导演……
8. 怎样看待"韩潮"现象？
9. 谈谈你最喜欢的一句影视流行语。
10. 谈谈你最喜欢的一部影视作品。
11. 谈谈你对电视选秀节目异常火爆现象的看法。
12. 你认为《千手观音》为什么能够成为观众最喜爱的春晚节目？
13. 《超级女声》"想唱就唱"的口语感召了许多年轻人，其原因是什么？
14. 请你谈谈对"收视率是万恶之源"这句话的看法。
15. 谈谈对民生新闻的看法。
16. 就央视 2006 年广告口号："想念品牌的力量。"谈谈自己的看法。
17. 默多克曾说，报纸广告的收入就像一条"金河"。但就 2005 年互联网成为分类广告主要载体一事发表看法时，他改变了自己的说法："我认识的 30 岁以下的人中，没有一个看报纸上的分类广告。"请你谈谈对网络广告的看法。
18. 手机短信对青少年的影响。
19. 2007 年春节晚会上有一句流行语"别人与我比父母，我与别人比明天。"
20. 众多的电视选秀节目让一夜成名成为可能，谈谈你的看法。
21. 《红楼梦》选秀活动红极一时，你认为经典是否可以再现？
22. 某电视广告语说，减肥是一种生活态度，你怎么看？
23. 你怎样看待广播和电视上的方眼节目？
24. 新闻道德与新闻价值哪个更重要？
25. 我看《百家讲坛》栏目。
26. 如何看待"父母是孩子最好的老师"这句广告词？
27. 谈谈你对重拍《红楼梦》的看法。
28. 谈谈你对大陆娱乐节目总体发展状况的看法。
29. 对《百家讲坛》让一批学者教授成为明星，你有何看法？
30. 你对成功的影视作品拍续集有何看法？
31. 谈谈你如何看待假日电视节目。
32. 谈谈你对名人代言电视广告误导消费者的看法。
33. 我由电视剧《武林外传》想到的……
34. 春节联欢晚会有没有必要办下去？
35. 你认为加入世贸组织对我国传媒业的影响有哪些。
36. 《超级女声》选秀活动给中国的电视业带来了哪些变化？
37. 你认为娱乐节目应该是单纯的娱乐还是应该有内涵。
38. 现在娱乐节目的同质化现象非常严重，你是怎么看的。
39. 谈谈你最欣赏的一个广告。
40. 谈谈最让你感动的一部电影。
41. "超女"现象说明了什么问题？请简单谈一下你的看法。

第九节　播音·主持

1. 谈谈你从事播音主持专业的优势与不足。
2. 你如何理解播音员主持人的"个性"？
3. 你认为成功的主持人最大的魅力是什么。
4. 谈话类节目主持人必须具备的素质是什么？你最喜欢的谈话类主持人是谁？为什么？
5. 你认为娱乐主持人是否需要"娱乐底线"？
6. 现在很多演员、歌手开始转行做主持，对此你有什么看法。
7. 请你谈谈主持人的文化底蕴、专业水平、人格魅力三者之间的关系。
8. 你认为内地与港台主持人有哪些不同？
9. 你报考专业时，爱好与前景哪个重要？
10. 谈一谈你对虚拟主持人的看法。
11. 你认为播音员与主持人之间的区别是什么。
12. 你如何看待黄健翔从央视辞职？
13. 很多央视节目主持人纷纷去了凤凰卫视，请你分析一下其中的原因。
14. 你如何看待主持人这一职业？
15. 作为一名主持人是否必须说普通话？
16. 主持人应不应该具备表演能力？
17. 主持人最重要的素质是什么。
18. 你认为播音员是否只是一个传声筒？
19. 假如你是一名播音员，当你拿到一份你明知道是假新闻的稿件时，你会如何处理？
20. 你认为播音员和主持人有哪些共同之处？
21. 请你谈谈作为一名主持人应当如何应对场上的突发事件。
22. 你认为《挑战主持人》能选拔出优秀的节目主持人吗？
23. 请分析吴宗宪的主持风格。
24. 请以"分享"为题，模拟主持一期节目。
25. 请以"如何面对失败"为题，模拟主持一期节目。
26. 请以"读书与学习"为题，模拟主持一期节目。
27. 请以"感谢对手"为题，模拟主持一期节目。
28. 请以"隔阂"为题，模拟主持一期节目。
29. 请以"外面的世界"为题，模拟主持一期节目。
30. 请以"个性"为题，模拟主持一期节目。
31. 请以"尊严"为题，模拟主持一期节目。

32. 请以"距离"为题,模拟主持一期节目。
33. 请以"童年"为题,模拟主持一期节目。
34. 请以"腾飞的中国"为题,模拟主持一期节目。
35. 请以"2008·北京·我"为题,模拟主持一期节目。
36. 请以"网"为题,模拟主持一期节目。
37. 请以"感动"为题,模拟主持一期节目。
38. 如果让你主持一档你不喜欢的节目,你会怎么办?
39. 谈谈你对报考播音主持艺术专业的经历的感悟。
40. 如果让你采访联合国秘书长,你会如何提问。
41. 如果让你采访日本首相,你会如何提问。
42. 如果让你采访布什,你会如何提问。
43. 假如你是一名出镜记者,正处"9·11"现场,你会如何报道。
44. 对"最危险的地方找不到中国记者的身影"的说法,你如何看待。
45. 假如你是《艺术人生》的主持人,嘉宾是朱军,你会如何开场介绍。
46. 请你谈谈如何看待谈话节目在我国的兴盛。
47. 请你谈谈访谈类节目主持人如何定位自己。
48. 请谈谈主持人和节目的关系。
49. 谈话节目的灵魂是什么。
50. 请谈谈主持人崔永元受到观众的喜爱的原因。
51. 你怎样理解主持人白岩松说他自己渴望年老。
52. 如果让你采访温家宝,你会如何提问。
53. 谈谈你对播音腔的看法。
54. 有人说《新闻联播》播音员在播音时,过于死板,不够活泼,你怎么看?
55. 你认为做主持人是文科生好,还是理科生好?
56. 你怎样看待花瓶式的主持人。
57. 你怎样看待搭档主持人之间的配合。
58. 你认为作为一名合格的主持人应该具备哪些素质。
59. 你如何理解主持人的亲和力。
60. 你认为主持人的外在形象重要吗?
61. 你为什么选择播音主持这个专业?你认为这个专业的学生,应该具备什么样的素质。
62. 新闻类主持人与晚会主持人有什么区别?你觉得自己更适合哪一类节目主持?
63. 你认为智慧型和美女型的主持人的区别在哪里。
64. 年龄是否会成为主持人的一个障碍,你如何看待这个问题?
65. 你认为科班(专业)出身的主持人的优势在哪里。
66. 你认为主持人在主持过程中应不应该有表演成分。
67. 你认为做一名新闻工作者应具备哪些基本素质和修养。
68. 如果本次播音主持艺术专业考试你失利了,你该如何面对?

69. 请你谈谈对主持人使用方言主持节目现象的看法。

70. 谈谈你的播音主持梦想。

71. 2006"中国最具价值主持人"排行榜公布:李咏的身价已超过5亿元人民币。主持人身价如此之高,你是如何看待这种现象的?

72. 很多主持人一边主持节目,一边拍戏、出唱片,可以说是身兼数职,对此你怎么看?

73. 曹受文被评为"中国最美丽的女记者",你认为她最大的魅力是什么。

74. 有人认为阿丘、老毕等主持人的普通话水平没有达到相关部门的要求,应该"下课",你怎么看?

75. 一些地方台节目主持人本来能讲一口标准的普通话,却在故意模仿港台腔,谈谈你对这一问题的看法。

76. 1月12日晚,李咏在《幸运52》节目中,用自己改编的一句"八百里秦川尘土飞扬,三千万懒汉高唱秦腔",开起了陕西人的"玩笑",引起了不小的争论。对此事谈谈你的看法。

77. 谈谈你学习普通话的感受。

78. 在2006年全国两会上,政协委员叶宏明提交了《关于优化央视〈新闻联播〉节目播音员结构的提案》,希望更换播音员,改革播音员的选拔使用制度。谈谈你对此事件的看法。

79. 从2006年4月中旬开始,中央电视台大规模的主持人选拔拉开帷幕。"挑战主持人——央视综艺节目主持人全国选拔活动"吸引了无数在职主持人、高校学生和怀有主持梦想的年轻人参加比赛。据总导演马东透露,以往选拔注重技巧,而此次更看中选手与观众沟通的能力。对此谈谈你的看法。

80. 请你谈谈综艺节目主持人应该具备哪些素质。

81. 央视主持人朱军说:"我把主持人分了三个层次:最初级的是技巧层次的介入。任何主持人都必须有技巧,但长期下去仅有技巧的主持人就是匠人,主持工作也仅仅是混口饭吃。第二个层次是智慧介入。主持人需要给嘉宾以安全感,彼此建立信任,用智慧调动嘉宾的倾诉欲,这种智慧必须来源于生活积淀,书本上是学不到的。最高层次的介入是情感介入。也就是说,主持人必须真诚地投入情感。从嘉宾的眼睛走到他的内心,这就是情感的介入。"对此谈谈你的看法。

82. 你怎样看待说新闻这种播报方式。

83. 有人说,学会倾听是每个谈话节目主持人成功的法宝。谈谈自己的看法。

84. 《实话实说》的主持人崔永元在总结经验时说,主持的技巧是最主要的就是真诚。他说的对吗?

85. 如果你作为一名主持人在节目中出现口误,是诚恳地向观众道歉还是利用巧辩让大家一笑而过?

86. 黄健翔激情解说之后,引起了很大的争议,你认为解说员的个人情绪是否应该在节目中展现?

87. 为什么说一个优秀的电视节目主持人必须具备较高的文化修养?

88. 你觉得广播新闻类节目主持人应具备的条件是什么。

第十章　优秀艺考生追逐艺术路的赠言

赠言一

  一个电影学院花美男,一个土生土长的重庆小伙,一个活了二十年还是最爱重庆火锅的重庆崽儿,一个热爱家乡更热爱艺术的追梦赤子,一个励志成为乐天派的新型传媒人。这就是我,开朗豪爽却有故事的我,我就是闻俊豪。
  可以说我艺术的启蒙者是我的妈妈,一样热爱艺术的她发现我无论走在大街上还是走进商场里,一旦听到音乐就会手舞足蹈地动起来,从那时起便让我走上了艺术的道路,我也慢慢儿接触与艺术有关的一切。
  所以,其实在小时候我的梦想是当一名出色的舞蹈家,能够像杨丽萍那样有着自己的个人舞台,在聚光灯下舒展自己的姿态。或许那时候,"艺术"二字就与我心心相印,跟我结下了不解之缘。
  长大之后呢,我更喜欢在众人面前展现自己,更喜欢华丽的舞台,璀璨的灯光,用语言传递内心的祝福。我也更渴望有一天能像电视荧屏主持人那样,有着自己的观众,有着属于自己的金话筒。
  然而,两年的艺考生涯可以说是我宝贵经历。身上倔劲儿让我艺考道路一步步走得万分坎坷,但我没有放弃,因为我热爱舞台,热爱话筒,热爱平凡的自己去创造不凡。提及高考二字我相信这是每个高考生都最不想去回忆的过程,但对于每一个心怀鸿鹄之志的艺考生确是别样的风景。
  为了大学,为了考上自己梦寐以求的院校,我走过很多城市。一路上见到很多和我一样在梦想路上的兄弟,遇到了一群志同道合的朋友。而走进北京是我第二年复读的"高四"的九月。一个人顶着巨大的压力,背负着妈妈的期望,从重庆来到了北京。第一次一个人拖着行李出远门,第一次一个人生活居住,第一次租房,第一次找各种老师求学……很多的第一次,很多的在北京的第一次相遇,让我第一次遇到了不一样的自己,第一次知道,艺考的路原来需要一个人"痛并快乐地走着"。日复一日的练声、播读、台词、声乐、形体……甚至连自己的二十岁生日也在课堂中度过。巨大的强度训练,甚至像是到军队里强化,让我确实有吃不消。我想过放弃,我很累,一个人晚上躲在被窝里偷偷地哭。但,想着自己最初的那颗心,想着最爱自己的妈妈,我还是得破釜沉舟一鼓作气地往前冲!

有梦?必行吗?答案是努力寻找。一次次考场的进出,一场场播读表演的结束,一个个学校的奔波。无论是北电、中戏、中传,尤其是最后一场的拼搏,或许就是面临着生与死的选择,或许你的一个眼神就是对于这个学校的再见,但也得以轻松而又饱满的姿态去迎接挑战。挑战并不难,只要你敢,只要有心,在筑梦的过程中积蓄能量,你就可以爆发!

张老师的第一节课就告诉过我:"作为一名优秀的节目主持人,你不一定高端大气上档次,但一定要低调奢华有内涵。"或许,颜值是你的敲门砖,而内涵才是你的顶梁柱。一个主持人、新闻人、传媒人,就必须要有新闻素养与道德,哪种场合阶段该做怎样的事,你作为一个公众人物就一定要有分寸与尺度,时时刻刻以身作则,严格自己宽容于他人。这也便是学艺先学做人的理念。

谁说演员不能去当主持人?谁说主持人不能去拍戏?这么多年,一路走来,少不了的是荆棘,而最多的便是感谢。

我感谢那些抛弃我、放弃我、丢下我、看不起我的人,因为你们让我努力把自己蜕变成优秀而且无坚不摧。

感谢一路走来,张老师的谆谆教诲与母亲的辛勤付出,是你们让我的追梦旅程从未停止!

心有多大,舞台就有多大。你要知道话筒才是你的武器。走上舞台,你就是最闪亮的星;走上舞台,你就是主角!

也愿当下的你,能在一次又一次的磨砺中,叱咤风云,把自己所追求的目标从"主持"过渡到"人"。在梦想的道路上做自己的主人。

赠言二

我,一个东北女孩。艺考阶段进过部队,穿着迷彩服站在空旷的操场上练习"八百标兵奔北坡"。依稀还记得大年初三的时候拖着行李走出北京站的日子,那时我狼狈过也浪漫过。可每当提起艺考,我依然记忆犹新。和大部分东北女孩一样,我也爱着这片黑土地,却又无数次想逃离,却最终我还是要在这里启程和奔跑。只因播音的路还需要"家乡味道"。

播音专业讲究语音发声,可一个土生土长的东北人怎能不会有方言?第一次见我的老师是在哈尔滨,她来自北京,第一次见面没有我所期待的美好,曾经目空一切的我在老师几句点拨话语过后深受打击,那时我的心里开始在打鼓,这条播音路到底是什么样子?我能否继续走下去?

但是为了梦想,我义无反顾地选择了播音之路!为了未来,我毅然决然地踏上了艺考的征程!这条路有艰辛、有汗水、有哭泣、也有喜悦。"风雨过后总是见彩虹",面对挫折我不气馁,面对成功我不骄傲,在老师对我的谆谆教导和悉心培养下,今天在艺考的征程中我取得了小小的成绩,明天我将扬帆起航,为实现自己的播音梦想而努力拼搏!

赠言三

问到老家,我一定会说和当今"国母"是老乡。对了,我一个山东妹子,钟根源,来自山东,目前中央戏剧学院播音主持专业。我的艺考同学现在有中国传媒大学、浙江传媒学院、四川传媒学院、天津师范大学,等等,到现在有多少人我都不记得了。提及艺考,就是人来人往的过程,有短训的安徽班,也有大老远从新疆来的新疆帅哥,总之最后考试的就是怕和同学分到一个考场上,怕有相识的竞争。不过现在走过来我记得自己在老师心里的印象,说我一次穿12厘米点高跟鞋站在桌子上和最后一次在上小课时"真情"地演绎作品"奶娘",完全是两个人。有人说艺考是个极端体。我觉得应该是艺考让我们成为极端主义者。梦想在前方,我们不能胖,不能丑,不能有方言,可我们必须有老师说的自信。希望学弟学妹们一样可以考上理想的大学。

赠言四

我叫魏凡东,山东东营人。提起艺考,我的梦想也是从北京开始。我最早的感觉就是,高中生活应该在篮球和数学书中做选择。可就是阴差阳错,我却最终选择了和话筒为伴。现在已经5月16号,还有几天就将高考,问我紧张吗?我想说紧张的不是结果,是没有走完的高中路。我拿到了5所大学的播音校考通知书,每天走在路上,我还是会想起来那时在播音班的生活,充实而又复杂。语言表达在播音学里是最难的,也是最有挑战的,多读古诗,充实自己,加油。我想对学弟学妹说,我们都应该为成为播音人而骄傲,因为路上的风景非常美丽。